海归推动中国丛书

主编／王辉耀

VENTURE
CAPITALISTS

财富裂变

10位海归风险投资翘楚

■ 邢学军／著

中国发展出版社

图书在版编目（CIP）数据

财富裂变：10位海归风险投资翘楚/邢学军著.
—北京：中国发展出版社，2007.10
（海归推动中国丛书/王辉耀主编）
ISBN 978-7-80234-097-8

Ⅰ.财… Ⅱ.邢… Ⅲ.企业家—事迹—中国—现代
Ⅳ.K825.38

中国版本图书馆CIP数据核字（2007）第159978号

书　　　名：财富裂变：10位海归风险投资翘楚
著作责任者：邢学军
出 版 发 行：中国发展出版社
（北京市西城区百万庄大街16号8层　100037）
标 准 书 号：ISBN 978-7-80234-097-8/F·675
经　销　者：各地新华书店
印　刷　者：北京东海印刷有限公司
开　　　本：670×1000mm　1/16
印　　　张：17.25
字　　　数：252千字
版　　　次：2007年10月第1版
印　　　次：2007年10月第1次印刷
印　　　数：1—6000册
定　　　价：30.00元
联 系 电 话：（010）68990630　68990692
购 书 热 线：（010）68990682　68990686
网　　　址：http://www.develpress.com.cn
电 子 邮 件：bianjibu16@vip.sohu.com

序
Preface

本书是我主编的“海归推动中国”丛书中有关海归风险投资在中国发展的一部，主要涉及在国内从事风险投资工作的部分海归人士和他们深含人生启迪的投资经历。

目前，国内几乎所有国际风险投资公司的掌门人都是清一色的海归。这些风险投资促进了国内对创业的热情，促进了一大批海归企业和国内中小企业的发展，同时也带动了国内风险投资行业的进步。

在这本书中，作者采访了中国风投界部分精英人士，既有最早将风险投资引进中国的元老，也有近年转战PE的新锐。总之，这是一批在中国大陆点石成金的人物。我对他们能参与我主编的这套丛书并抽出时间接受采访表示感谢。他们是（按姓氏笔画排列）：

金沙江创业投资董事总经理丁健，得克萨斯—太平洋集团合伙人王兟，启明创投创始人及董事总经理邝子平，鼎晖国际创投基金董事长吴尚志，美国凯雷投资集团董事总经理何欣，红杉基金中国合伙人张帆，美国中经合集团董事总经理张颖，今日资本创始合伙人徐新，赛富亚洲投资基金首席合伙人阎焱，IDG资深合伙人熊晓鸽等部分掌管各类风险投资基金的海归人士。

风险投资不仅是一种在新形势下吸引外资的新方式，是一种更为积极有效的资金投入。多年来，风险投资在中国投资的成功案例数不胜数，比如，亚信、新浪、搜狐、金蝶、百度、无锡尚德、展讯通讯等一大批高科技企业。

进入新世纪后，中国经济的快速发展给风险投资带来了巨大的运作空间，中国创业投资从市场到人才都已日渐成熟。不仅一大批老牌VC焕发新春，更有不少成功创业的海归人士，纷纷成立新的创投基金，催化大批中小企业快速成长。

从亚信日常管理淡出数年后，因为发起成立金沙江创业投资基金并在短短7个月内完成两轮融资，丁健这个昔日IT业内的风云人物再次引起国人的瞩目。丁建说，创业很难，如果每一个人，每一个小公司都要从头慢慢挣扎出来是很痛苦的。“VC是一个重要的黏合剂，能把我们拥有的资源很快地给那些好的想法、好的团队注入进去。VC真正的作用是把这个资源，把这个环境给被投资公司搭建好，能让它们很快地顺利成长起来。”

风险投资带来了新的创业文化，风险投资带来创业计划书、期权和各种激励机制，带来了重视管理团队的创业风尚。

美国中经合集团董事总经理张颖强调，不管是在投资项目还是在吸收团队时，虽然经验、经历也重要，但他们最看重的还是人品。IDG资深合伙人熊晓鸽说，“投资一个项目，除了看市场环境和产品技术外，最重要的就是看人与管理团队。创业投资，说白了就是投资人和创业人之间的判断和认可。选择投资项目，与创业者交流，就像是记者采访，是听、说和看的过程。”

海外风险投资大举登陆，不仅催生一大批创新型企业，而且促进了本土风险投资人才的成长。作为中国第一家以有限合伙制运营的私募股权基金（PE），鼎晖国际创始人、董事长吴尚志最自豪的是他的一支特别能战斗、特别本地化的团队。面对国内不容乐观的投资环境，鼎晖以自己的优势和良好的人脉赢得摩根斯坦利、高盛等国际大投行的青睐，“两头在外”，打造了一条专属于自己的海外

IPO 专线。

红杉资本中国基金创始合伙人张帆说:“中国市场开始了一个新的发展周期。我们也在积极酝酿以本土货币来投入。从长远来看,一个国家的发展,风险投资行业健康发展,一定要把这个国家本身的财富充分运用起来。作为风险投资我们的长远愿望是让中国的钱能够有效用起来。”

2006 年中国风险投资将近 20 亿美元,已经达到了相当的规模。作为各类风险投资基金的中国掌门人,本书中采访的这些海归精英都是最敢于冒险的一批人,但往往也需要很多年各方面的积累,风险投资家最重要的就是眼光。赛富亚洲投资基金首席合伙人阎焱,在这方面也有很多的亲身体会。

每一个 VC 带给企业的不仅是钱,还包括一些机会和资源。在这些投资家的妙手下,经过科学分析和经验积累的风险投资,总是能胜多输少,笑到最后,他们孵化了中国的国际企业,带来了科学的冒险精神。

风险投资带给中国的究竟是什么?

正如一位新近崛起的风险投资基金管理人所言,除了钱以外,还有一些使命,这个使命包括三点。第一,帮助创建一批世界级的中国企业;第二,帮助培育一批世界级的中国企业家;第三,帮助造就一批世界级的本土风险投资家。

我们期盼着这一天早日到来。

风险投资,给中国企业带来新的创业机制!

王辉耀

2007 年 10 月

目录
Contents

中国互联网的开拓者之一，和田溯宁创办亚信，被誉为中国互联网的建筑师。他带领亚信成功冲上 NASDAQ，后经历一波三折，终于找到创业投资规律，激发内心深处的 VC 豪情，开创金沙江创投基金。

NO. 1

丁健：
始于创业，终于 VC

集金牌职业经理人和创业投资家于一身，同时拥有两个投资工具——Amerinvest 和先后而来的高盛、TOM、TPG。他上下逢源，左右开弓，公私兼顾，手法变幻，是 PE 国际双行道的自由行者。

NO. 24

王兟：PE 自由行者

Contents

自费留学，打工立志，在斯坦福毕业后，做了6年研发、6年销售、6年投资，终于修成正果——走出英特尔投资部，创立上海启明创投。

NO. 62

邝子平：

投资人生三级跳

一个只有小学文化的老三届，但他坚持自己决定自己的命运，自学成才，在世界银行工作8年后，回国准备创建PE，终在中金公司直接投资部实现理想。他就是鼎晖投资创始人吴尚志。

NO. 81

吴尚志：

领跑中国PE

中国最早做VC和PE的投资人之一，经历了中国VC史的起承转合。2000万美元曾经他手打了水漂，后来终于把握机会，投资聚众，收益超过12倍。他就是美国凯雷投资集团董事总经理何欣。

NO. 100

何欣：
10年VC激荡岁月

大三时从清华退学移民美国，一面四处打工屡屡失业，一面学业上进一帆风顺。在VC界，投资空中网和分众传媒，均获得超过20倍的回报。继而联手沈南鹏，结盟美国红杉基金，创立红杉中国，取得本土决策权。

NO. 128

张帆：
红杉中国梦想者

爱打篮球，交游广泛，曾热衷摩托车、帆船等极限运动，也曾公开宣称“不投资海归”，引众人侧目。他就是美国中经合集团董事总经理，中国区首席代表张颖。

NO. 155

张颖：最本土的海归 VC

徐新的经历向人们证明，她做什么都是把好手。好手就该做那些最富有挑战性的事，于是她从中国银行营业部到普华永道会计师事务所，从香港百富勤到荷兰霸菱，先后造就三位中国富豪。创立今日资本，最辛苦时，一天跑了三个国家，新时代的巾帼英雄！

NO. 180

徐新：创投基因女传人

从少年顽主到排球健将，从下乡知青到飞机制造工程师，从北大到普林斯顿，从世界银行经济学家到中国创业投资界独立自主第一人，从中海油到盛大，他就是赛富亚洲基金首席合伙人阎焱。

NO. 207

阎焱：
挑起独立大旗

怀着记者之梦飞出岳麓书院，得 VC 商机，成为“中国引入高科技产业风险基金第一人”。功成名就之际，不忘回报母校，捐资数百万成立奖学金。他就是美国 IDG 全球副总裁，亚太区总裁，IDGVC 亚太基金创投合伙人——熊晓鸽。

NO. 236

熊晓鸽：
中国创投界的“信鸽”

◉ 中国互联网的开拓者之一，和田溯宁创办亚信，被誉为中国互联网的建筑师。他带领亚信成功冲上 NASDAQ，后经历一波三折，终于找到创业投资规律，激发内心深处的 VC 豪情，开创金沙江创投基金。

丁健：

始于创业，终于VC

2007 年 6 月 16 日上午，一群“金沙江”人来到了金沙江上最著名的虎跳峡岸边，他们被大自然的鬼斧神工所震惊：眼前的金沙江两岸山崖陡立，直插云端，峡谷里湍流汹涌，波浪翻天，涛声震耳，礁石密布，险象环生，深不可测……

这群“金沙江”人，并非金沙江边上的居民，而是来自北京的金沙江创投基金董事总经理丁健和他的合伙人伍伸俊、林仁俊、潘晓峰,还有被投资公司的创业者们,如北京明致无限的CEO王伟、北京科普兰德公司的CEO王永强等等。

对于这些远道而来的、穿梭于城市之间、生意场上的"金沙江"人,如其说是旅游观光者,不如说是回归大自然的体验者。此次探访金沙江,只因为他们拥有同一个名字:金沙江。

早在2年前,当丁健参加伍伸俊、林仁俊创立的投资基金"金沙江"时,他想:"何时大家能够一起到金沙江边体验一番。"

当然,这几个"金沙江"人,决不是花里胡哨的形式主义者,当几个"金沙江"人变成一群上百人的队伍后,他们来了!

丁健和他的伙伴们站在金沙江之畔、虎跳峡之巅,怎能不心潮逐浪高:过去两年来,他们参与投资的十多个早期项目的艰难险阻与眼前的惊涛拍岸何其相似!如果把中国经济比作滚滚长江水,那么,他们作为早期项目的创业投资者,勇敢地选择了在最险恶的"金沙江"段下水,浪里淘沙,沙里淘金,志在必得!

丁健,这位早年亚信的创始人,2000年带领亚信冲上了NASDAQ之巅,2003年4月卸任亚信CEO。成功创业的丁健没有急流勇退,他屡次表示:"我越来越觉得自己不适合当企业CEO,我也不太喜欢坐在那儿签批这个签批那个。"那么功成名就的富豪丁健想做什么呢?

创业未竟就想做VC

"我大约是在1998年下半年就想和冯波做VC。"很多年后丁健说起这话,很让外人好奇。原来这是他和冯波俩人一段未曾实现的"密谋"。

冯波,时任来自硅谷的一家名叫罗伯森·史蒂文斯(英文简称RSCO)的投资银行的中国业务副总裁,上海人,18岁留学美国学电影导演,后来做了投资银行家,代表RSCO回国投资中国高科技企业。亚信正是冯波早期最著名的投资案子之一,后来他也成为亚信董事。

1995年3月,两个在美国的中国留学生丁健和田溯宁在北京创立了亚信科技(中国)有限公司,成为中国第一家互联网企业,业务方向是承建中国 internet 网络。亚信很快接到了来自中国电信的订单。随着北京、上海的 internet 骨干网络建起,辽宁、浙江、广东等其他省市的业务纷纷找上门来,不到一年就签下了 200 多万美元的合同。但系统集成商通行的预先垫付货款的行规,使得公司流动资金严重不足。资金从何而来?向银行贷款因为没有抵押没有担保走不通,向国内外的朋友借款,东拼西凑也无济于事。这时的初创企业亚信面临着内外交困:一方面,资金压力与日俱增;另一方面,内部管理混乱、粗糙,没有章法……

"说实话,我们当初压力很大,但就是这种压力却成了一个更为直接的创新动力!"亚信的共同创始人田溯宁回忆说。

1997 年 1 月 7 日,亚信的主要创业者丁健、田溯宁、刘亚东等在美国旧金山海边的一幢别墅里召开会议,这是亚信历史上的"古田会议",大家对公司未来 3 年的发展规划达成共识:引入创业投资,加大公关宣传,引入职业经理人,从而帮助公司摆脱发展资金、内部管理以及治理结构的困境。在这次会议上,进一步明确了丁健主要负责技术研发,追踪美国最新技术的发展,田溯宁主抓融资工作。因此丁健在美国待了大约一年。

4 月,在一个关于因特网的会议上,田溯宁遇到了冯波。田溯宁承认,他根本不知道什么是投资银行家。冯波解释说,"我们为公司发展筹措资金。"他告诉田溯宁刚刚完成的与四通利方(后来的新浪)的交易。

冯波很想了解清楚亚信的需求,在田溯宁的带领下,他参观了亚信位于中关村的总公司,在这里,田溯宁把共同创始人丁健介绍给冯波。在一间名为"战略室"的房间里,冯波注意到一幅巨大的中国地图,带有颜色的图钉戳在人口稠密的城市和偏远的省份上,就像战争电影里的军事地图。冯波告诉田、丁二人,他可以协助亚信找到"具有附加价值"的投资者及提供其他帮助,"你的公司符合我的标准,即使一家公司有好产品、杰出的技术,如果没有愿景,我也不会感兴趣。我对于缺少灵魂的躯壳没有兴趣,我在意的是公司能否永续经营,并且发生影响力。"

在随后的多次讨论中,他们聊的更多,彼此有相当多的共同点,他们对于"文革"有着类似记忆,也讨论他们在美国的经验。

后来，在冯波的安排下，田溯宁、丁健同他一起到旧金山面见 RSCO 的老板山帝·罗伯森以及他的合伙人保罗·史蒂文斯。

会议开始，罗伯森问田溯宁："你们的商业模式是什么？"冯波原来以为对于如此基本的东西，田溯宁肯定懂得——然而，他发现田溯宁茫然地扭头问："丁健，我们的商业模式是什么？"丁健依然一脸不解："什么是商业模式？"

融资的基本概念，田溯宁和丁健都不知道，但是这并没有打消罗伯森和史蒂文斯的信心，因为他们在后来的谈话中，知道了冯波带田溯宁来见他的理由。

1997 年 6 月，亚信团队确定 RSCO 为亚信的融资中介。12 月 27 日，美国华平（Warburg Pincus）、中创（China Vest）、富达（Fidelity）三家美国投资机构联合向亚信投资 1800 万美元，融资额之高在当年的亚洲首屈一指。融资成功，冯波起了不可代替的中间作用。在这过程中，作为投资银行家身份的冯波十分看好亚信团队和亚信的前景，从老东家 RSCO 跳槽加入了三家投资机构之一的中创，成为中创中国首席代表。孙强代表华平、冯波代表中创进入董事会，与担任董事的 3 位创业者田溯宁、丁健、刘亚东组成董事会。

拥有强大资本、资源的投资者进入亚信董事会，对于亚信的公司治理实施大手术，亚信很快完成了包括公司治理、财务、战略、员工激励等四方面的调整和改善。

作为亚信创始人的丁健和田溯宁分别感受到了不同程度的来自资本方的震撼和冲击。最后，董事会召开会议决定改组管理层，田溯宁为 CEO，先后从外部空降 CFO 和 COO。

面对投资方进入后亚信的升级蜕变，作为创始人的丁健内心深处，可以说是喜忧参半，喜的是亚信正在从草莽走向正规，前景无限光明；忧的是亚信正在一天天长大，而自己作为创始人在企业管理方面却有些束手无策，看来自己也需要学习提高了。另外，自己的第一个女儿也快要出生了……丁健把自己隐退想法主动告诉了田溯宁和冯波。

他再三对极力挽留他的田溯宁说："你知道，我本来就不擅长管理，我退出后，我还可以作为CEO顾问在企业战略上协助你。"田溯宁只好同意，冯波也尊重丁健的选择。

1998年初，丁健正式向董事会提出，辞去亚信副总裁的职务。随即他飞赴美国加州伯克利分校HASS商学院就读高级管理课程。

丁健回到美国家中，卸下亚信的重担，丁健一下子感觉轻松极了。随着宝贝女儿的出生，初为人父的丁健陶醉在天伦之乐里……

虽然离开了亚信，但是丁健并没打算就此退休。他轻松之余也开始为下半年HASS商学院的管理课程做些准备。

1998年5月，美国以互联网为标志的经济泡沫开始显现，美国股市也是大起大落。这时，拜互联网所赐，可以在网上炒股了。"我那时正好在家没什么事，有钱有闲，也就开始在网上开了户，平生长这么大第一次炒股。"此前丁健虽然在美国多年，创业多年，但是他对于金融、NASDAQ、纽约股市这些名词也是第一次接触，从头学起。"我在家，看看金融方面的书，听听电视上的股评，跟着别人的说法挑几只买了，10分钟后再卖掉，感觉很好玩……"

"就这样，差不多炒了小半年。在美国炒股跟在中国不一样，都是看其基本面，其他的什么K线图之类很少看。假设我在中国炒股票，不可能学会……在这期间扎扎实实地看一些金融方面的书，看美国股评分析，开始知道了什么是PE，什么是公司的成长曲线，如何判断一个公司的好坏……也没赚多少钱，但是真正体会了资本市场上的跌宕起伏。"

就在这股票的一买一卖之间，股价的涨跌之中，丁健第一次从投资人的角度来看待一个公司的成长，他不由得想起了亚信，开始从投资的角度远距离地打量亚信……一晃到了12月，是加州大学伯克利分校入读高级管理课程的时候了。

"读书，对我的影响也很大，整个从管理到经营的理念、知识，全弥补了一下。以前都是感性认识，第一次系统化，对于我后来作战略、作VC帮助很大。"

通过几个月的高级课程学习，加上炒股的经历，丁健感觉收获很大。"我第一次静下心来总结以前的经验教训，更加明确地知道了自己想要什么，什么东西适合自己。”

“无论从我的性格还是兴趣上看，我觉得做 VC 比做管理更适合我。我是一个想事情更多的人，而不是一个按部就班做事情的人，我主意多，喜欢让大脑天马行空……”

12 月的一天，冯波到伯克利来找丁健。冯波对伯克利很熟悉，伯克利离他家不远，同时也是他夫人的母校。

俩人就在伯克利旁边的一个咖啡馆里见了面。

丁健告诉冯波自己最近在炒股和学习上收获很大。冯波对丁健说，他从中创辞职了，正在考虑创建基金，邀请丁健和他一起来做。丁健倒是也早有此意，只不过丁健还是说出了自己经验不足的担心。冯波以自己的经历为例，说这不是问题。二人于是就接着聊基金，从募集资金、起草基金文件到如何操作等等。

“当时完全由中国人操作 VC 的还非常少，我们俩的性格一拍即合。”随后几次见面，他们俩具体讨论了基金的管理、策略等内容。

过了两天，冯波拉着丁健一起去找了他的朋友 Eri，最后 Eri 也答应入伙。

又过了几天，“冯波打来电话说，已经在美国找律师起草好了相关的法律文件了，我说太好了。”

就在冯波、丁健二人在美国忙于成立 VC 基金的时候，丁健接到了田溯宁从北京打来的电话：“丁健，中国网通那边怎么也推不掉，看来我得到网通上任了。”

重回亚信任 CEO

在几个月前，田溯宁得到中国政府有关部门的推荐，请其出任中国网通公司总裁一职，这是中国国家级企业首次从非国营单位聘任总裁。亚信公司董事会和田溯宁经过几个月的慎重考虑，从大局出发，同意接受这一新的挑战。

1999 年 1 月，丁健和冯波一起回到中国。

作为田溯宁的创业伙伴，丁健感到极大的意外，他不由地想起了他以前与田溯宁的一个约定：亚信是他们第一个企业也是最后一个企业，并且他们俩说好了分工，丁健由此不用将自己定位为公司的管理者……亚信由他们俩首创，寄托着他们的事业理想，这是一个不变的信念！

事实上，虽然当时已经离开亚信的丁健仍然知道：亚信刚刚完成了一次以英特尔创投为主的3000万美元的pre－IPO融资，上市前的基础工作正在紧张有序地进行。在这个节骨眼上，作为联合创始人兼CEO的田溯宁离开当然是亚信所不愿意的。果然，田溯宁的离开遭到了董事会和投资者的长达几个月的反对和抗议！然而没有别人比丁健更了解这位胸怀大志的伙伴心中的梦想：田溯宁要在业界有更大作为，网通是更大的平台，去网通是必然的选择，所以，田溯宁不会恋战亚信拒绝网通，亚信也不得不放行。

丁健感慨：一年前他离开亚信，为的是给职业经理人让路，为的是亚信更快更好的发展，为的是自己的创投梦想……然而今天田溯宁也离开了，那么亚信呢？

作为中国第一家互联网企业，仅有的两个创始人都先后离开。这对于一个初创企业是意味着什么？有句广告词是“人类失去联想，世界将会怎样？”那么创业企业失去创业者，前景将会怎样？对于投资者来说，企业创业灵魂人物的出走是不能接受的。事后田溯宁回忆当时投资人对他的“愤怒”：“你离开亚信会招来很多法律问题，我们可以起诉你。我们花了那么多精力在你身上，你让我们非常失望。”

这一天，亚信董事会决定：委任丁健担当CEO一职！

此时，作为创始人的丁健纵然无奈，也没有选择的余地，VC计划被迫暂时中断。他拨通了冯波的电话：“抱歉了，我们的计划做不成了。”冯波当时还是亚信的董事，他当然理解这件事。后来冯波和Eri合伙做了成为基金，此是后话不提。

1999年5月，丁健于危难之际重回亚信接替田溯宁，执掌CEO帅印。

田溯宁和丁健作为亚信灵魂人物的威信在亚信内部没有人怀疑，从来就被认为是一个不可分割的创业组合。但是二人的风格却决然不同：一个是激情似火，一个是沉静如水；一个是热情澎湃，一个是不动声色；一个是平易近人，一个是不苟言笑。

后来丁健对自己的性格是这样解释的："我还在上大学时，就一直在想：人为什么活着。我觉得我想清楚了。我的思维方式从此就是比较逻辑化的。当我失败了，成功了，比如在亚信经历了九死一生，对我的震动决不会像外人想得那么大。所以周边的很多人，都说我特别冷静，不喜形于色，这跟我的思维方式有很大关系。"

但是，亚信的员工怎么可能知道这些？员工们对于这位技术出身、不太喜欢和客户打交道、不太喜欢管理的 CEO 丁健还是持怀疑、观望态度的——他能领导亚信么？

"我只是一个创始人，我不是一个职业化的 CEO。"丁健认真总结了去年一年他做股票投资、在伯克利高级管理课程的学习、思考和实践，对自己的角色有了一个清晰的定位。他索性就把管理的重任分解给了 COO、CFO、CTO 等职业经理人，而他专注于自己最拿手的战略规划和亲历亲为。后来的事实证明，这也是一种行之有效的 CEO 角色定位。

丁健上任之时，世界互联网形势还是一片大好，网络股仍在 NASDAQ 全线飘红。国内市场上，电信业正成为中国的朝阳产业，亚信已是国内最大的互联网系统集成商，占据着该领域 60% 以上的市场份额。

居安思危，丁健看到了一个潜在的危险：系统集成对硬件厂商的依赖性太强，而硬件的利润率正大幅下降，唯一的出路是从集成商变为软件商。

他向董事会提交了一份关于亚信未来发展的战略报告，"写这份报告，我不是站在创始人的角度，而是第一次从投资人的角度来看亚信，亚信哪里不好，怎样才能变好；亚信哪里好，怎么样才能更好；怎么样才能吸引投资人……董事会的评价是‘这份报告，很像一份亚信上市的报告书。’”

在这份报告里，丁健作出了一个重大的战略建议：亚信要从系统集成商转向软件服务商。因为他看到了美国的上市企业，一个系统集成商的PE值与一个软件企业的PE值差别很大。比如说，1美元的利润，反映在股价上，硬件集成商也不过是3美元，而软件企业却高达30美元……“我给田总作了这个战略规划，当时田总马上就要上任中国网通CEO了，他很高兴的。我不仅要说服田总，还要说服管理层其他人。那时，管理层似懂非懂，都觉得，我们系统集成作得好好的，为什么要转软件？我就一个个说服他们。”

多数下属对转型的风险表示担忧，丁健在简单地解释之后只问他们一句话：“你们是愿意跪着死，还是一鼓作气冲上去？”

实际上，在丁、田这两位创始人再进行工作交接时，亚信已经在做上市前的各种准备工作了。原本亚信的上市时间表是2002年之后，但丁健看到NASDAQ的火爆，毅然决定将上市时间提前到2000年上半年。事后证明，这是一个明智的决策，避免了亚信在互联网泡沫来临之后无法上市的命运。

重回亚信的CEO丁健，披上了战袍，踏上了亚信登陆NASDAQ的征途。

上市之后

“亚信成长的烦恼在于，不知道要在什么地方交学费，只有等交了以后才知道一不小心又交了学费，这是最难的地方。”率领亚信部下冲击NASDAQ的过程中，丁健在痛苦的自我嬗变中解读着对于CEO角色的认知。

2000年3月3日，亚信CEO丁健敲响了在NASDAQ的上市钟声，然而同是亚信创始人和董事的田溯宁没有出现在现场。后来，田溯宁在一篇文章中回忆道：

“亚信上市那天，我心情很复杂。上市前一天晚上，丁健在纽约给我打电话，说路演完了，反应非常好，明天上市甚至有可能破NASDAQ的纪录，你一定要过来。但我当时怕网通（中国网通）的董事不高兴，感觉我是身在曹营心在汉，而且在网通第一年一定要低调……丁健说，你来回就一两天，没什么……因为我没去他还不太高兴……

“所以亚信上市时，我在上海出差……回到旅馆里，我刚一打开电视机，就看到CNBC上在放亚信上市的报道，我当时是热泪盈眶。我没想到会有这么一天，以前都是看别人IPO。所有公司上市第二天，CEO都接受采访，我也在等着看丁健。当时我还给他打电话，祝贺之后就提醒说：‘你以后接受采访时要看着摄像，不要眼睛到处看啊。’不过那时心情也很复杂，对于一个企业家，没做IPO，就好像一个设计师自己设计的房子没盖完……”

“现在来看，如果早在1998年我就做了VC，对我个人来说，可能就不能经历亚信上市前后的激动人心的时刻了……”2007年4月24日，丁健对一个朋友说着，仍然掩饰不住来自内心的感受。一个创业者走过NASDAQ的“红地毯”，敲起那个钟响，的确是一笔昂贵而实用的财富。“这对于我现在做VC帮助很大，关于上市，经常被合伙人、创业者拉去咨询。”

亚信，走过了一条披荆斩棘的道路，书写了中国第一个互联网高科技企业的上市神话！

上市，对于一个企业来说，只是创业第一阶段的结束，新的考验马上就开始了。天有不测风云。就在亚信上市不久，互联网的冬天不期而至了，它像凛冽的寒风一样，所向披靡，凡是互联网公司，谁都逃不过它的扫荡，大公司变小了，小公司死掉了。市值曾经高达40亿美元的亚信也被打入了冷宫。几乎同时，中国电信企业的支出缩水导致亚信的收入萎缩，亚信的股价就像温度计掉进冰水里，急剧下降……面对此景，丁健第一次身临其境地遇到了痛苦的抉择——是面对当前的严峻的电信市场现实，收缩成本以等待机会呢？还是屈从股价下跌压力，利用手中上亿美元的资本尽可能收购，在日益缩小的市场中采取激进措施？

2002年财年到了，在华尔街的压力下，丁健决定还是去冲一下市场，但是后来的事实证明，市场规模的收缩是不以人的意志为转移的。亚信的激进措施加大了更大的成本上升和收入下降，亏损严重。结果资本市场惩罚了他们的轻率：亚信的股价在半年内从20美元下跌到10美元以下，最低时更一度跌至2美元。

不可否认，对年轻的丁健和亚信来说，美国资本市场的游戏规则很容易令丁健与亚信陷入困境中。在此阶段，作为上市公司的亚信因股市压力采取了保守策略，在进入新领域的决策上，像大多数的上市公司一样，采取了谨慎态度，以至于它上市融得的1亿多美元一直趴在账面上。

当随后而来的新浪、搜狐等门户网站开始大聚人气大赚眼球时，丁健和亚信曾因错失门户战略而后悔，又因门户风光不再而庆幸，后又因门户风光再现而迷惘……

没有哪家企业比亚信更适合进入短信增值业务：亚信是第一个接通短信网关的厂商，早在上市之初，就有工程师设计相应的程序，将公司股价发到各人手机之上。然而就像绝大多数的聪明人一样，丁健和他的亚信并没有感觉到这个上天降临在中国市场上的蛋糕将来会变得奇大无比……连误打误撞的心思都没有。所以后来，看到国内各大SP收入激增的亚信工程师们很难不发出感慨：亚信的一个计费设备只卖几百万，大型SP们的月收入就已超过千万！

改做天使投资

进入2002年下半年以来，亚信业绩随电信市场的低落一直萎靡不振，丁健对公司业务架构进行了几次调整，效果不彰。原本不擅长管理的丁健有了主动离职，去做自己想做的事的想法。另外他建议董事会另找一个更擅长管理的CEO。

2002年底，亚信董事会批准丁健去职的意愿，计划空降CEO，提振亚信雄风。

2003年4月，来自原爱立信中国区CEO的张醒生走马上任亚信集团CEO职位，丁健仍然担任亚信集团董事长。

作为明星企业的明星创始人退居二线，引起了中外媒体和社会公众的普遍关注。一时间,不明就里的各大媒体纷纷予以猜测报道。

丁健很坦诚的对外界表示:

"这有市场的原因,还有就是我既要干活,又要把不懂的东西学明白,付出比一般人多一倍,从 1999 年 5 月到 2003 年 4 月,作了 4 年 CEO,我感到真的很累。

"当时的想法是,做电信企业的管理,自认为我并不是最好的,换一个人不会比我差,我不会再做一件让自己很累的事。我一直觉得我擅长的不是执行,而是战略。

"公司的创始人和优秀的管理者两者之间并没有必然的联系,但在一个公司里面,创始人是不是一定要离开,也没有肯定的答案。有两个原因会促使创业者在一定时间内引退。

"首先是公司发展的要求。一般的创业者没有太多的管理经验,或者说他的经验只在于管理小公司。这类创业者走到一定阶段就会面临一个两难困境:如果公司不成功,他当然该退;如果公司规模已经大到一定程度,需要探索新的东西,这时创始人留任对公司可能就意味着风险。

"第二个原因在于个人喜好。每个创业者在不同的阶段都会有不同的想法。创业者做得时间长了可能会比较累,需要充充电,会想去干别的事。

"就我引退一事,上述两种原因都有,公司方面的原因更大些。因为我对公司有很深的感情,所以我更多地会从公司长远发展的角度考虑问题。亚信到现在阶段,需要更有经验的 CEO 去做更多的管理工作,带领整个公司到一个新的高度。就我个人而言,擅长或兴趣不在于管理,我对公司战略、把握大方向和环境这方面比较感兴趣。所以,大家各得其所,各自做更擅长更有兴趣的事。

"另外的时间里,我跟业界朋友们多一些交流,包括跟国内外同行、以前的客户进行交流,多了解整个产业下一步应该往哪个方向去走,到底能够做些什么。

"刚出来时,有人问我是不是要去做基金,我还没想好。要么我自己去创业,要么我去做投资人。是融资做基金呢,还是用自己的钱做天使呢?还没有想好。用自己的钱投资会比较舒服,但是有人说,用自己的钱风险大。我正好相反，我用别人的钱压力大，睡不着觉；我用自己的钱，半年不工作，也不会觉得对不起谁。”

丁健在亚信的最后半年已经开始做一些天使投资的项目，他终于可以开始自己的“预定程序”了。2003 年下半年，投资了一个原亚信的同事创立的小说网，一个朋友创立的联合网视。丁健非常清楚自己在这个行业缺乏经验，需要学习。丁健感到，天使投资人的经历培养了自己做 VC 的感觉，他相信自己运营亚信的经验教训，将会给予其投资的企业很大助益。

“比如说在风险控制方面，投资人和创业者的评估并不太一致。创业者对风险往往看得少一点，因为时间和资金就这么多，砸进去之后没有太多担心的地方，就只能往前走。但是投资者需要考虑各方面的风险，比如潜在竞争、价格变化、替代品的出现等等。

“我看到周边的很多朋友和同行，或者晚一些的年轻人都在走创业路，但是我不希望看到他们在走我走过的弯路。可能我犯的错误，失败的经验比别人多，也是一种竞争力。

“没有一个秘方会告诉你，哪一个企业必然成功。成功是偶然的，失败是必然的。过早的评价一个企业成功与否是很难的。尤其你不能因为一个企业很成功，就认为它做的很多事情都是对的，因为它隐藏的一些毛病出来了，就会变成很大的问题。

“假设我真的从 1999 年起开始做 VC，第一，我会做得比较吃力；第二，会犯很多错误；第三，也很难达到现在这样的层次。当然你可能会学得到，终究你会欠缺一个环节，那就是真正带一个创业公司的经验。另外，商业数字、商业的敏感度也会缺很多。”2007 年 5 月，作为金沙江创投董事总经理的丁健向朋友坦率地说。

“我做天使，对后来做 VC 肯定会有帮助。因为我做过不同的位置，经历过创业、发展，上市，天使投资等不同的阶段，角色相对不一样，面对的人、问题、事情，要想的也在不同的层面，集合起来，再做 VC 时，发现很多别人感觉陌生的东西，我现在看来，是轻车熟路的。”

他有一次给田溯宁打电话说，“如果是三年前，打死我也不想创业了，亚信几次走到了生死边缘，创业真的是九死一生的事。但是硅谷有很多成功的创业家，连续创业成功，我开始理解他们找到成功的规律了。现在我的想法改变了，我对于创业有了新的体会，我可以有信心地说，再出去创业，成功率会高很多。”

加盟金沙江

2003年上半年，在一次朋友饭局上，即将卸任亚信CEO的丁健认识了亚洲无线科技的创始人伍伸俊。伍伸俊，广东人，此前任北电网络高级副总裁，在半导体投资方面经验丰富，曾经牵头成立了上海先进半导体等著名公司。

二人相谈甚欢。

丁健：“再过几个月，我就不做CEO了，出去做投资。”

伍伸俊：“你是否会考虑做一个基金？”

丁健：“我还没有想好。我至少还得半年时间，帮着新任CEO张醒生过渡一下。另外半年，我想好好休息。”

2004年2月，已经卸任CEO的丁健在硅谷参加了美国VC主办的一个投融资大会。几位美国顶级VC创始人纷纷讲述他们的理念。丁健仔细听着，他突然间认识到：VC不是简单钱的问题，VC代表的是资源，站在价值链的最高层，是一种资源的整合。钱，是一个很特殊的东西，它是各种资源的代表，用钱可以换来很多的资源。但是简单地把钱投向谁，资源不会自动进来，必须用钱作为工具，把资源进行整合，让钱发挥最大的价值，帮助企业成功。这种理念小到一个企业，大到一个产业或者一个国家，都会产生根本的影响和作用。而这一点，天使投资就做不到。因为天使是个人力量，不是团队的力量。

当时丁健住在斯坦福大学附近一个酒店里。这期间，伍伸俊带着两个朋友来找丁健。

伍伸俊向丁健介绍说：“这位是林仁俊，这位是潘晓峰。”

林仁俊，新加坡人，此前他在美国接连创办了三家公司，iMarket、Quickdot和Co-nect，分别得到了美国VC的投资，最后分别被大公司成功并购，在美国华人圈中名气很大。他也曾在莲花软件公司担任高层管理职务。

潘晓峰，与伍伸俊同为亚洲无线科技的创始人，是伍伸俊多年的同事，他也曾在北电网络担任高级职务。

伍伸俊介绍了他同林仁俊创办不久的“金沙江创投基金 GSR Ventures”。

林仁俊说：“2000年我在MIT（麻省理工学院）认识了Richard（伍伸俊的英文名）。当时我在为新加坡政府考察中国的高科技产业，我对中国不熟悉，Richard告诉我，中国一定会有大公司出现。一开始我不太相信，后来，果然，UT斯达康、亚信、网易、新浪、搜狐等中国公司开始在NASDAQ上市。再后来，Richard对我说，在中国好的项目太多了，但是现在中国缺少一个做早期的基金，我们一起做一个基金吧。我一开始还是不相信，最后Richard说服了我，我们一起创办了GSR Ventures。”

丁健了解到，潘晓峰自1995年加入北电网络，认识了伍伸俊，一直合作到现在，有十多年的交情了。他们共同参与了北电网络的管理，也做过兼并和收购案例，后来一同创办了亚洲无线科技。对于创办一个新的中国基金，他们两人也有着多年的共识。

伍伸俊谈到：“我认为，未来10年，中国是除了美国市场以外，唯一一个庞大而且是高度同一的市场，这一点区别于欧洲，就是说一个产品、一项服务可以打天下。你看以色列人过去10年有很好的机会，但是他们都要跑到美国才能成功，这就是说市场要大，而且要有同一性。作为我们投资人来讲目前中国是千载难逢的机会。所以一旦定位对了，发展就会很快。”

丁健也谈了自己的想法：“我想说的是，我绝不是只是找个工作，赚点儿钱，我想我没必要替别人管这个钱。我对基金的一个基本看法是，基金定位要高，眼光要长远。第一，这是一个很大的机会，对于中国来说，是一个很重要的事情。这个基金会长得很快很大。第二，真正对中国早期投资创业者业讲，希望GSR是标杆性投资公司，就像美国的红杉。希望在中国，提起早期创业公司来，能想到金沙江GSR。”

伍伸俊说：“我同意丁健的说法。相对国内几大风险投资基金，我们看得要更长远一点，问题的核心不是你能赚多少钱，而是你能不能在国内的高科技领域里创造出世界级的公司。当然，现在中国有很多商业模式可以赚钱，中国现在经济发展这么快，货币流动那么快，实际上很多地方赚钱都比风险投资容易。为什么还要做创业投资呢？主要是创业投资能够打造一个很好的基础，由小到大，是一个创造财富的过程。”

伍伸俊继而谈到了取名“金沙江”的由来：“为什么叫金沙江？金沙江是长江的上游，这就说明我们是做早期投资的项目，希望他们都能够成长，壮大为一个国际性的公司。另外一个意思就是，我们相对国内很多投资基金，我们比较侧重于技术型和半导体领域，半导体都是沙子做的，我觉得这个行业能够创造出世界级的公司。所以我们起名金沙江有双重意义，一个是长江上游，一个是浪里淘沙。”

当然，对于伍伸俊来说，他没有提及的另外一层题中之意是：金沙江是长江中最险恶的一段，险滩、急流、礁石从生，这就如同他们做早期项目一样，风险也是很大的。

丁健说：“早期融资，中国这一块需求最大，然而，目前国内创投界真正愿意从事早期项目投资的基金并不多。这对于我们来说，是个机会也是个挑战。我们四个人都运营过早期公司，明白早期公司的优势和问题所在，我想这是我们的优势。金沙江，做早期是不言而喻了，这是一个很好的很高的定位。对于外国人来讲，一听就明白，很鲜明——长江是中国的代表，你找了一个长江的源头，那就是象征中国项目之源了。对中国人来说也好记。”

最后，丁健也谈到了一点自己的担心：“另一方面，一说起金沙江，我就想到红军长征，就觉得这个名字也有点儿土里土气。会不会给人感觉商业色彩不是很浓？对那些找 VC 融资的人，会不会让人觉得这是一个本土化的公司，而不是一家外资？”

经过几次交流，与三位合伙人在理念、策略、工作方式等几方面均达成了高度的共识后，2005 年 10 月，丁健正式参加 GSR。

狂沙淘尽始见金

2006 年 10 月，北京东方君悦人酒店，金沙江投资大会在此召开。

金沙江创投四位合伙人，数十位被投资公司的 CEO、CFO，金沙江创投所有的 LP（有限合伙人）都来了，近百人汇聚一堂。

这是金沙江“开业”以来首次投资大会，他们邀请了 GSR 全球所有的 LP 参加，因此这是一次投资成果展示大会。

金沙江创投董事总经理伍伸俊首先总结了金沙江创立一年来的工作业绩。

金沙江创投自 2004 年下半年开始运营来，伍伸俊、林仁俊、潘晓峰和丁健四位合伙人，理念一致，配合默契，一边融资一边投资。至 2005 年 10 月，一期融资结束，共计融资 7500 万美元。经过一年多时间的投资，一期投资全部完成，共计投资了 11 个项目，同时二期融资开始募集。

伍伸俊介绍说：“金沙江基金一期投资，单笔投资从 50 万美元到 3000 万美元不等，灵活掌握。相对来说，我们的投资活动还是很活跃的。因为中国好的项目，对我们来说不难找到，难的是我们团队还小，人力、时间和资源有限。”

在本次投资大会上，作为合伙人之一的丁健向与会的创业者、LP 详细介绍了过去一年来他主导的四个投资项目，重点介绍了其中的两个——北京明致无限科技有限公司和北京科普兰德公司与众人分享。

北京明致无限科技有限公司的 CEO 王伟在会上作了项目演示。

这是一个很让在座的 LP 们感兴趣的公司。

公司创办人王伟是一个年轻神气的小伙子，毕业于清华大学电机系。2005 年 8 月，他与几个好友一起创办了明致无限，他们的主要团队成员三人均有多年的手机通讯行业经验。他们的主打产品是自主研发的手机客户端应用软件——PingCo。PingCo 是一款基于 GPRS 在手机上使用的综合应用平台，集免费短信、五维联系人、魔洛阁大型社区、聊天室及 PC 客户端等多种人性化服务于一身，用户可通过 PingCo 享受到全面、优化的无线互联网综合服务，更方便交流和沟通，它的使用界面和体验效果是目前中国市场上独一无二的。

丁健介绍说，PingCo 是他参加 GSR 看的第一个案子，当时明致无限刚刚成立，他只看了 20 分钟，便觉得非常喜欢。一开始，团队设计的商业模式是想从短信的价差上赚取收入。丁健告诉他们，以他对中国移动的深刻了解，这个营利模式是不可能的。第一，让用户付费不容易；第二，短信价差，即使做到了也很难维持，中国移动很快会给你去掉。

王伟和他的团队听后，有些半信半疑：因为他们觉得，短信收入是一个已经证明成功了的商业模式。我们为什么不能？结果半年后，果然正如丁健所言：价差收入变得不可能。他们原本"别人能行，我为什么不能行"的期望市场并没有发生。正是有了丁健的提醒，团队及时做了调整，改变为依靠广告、为商家做宣传推广、服务调查等，避免了走弯路。

当年 12 月，PingCo 正式面市，很快就受到了市场的欢迎，下载量每天都上万。

2006 年 9 月，他们为著名导演李少红的电影《门》作大型推广活动，效果显著。目前，他们主要致力于创造最优质的手机体验，为手机用户提供专业、人性的应用软件服务。短短不到一年，用户增长达到 300 多万。

金沙江数百万美元投入后，PingCo 团队把主要精力放在发展用户上，目前的客户主要集中于 30 岁以下的年轻人，还没有进入到企业级客户，但是用户数增长很快。在 GSR 的帮助下，另有其他的投资人也非常看好这个项目，目前，第二轮融资也即将结束。

丁健说："我个人非常喜欢王伟这个团队，反应很快，学习能力很强。这让我想起了当年我们在亚信时的样子。灵活和扎实，这两种品质很难集中，一般人要么太灵活不扎实，要么太扎实不灵活。他们团队既灵活又扎实，这是投资人最希望找到的品质，很难得。"

他们的介绍引起了大家的掌声，一个 LP 说："很高兴听到你们的陈述，我喜欢这个公司。"

北京科普兰德是丁健主投的另外一个公司。

科普兰德创始人王永强曾于 1996 年到美国留学读 MBA，对美国的媒体集团比较感兴趣。1999 年他回国创业，面向中国上千亿元的家居市场，他首先建立了一个 E 家家居网站，定位是打造中国家居业的媒体平台。2000 年 3 月 19 日，E 家家居网正式上线。

不幸的是，网站上线没多久，遇到了中国互联网的泡沫。

他们及时调整经营战略，在经营网站的同时，也经营传统媒体。目前他们经营两本主流杂志《家饰》和《中国建筑装饰装修》及一些客户出版物，同时也养活了网站。

目前 E 家家居注册的设计师超过 2 万人，并拥有超过 10 万名设计师、装修公司和个人用户的名单。

2002 年 7 月，科普兰德推出了自主知识产权的"建材之星"软件。"建材之星"可以帮助消费者建立房屋模型，通过对装饰材料、家居用品的选择操作。消费者可以看到装修搭配后的效果，并快速得到装修方案、主材用量等资料，设计师也可以利用这款软件给客户提供设计方案。虚拟房间中所用的材料均来自 E 家家居的数据库，这个数据库里的产品完全来自于实际产品。目前，已有将近 2000 多个品牌进驻 E 家家居的数据库。设计师使用数据库里的产品进行设计，就像医生给病人看病，医生开出药方的同时对医药产品本身也是一个营销过程。

王永强介绍说："我们称之为网络体验式装修，打破了时间、空间的限制，装修风格尽情展示。整个过程，全部是在消费者自己的选择下完成，自身的设计理念能够完美体现。消费者可以自己选择中意的装修风格，确定装修方案。通过软件轻松搞定房间装修，解决了设计费用庞大，装修期望和装修结果反差明显的问题。"

从 1999 年到 2004 年，科普兰德经历了互联网的泡沫，发展资金一直短缺。在融资过程中，有一些投资商建议王永强，网站应该走门户路子。

还有一些投资商告诉他应该做 Web 2.0，这一度让王永强有些怀疑自己当初的设想，直到他遇到丁健。

丁健说："这个案子是伍伸俊推荐过来的。我看过他们的软件后，知道他们也一直经营平面媒体，我很感兴趣。我说你们除了作互联网，更多地应该是跨媒体的理念，学习美国玛莎·斯图尔特创建的庞大的家政媒体王国，纸媒、互联网、电视，跨媒体经营。我从他们身上看到了传统媒体的优势。"

王永强说："在和丁总见面之前，还有朋友告诉我，你就讲互联网的事，其他的不要讲。然而我们还是把原来的战略及我们的困惑讲了出来。没想到，丁总的建议与我们原先的战略不谋而合！"

王永强听了丁健一席话，非常高兴："这是第一次有投资人理解我们这么多年来一直坚持的战略，真正把我们的优势说得这么清楚。丁总的建议给我们的发展吃了一颗定心丸。"

金沙江 300 万美元注入科普兰德后的第一次董事会上，丁健花了整整一天的时间专门和团队讨论公司定位，重心从单纯的为广告客户服务转向媒体服务，最终面向大众，然后回过头再为广告商服务。丁健分析说，"因为你如果不把大众服务好了，你就会变成广告公司。媒体首先要为大众服务，而广告只是一个销售的结果，这两个定位，差别很大。否则，你想两个都要，结果就会把大众丢掉。"在这方面，丁健是很坚决的。最后，大家取得了共识。

在交流中，丁健也充分了解到了定位偏离的主要原因在于长期缺少资金，迫于生存的压力，谁给钱就为谁服务。

几个月后，科普兰德的经营重心已经完全转向为消费者服务了。重点打造媒体内容制造的结果是，无论网站的曝光量还是人气，都有了长足的进展。

丁健说："这个公司作的时间很长了，经历了 2000 年的泡沫。我很欣赏他们这种韧性，大难不死，必有后福。没有在逆境中倒下，这个逆境必将把你磨炼得更坚强。正如中国的古话所说的，天降大任于斯人也，必先苦其心志，劳其筋骨。亚信当年也是这样，经历过了九死一生，现在变得非常强壮。"

“目前E家家居网已经实现了赢利，这部分利润来自合作品牌付费以及广告。”

“王永强和他的团队，做事很稳，学东西很快，思路很清晰，他们听完你的建议，很快就消化了，能够很快地调整战略。几个月前，我还在和他们谈定位，结果几个月后，他的步伐已经超过了我对他们的期望。我现在有点在紧张地看着他们，有点往后拉他们，希望不要走得太急了。我很喜欢这样的创业者。”

投资人和创业者之间的交流，在丁健看来是如此的重要。他曾经看过北京的一个公司，业务做得还是不错的，但是丁健已经倾向于不想投。

有一次交流中，丁健对其创始人说：“你这个做法，要慎重。”

创始人有些不高兴：“你这样说，是对我决策的一种干扰！”

丁健回答：“你如果连这点儿干扰都忍受不了，连这一点儿建议都听不进去的话，那么你的决策会非常盲目，甚至是赌博了。”

事后，丁健对一位好友说：“退一步讲，赌博没有问题，做早期案子基本上就是在赌博。但是我们说，你是高智商的赌博还是低智商的赌博，是综合了各种因素之后的赌博还是碰运气的赌博？就好比赌球赌马，你是研究过了还是瞎买，还是马长得好看我就买这个？

“其实投资人的角色就好比是‘扭毛巾的状态’。你是在帮创业者决策，当然你要做得恰到好处。正如我们自己在决策案子时，肯定会遇到不同的意见。总有一两个合伙人出来说，我来给你唱唱反调，这几个因素你考虑了没有？然后举例说明，大家再研究。很少说，一个人说好，大家都鼓掌。否则，这个文化是不健康的。”

……

这次投资大会结束后。来自美国的一个LP对丁健说：“你们这次会议开得太好了，从会议安排，配合演示，做得非常到位。我是第一次参加由基金主导的这么高质量的会议，祝贺你！”

丁健笑答：“我们都是运作出身的，运作这点儿事，易如反掌。”

站在商业价值链的高端

2007 年 1 月，金沙江创投对外宣布，金沙江创投第二只基金获 2 亿美元承诺投资，募集完成。

“对我们第一期基金投的项目，投资人非常喜欢，而且感觉到我们做事情的风格、方式都非常好。第二期和第一期融资，实际上只隔了 7 个月。募集 2 亿美元，对早期创投基金来讲算是很大的，而且是这么快的时间。很少有基金能像我们这样隔这么短时间募集成功，说明了投资人对我们的信心和对我们整个运作的肯定。”

回首来路，丁健说：“我非常自信我们的价值能够得到体现。”

曾有人问他：“投资是商业的引擎么？”

丁健回答：“资本，不是充分条件，而是必要条件。投资后面跟着的价值，是区分投资好坏的标准。”

做 VC，是丁健多年前的一个自我设计，“我一直在按照我自己设计的路慢慢往前走。”

丁健坦陈，他走上投资的道路，首先是与他的思维方式有关。他经常对朋友说：“我的右半脑基本上残废，从小对音乐没有想象力。现在家陪着自己的孩子捏橡皮泥，我就捏不出东西来，这一点连孩子也不如。我只能靠逻辑。我不用复习，MBA 的逻辑考试可以考 99 分。”所以也就有了做投资这件事。

“拿马克思来说，他是一个哲学家，而他又写《资本论》。资本这个东西，本身跟社会、经济、文化紧密相关，不可分离，与哲学中的根源与万物的关系类似。资本，可以买到所有的资源，又不是所有的资源。

“资本的地位是非常特殊的，资本与企业的关系，其哲学性是非常强的。投资也涉及一些根本性的东西，在商业的价值链上是最高端，这是我最感兴趣的。”

聪明人“善假于物也”，在丁健看来，一个人要懂得如何借助外来的力量来成就自己的事情，一个国家同样如此。中国目前的缺点是资源不够集中，不具备很大的优势，这主要是因为中国家族式企业和小企业心态盛行，还不能完全认识到创投基金的作用。

在国外，不同的资源借助资本的力量，可以很快的切入到不同的领域里，然后以更快的速度在这一领域里生根发芽。反观中国，这种环境还没有完全成长起来，中国还需要借助海外的力量壮大自己的产业，发展自己的经济。

身为金沙江创投的丁健，目前仍然是亚信集团的董事长。

2006 年 11 月 30 日晚，亚信在美国发布公告：按照协议，华平投资亚信的年限已到期，必须出售退出，其所持有的亚信上市公司 18.8% 股份，由中信旗下的中信资本及亚信的两位创始人田溯宁、丁健接手。

中信资本进入的同时，丁健和他的老朋友田溯宁也增持了手中的亚信股份，这多少有些出人意料。正如事先丁、田二人在选择新股东时确立的如下两条标准——一是对亚信长期发展的信心，二是有行业良好经验和对发展中国民族产业的长期承诺——一样，丁健仍然看好亚信。这是他第一个创业投资的企业，也将始终不渝地支持它长期发展。

回想起刚参加金沙江基金时，丁健跟合伙人说："我加入这儿来，绝对不是说想赚钱，干什么不能赚钱呢？我希望把这个做成真正对中国的企业产生影响的基金。"

自我加压，一诺千金。

丁健和他的伙伴们正在为自己的诺言而践行着。

◉ 集金牌职业经理人和创业投资家于一身，同时拥有两个投资工具——Amerinvest和先后而来的高盛、TOM、TPG。他上下逢源，左右开弓，公私兼顾，手法变幻，是PE国际双行道的自由行者。

王兟：PE自由行者

突然辞职TOM集团CEO

这一切来得是那么突然！无论是对于TOM集团现任CEO王兟，还是他的顶头上司、人称“周小姐”的TOM集团老板周凯旋。

2007年1月26日，香港《壹周刊》刊发了一篇题为《周凯旋头马离巢 王兟云南大起底》的报道，顷刻间传遍港岛内外，王兟和周凯旋几乎同时看到了这篇文章，心中都感到惊讶！

其实局外人有所不知：早在两周前的2005年12月20日，王兟当面郑重地向老板周小姐递交了辞呈。周小姐感到有些突然和意外，但她还是挽留王兟说："你能不能再想一想？"王兟说："我去意已定了。"他们口头约定半年的过渡期。此事，除了 TOM 集团董事会的成员，外人无从知晓。一个小小记者，哪来的消息？周小姐不禁把尴尬的矛头指向了"天知地知你知"的王兟。

王兟似乎也有些冤枉！

话说王兟向周小姐递交辞呈并作了口头约定后，没过几天就离港回到老家昆明参加云南省政协会议了，王兟是该省政协港澳委员之一。

香港上市公司威利国际公司邀请了一些香港记者，尾随王兟回云南，以参加省政协会议为名，在开会期间采访王兟，提问关于他向威利国际(0273)注入资产的问题。

"在昆明开会期间，我把我原来投资的云南焦炭项目一部分股权注入威利国际(0273)，想当初我投资焦炭项目也是得到了 TOM 董事会书面批准的。可是，一个上市公司的总裁把自己的资产注入另一个上市公司里去，肯定是很敏感的。在此之前，我辞职的事早已跟公司说了，只有董事会成员知道。同时，因为往上市公司注入资产，我还有回答公众问题的义务。"王兟后来解释说。

王兟没想到，一个香港《壹周刊》记者，寻根刨底，把王兟在云南的大学老师、同学、家人全采访一遍，加工炮制出了所谓独家新闻，出现了文章开头的那一幕。

其实追究"口风走漏"已经变得毫无意义，群龙岂能无首，新任 CEO 怎能等到半年之后？TOM 集团董事会加快了集团 CEO 更替的速度。

市场反应比 TOM 集团快了一步。2007 年 1 月 18 日，香港上市公司威利国际刊登公告，宣布以 6625 万港元购入王兟私人持有的美投国际 25% 股权，后者持有云南曲靖大为焦化制气 25% 股权。威利国际以发行 2.5 亿股新股方式支付收购价，每股作价 0.265 港元，占扩大后股本的 7.62%。此举令王兟成为威利国际第二大股东。并且，王兟通过某媒体还透露说，正在商讨增持威利国际股权。

1 月 25 日下午 5 时，TOM 集团临时召开记者会，现任执行董事、首席财务官汤美娟宣布："TOM 集团 CEO 王兟因为要发展个人事业而辞任，其辞任书1月27日生效，她本人兼任首席执行官和首席财务官，稍后再决定由何人接任首席财务官一职……”

此会一开天下白！

自营基金，还是加盟基金？

就在王兟辞职消息公开后，港台多家媒体纷纷刊出了市场早先的猜测：王兟辞职独立创业。

实际上，1月27日到期后，王兟便展开了自己创建VC基金计划的实施。

“紧接着就是1月29日，我没有外出，在家静静地坐下来，利用一周的时间，写了一篇27页的英文报告。从我做第一笔投资写起，不管是公司的，还是私人的。通过写这个东西，让我有机会回顾这些年来的投资历程，把整个投资心得总结了一下。”

在这个报告里，王兟系统总结了自己的投资观点。第一，投资产品之间都是共通的。如股票、PE(Private Equity)、互联网、房地产、焦炭等，看起来都是不相干的东西，但是投资的内涵，或者说投资的思路和逻辑是互通的。第二，投资的时间性是很重要的。一个好的投资，买卖的时间错了，投资就失败了。如阎焱投资盛大很成功，关键是卖的时间对了。相反的例子如华登投资新浪，这是很早期的案子，因为卖的时间不对，没怎么赚钱。第三，别人害怕的投资可能没必要害怕，别人不害怕的投资可能要害怕。20世纪90年代初，流行于欧美的一种偏见说：中国没有好的公司管理，没法投资。可是仔细分析会发现，这种偏见只是缘于文化的不同，如中国的企业家不会英文，跟外国人的思路不一样，没有量化的东西等等。反过来说，什么叫好的中国管理？有些外国投资者盲目看好中国经济，却在法律细节上出现很多问题。他们后来渐渐发现，要用中国思维而不是西方思维来投资中国公司……

王兟一边写，一边确立基金的创建计划：在英国二板市场，以公开上市的方式募集一个专门投资中国的约3亿美元的基金。

创建一个自己的基金品牌：美信国银战略资本财团，已经在王兟的心里酝酿很久了！“我的这种情结，很重！”王兟对身边的朋友说。

兵贵神速。在接下来的一个月里，王兟着力打造各项创建基金的基础工作，凭着此前在高盛、TOM 集团的人脉，意向中的基金团队成员很快答应了加盟。

创建基金的所有法律文件也都起草完毕。

上市融资的保荐人汇丰银行也找好了，该投行的一位全球投行总裁是王兟的好朋友。

上市融资，创建自己的中国基金指日可待了！

不料，接下来发生的三件事，让王兟陷入了矛盾和权衡当中。

“第一件事，美国最著名的得克萨斯—太平洋集团（Texas Pacific Group，简称 TPG）合伙人 Tim Dattels 突然给我打电话，很热情地邀请我去位于美国旧金山的 TPG 总部谈合作。在这之前，他们曾屡次邀请过我，春节之后，他们明显地加强了对我的兴趣，我也感觉盛情难却。第二，原来作为保荐人的汇丰银行的全球投资银行总裁突然离职，被美国某 PE 基金拉了过去。这个变化让我很被动。第三，凭多年积累，我拉起一支队伍来单干，虽然能够搞成，但是一定会劳力劳神。问题是我已经在 TOM 这样没日没夜地干了 5 年多了，也感到有些累，再这样干下去，身体能吃得消么？”

一面是英国上市募资之路受挫，一面是 TPG 的热情相邀。在此期间王兟也了解到，在他之前，携程和如家的创始人沈南鹏、原德丰杰基金副总裁张帆双双与 TPG 谈过合作，最后沈、张俩人选择了与美国红杉基金合作，创建了红杉中国基金。

王兟权衡再三。

提起美国得克萨斯—太平洋集团，全球投资界谁人不知？其实，早在 1996 年，王兟还在高盛工作时就认识 TPG 集团香港主席，还曾在香港东方文化酒店一起吃过早餐。王兟有机会常与他一起喝茶，一直保持着工作联系。对方也曾经问王兟有无参加 TPG 的兴趣。“按照美国的标准，可能当时他们觉得我还年龄尚小吧。”虽然当时王兟已经因为投资平安保险的案子让高盛赚了十几倍而名声大振，但是毕竟刚 30 岁，这样的年龄显然不合老美大牌 PE 董事总经理或合伙人的要求。

然而 10 年后的王兟自然不能与当年刚出道时的青年王兟相比。单拿王兟在 TOM 集团的大手笔收购业绩已经让 TPG 青睐有加了。

显然,随着中国市场在全球新兴市场的雄起,中国公司不断冲击美国股票市场激起的兴奋,使得 TPG 调整了近年全球战略,加大了对中国市场的倾斜力度。万事俱备,只欠东风! TPG 缺少熟悉中国市场的人手。他们把目标渐渐锁定了在 TOM 如日中天的王兟。

2004 年 9 月 7 日,香港公益金商业及雇员募捐支票递交仪式及颁奖典礼,代表 Tom 集团募捐

面对 TPG 这个全球最大投资基金之一的老牌 PE 的招手,王兟不免用心琢磨起来。TPG 以收购美洲航空、希捷硬盘、汉堡王等闻名遐迩。在亚洲,TPG 旗下的新桥投资公司近年来也是动作频频,先后染指韩国第一银行、深圳发展银行、香港盈拓等著名公司,2004 年帮助联想收购 IBM 的全球 PC 业务。现在,TPG 掌握的资金达 400 亿美元,位列全球前三名,而员工才不过 200 人,全球合伙人更是只有区区 40 多人。

一个周六的晚上，在香港的王犹又一次接到了来自美国的TPG创始人戴维·邦德曼的电话，“亲爱的王犹，我很欣赏你，我很高兴你到TPG来。你知道，中国的市场大有前景……”这个电话让王犹彻底放弃了“单飞”的想法。“戴维跟我说他正要去某地开会，是在路上打的电话，一定要我到TPG来。因为时差，我的周六晚上是他的周六早上，他一大早特地打电话给我，我还是挺感动的，并且一进去就作全球合伙人，可见戴维的诚意。”王犹顺水推舟，决定跟戴维谈谈。

后来他直飞旧金山TPG总部。

戴维问王犹：“你是想创立一家挂自己牌子的公司，还是参加TPG的大团队呢？”

王犹告诉戴维他的想法：“挂TPG的名号，专门募集一个投资中国的基金，规模在3亿美元左右，由我来做董事长，管理团队控股，整个基金的运作由我来掌控。”

接着，王犹适时地把自己在1991年创立的私人投资公司Amerinvest（美投国际）向戴维详细作了说明。因为这是他跟别人最大的不同之处。

被麦肯锡炒鱿鱼

1989年11月12日，25岁的王犹结束了5年本硕连读的牛津大学学业生活，从英国牛津小镇飞赴美国钢铁城市芝加哥，受聘于全球知名的麦肯锡顾问公司。

麦肯锡给人生地不熟的中国小伙子王犹的待遇还不错——年薪8.5万美元，扣除各种税费后，每月能拿到3500美元。上班头一个月，王犹可以借住公司安排的一套复式公寓作为过渡，公寓就在密歇根大街上，离公司很近，走路10分钟，楼下还有一个超市，生活很方便。“如果要租金的话，一月至少得1500美元呢。”

刚到芝加哥，虽然美国已经进入冬季，但是气温还不算低。王犹开始购置冬装，大衣、手套，买的全是加厚的。过了几个月，习惯了四季如春的昆明和温带海洋性天气的英伦的王犹第一次体验了芝加哥的冬天——“衣服还是买薄了!”

“在美国租房子,主要通过社会保险号看个人信用,我刚到美国,信用记录是个空白,人家查不到,就很害怕,所以房租要加收2个月的押金。”可当时王兟口袋里只有在牛津大学省下来的奖学金700多美元,而最便宜的房租一个月也要550元……王兟在美国的工作与生活开始了!

这是王兟的第二份工作,他不禁想起了六七年前,自己在家乡的中国科学院昆明分院的研究员工作。那是一个人人艳羡的“铁饭碗”,但是刚刚参加工作的18岁的云南大学生王兟年轻的心灵却充满了沉重!他感受到了研究所里压抑沉闷的气氛,活灵活现的“人事纷争”(多年以后,王兟才知道那叫“办公室政治”),那对掌权的“研究员夫妇”看自己不顺眼的神态,王兟感到自己的想象力和创意得不到认可,只能被分配天天擦洗试管……

这里是著名跨国公司麦肯锡的总部,明窗净儿、工作透明、严谨有序、按劳分配、多劳多得,这里没有“办公室政治”。“对于你热爱的工作你就放手去大胆地做吧!”王兟还记得顶头上司鼓励自己说。那些美国同事们对年轻的中国同事王兟也都笑容可掬。

麦肯锡的薪水比较高,王兟很快租到了房子,不久他买了一部新车,保证很好生活之余,每月还能攒下不少。“感觉好极了!未来充满了希望,努力吧!”他暗暗对自己说。

然而,深受英式教育的王兟慢慢觉得,美国人跟英国人差别怎么这么大!他逐渐闻到了竞争残酷的味道。王兟的第一项任务是为西北航空公司做一份咨询报告,要根据大量的统计数字,做很多各式各样的图表。“坐在电脑前,说真的,有点晕,我对电脑操作不熟练,一个简单的图表也做不出来。”王兟开车走在芝加哥的大街上,想着工作上的一些苦恼。这个城市复杂的交通状况简直与牛津小镇没法比!有好几次王兟开车都迷了路。

在办公室里,王兟从美国同事的抱怨声里发现了自己的“与众不同”。“上帝!他的穿着举止真像个英国小绅士!”“公司怎么请了这么一个人,电脑也不会,生产力不高嘛!”美国同事心直口快,王兟渐渐听到了一些关于他的另类传说。

"英国教育比较注重读书写作逻辑思维和辩论，培养的学生动手能力比较差，这跟美国的教育有很大的区别，因此我一时不能融入美国的商业文化中去。"王炼后来对朋友反思说。

美国的商业文化是讲究"优胜劣汰"的。终于，3 个月后的一天，王炼接到了上司的书面通知：鉴于你工作能力不能达到公司要求，你被解雇了！

穷极思变，创立 Amerinvest

身在异国他乡举目无亲的王炼第一次感到了危机。那是 1990 年初，美国经济不是很景气。就这样回中国么？拿着被解雇的通知书，王炼不甘心。王炼盘算了自己的存款，只够吃 3 个月的。他开始翻阅报纸找工作，"甚至有了开出租车、去餐馆打工的想法。"个人生存的压力越来越大，王炼变得现实起来。出路在哪里？

"生存和自由是一对冤家，有时要生存，就不得不失去自由！自由到手，却面临着生存的危机……生存与自由怎么就这么难！"

这是身在美国的王炼当时的最大感受。他想起当年在昆明工作时，20 岁的他，心比天高。没有生存之忧却感到极不自由！于是他自我设计了两个出路：一是申请去牛津留学，二是给当时的云南省副省长写辞职信，要求停薪留职办公司。停薪？办公司？对于小王炼的这个异想天开的想法，虽然在家里遭到了父母的反对，但是竟然得到了身为农业科学家的云南省副省长的回信鼓励！"省长的信转给了单位领导后，单位领导专门开会讨论'王炼事件'，最后达成决议：青年人的想法要鼓励。"

只不过，紧接着申请去牛津留学的事也定下来了，开公司和留学不能兼得。王炼对单位领导表示，他还是想出国留学，所以开公司的事刚起了个头，就不了了之了。

王炼的父母都是中国传统的高级知识分子，毫无经商想法。既无家传，那么只能是来自外部影响了。1982 年，中国刚刚改革开放，昆明也迎来了 1949 年以来第一波经商热。王炼的大哥王兢作为下乡知青回城后，承包了一个街道小厂，经营得很好，"当年的个人奖金有 3000 多元，在

1982年那是一个天文数字，相当于一个普通工人10年的工资！竟然不敢要！”这件事，对书生意气的王铣刺激很大。

如今，王铣的境遇与过去截然相反：拥有了自由，却备感生存危机的压力。工作不好找，怎么办？创办公司的念头“沉渣泛起”！

“在美国注册公司很容易，只要1美元即可。”该给公司起个什么名字呢？王铣毕竟在牛津大学受过科班的商业管理训练，毕业论文还得过“牛大”二等奖呢，这给了他无穷的自信。再加上在芝加哥受到了不少美式商业思维的冲击，王铣逐渐摆脱自己在别人眼中的英国小绅士的形象。他很快调整思路，从商业角度想到：至少从名字上，不能让人觉得这是个年轻的外国人、少数民族后裔开的公司，不能让人觉得这个公司很小气很土气，于是他取了“American”单词前半部分“Amer-”，加上“Invest”，拼成“Amerinvest”作为公司名称。王铣很满意这个英文名称，随即中文取名为“美投”。后来，王铣在他的名片上写道“Amerinvest Group（美投国际）Since 1991”。

“一开始，Amerinvest就是个空壳皮包公司，完全没有基础、业务。”不过，这个空壳公司的业务很快就出现了！

不久，王铣看到当地报道说，一个距离芝加哥几十英里的美国某空军基地要关闭，包括一片10万平方米的军营楼房，一个18洞的高尔夫球场，两三千亩的土地，军转民，没有人用。王铣敏锐地意识到这是一个商机。“在芝加哥，这种东西大公司不想买，小公司不敢买。虽然当时还不知道要多少钱，但我知道美国政府一贯比较浪费，肯定是块肥肉。我当时未必有这个实力，但是没准会找到其他的投资者。”那一年的夏天很热，王铣冒着酷暑，抱着试试看的想法，前去跟他们一谈，“嗬！一个10万平方米的物业，一个18洞的高尔夫球场，两三千亩的土地，怎么着也得值8000万美金，结果只花了500万就买下了。”王铣高兴坏了！在接下来的交易过程中，王铣聘请的前来办各种手续的美国律师、房产中介也看中了这个买卖，有意参股。王铣结交新朋，乐享其成，于是美投公司就增资扩股，一下子变大了。看着眼前的旧营房、高尔夫球场、土地，该用来做点儿什么呢？王铣和投资伙伴商量，他们看到老年公寓出租挺赚钱，决定把旧营房改造成老年公寓。

当时芝加哥有家很有名气的“退休老人之家”公司，老板名叫 Jack Reiss，一个东欧籍犹太人，70 多岁了，当年他白手起家，发展到了 14 家连锁店，经营得很成功。王炜邀请他作股东，“我出物业，占一半的股份，他出资金和管理。”最后，美国大兵楼房改造成了 500 多套“退休老人之家”公寓。

看到数百万美元的大笔投资进来，Amerinvest 的业务受到追捧，创业的路子铺开了，个人生存危机有了转机，王炜总算舒了一口气。

当王炜面临被麦肯锡解雇失业之忧，他一面被迫自行创业，一面也在积极争取留任麦肯锡的机会。王炜检讨自己，努力改进个人工作形象，夜以继日，废寝忘食，又重新获得了麦肯锡的认可。从此，他像是完全变了一个人似的，成了一个工作狂。有一次，他竟然连续工作了 70 多个小时，困了小睡一会，醒来便立即工作，不知白天和黑夜，以至于把傍晚当成了清晨，跌跌撞撞地走下楼，问一个蓝眼睛深眼窝的路人：“现在是清晨几点钟？”路人都以为他是个疯子！

“我的适应能力还是挺强的，我真的需要麦肯锡的高工资，我很幸运地留在了麦肯锡。”

自从有了美投，对 25 岁的王炜来说，就好比是养了一个私生子。在美国养一个“私生子”谈何容易！“Amerinvest 一开始投入多收入少，经营困难，月月亏损，时时面临着破产的危险，我实际上是在用麦肯锡的薪水来养活它。”

在麦肯锡，王炜的工作业绩越来越好，以至于他的上司不得不对他刮目相看。一次，上司交给他一个别人不愿干的内部活计：研究论证一下麦肯锡公司每年花费 2000 万美元建设内部资料馆的必要性。王炜带领一个小组，认真研究总结出了一个“内部知识管理”体系：所有的资料按行业、功能进行分门别类，做成标准性文件，使用电脑技术实现每个分支机构内部共享，分支机构间则使用联邦快寄实现共享。这个体系的建立，使得麦肯锡内部培训效率大为提高，从而增强了麦肯锡的竞争力，进而证明了 2000 万美元的花费是超值的。这个项目的成功，让王炜获得了优秀咨询经理的称号。“那时，Internet 尚未出现，但是我设计的内部共享实际上就是局域网 Intranet 的概念。”多年后，王兟回忆说。

就这样，王兟在麦肯锡一干就是3年，同时也养了 Amerinvest 3年。

Amerinvest 从公司到集团

虽然自己月月贴钱养活着它，但是王兟感觉自己已经与 Amerinvest 不可分离了。“这个公司是我在人生的低潮期创立的，人生最没有安全感时的想法就是如何养活自己，当时连求职也不敢想。现在来看，Amerinvest 给了我最大的安全感。它对于我的意义在于，它完全是我自己的，当别人说 No 时，我可以说 Yes！”美投，给职业经理人王兟带来了强烈的自主意识。

“另外 Amerinvest 的成功在很大程度上也得益于美国的税法优惠，个人收入项目中包括工资收入，投资收入和亏损拉平，合并报表后报税。头几年的亏损就是因这个税的减免，才能被我以一定的收入来维持、发展。”王兟希望中国也能够借鉴这个税收政策。

Amerinvest 可真不是吃素的。“公司成立前三年，一直需要买进大量的资产，扩大规模，提升老年公寓服务水平，提升竞争力，一年亏损几十万美元。我必须寻求一份高收入的工作来养活 Amerinvest。”这可与当初创立 Amerinvest 用来谋生的目的大不一样了。王兟体验到了人生路上的柳暗花明。

实际上，Amerinvest 已经成为王兟人生的中心和主导。王兟在芝加哥麦肯锡的薪水已经不足以养活 Amerinvest 了。这时，在英国读医院管理博士的四哥毕业了，在王兟的极力“拉拢”下，他来到芝加哥，帮助管理 Amerinvest，而王兟需要寻找一份收入更高的工作。

此时的中国也发生了巨变。1992 年初，邓小平南行讲话，不仅极大地催生了中国经济的又一个高潮，如同阵阵涟漪，也吹涨了海外游子的心。中国经济的蓬勃发展吸引着他们。

“我很想去香港，那儿收入高。”1992 年，28 岁的王兟借回国探亲之便探寻跳槽的机会。路过香港时，在一位好朋友的介绍之下，他与汇丰银行高层见面，谈起中国发展机会，大家看法一致。于是王兟加入了获多利——这是香港汇丰银行下属的直接投资公司。

在获多利收入倒是比以前高了，但是香港的生活成本也高。王兟租了一个70多平方米的房子，租金接近3000美元，原来在美国芝加哥的房子2倍于此的面积，租金才600美元。生活水准急剧下降，赚的钱也供养不了Amerinvest。

"我这个人比较实在，我记得离开获多利去高盛之前对他们说，'你们对我挺好的，但是我的钱不够用，高盛给我的钱比你们多。'对方也说，'你这个人啊机会多多，我们其实对你挺看重的，对你的提拔也是挺快的，但是我们也确实比不过美国公司有钱，这也没办法，祝你好运！"获多利哪里知道，王兟自己还养着一个每月花大笔钱的"私生子"呢！

1993年7月，王兟到了高盛香港公司。美国大投行的特点是收入高，压力大。随着美投财务上的平稳及业务上的蒸蒸日上，加上四哥的管理，王兟完全可以从具体的管理业务中脱开身了，全身投入到高盛工作中去。

那时，Amerinvest的唯一业务就是芝加哥的物业管理，依靠多年积累，终于在四五年之后走上正轨开始赢利。不过因为受制于成熟美国经济的影响，利润平稳，起伏不大。

随着王兟转战香港，1994年Amerinvest也转战香港。"现在，美国物业与高尔夫球场业务继续保留。后来的美投业务线主要集中在中国香港和内地市场，涉足自然资源、房地产等方面的投资，也包括投资中国的证券市场。这么多年下来，有了一个忠诚的团队在打理。"大约2005年，Amerinvest在香港设立了办公室，变成了Amerinvest Group集团。

我的"诺亚方舟"

Amerinvest作为私人投资公司，王兟在游走于麦肯锡、汇丰银行获多利和高盛时自然用不着示人，所以个中滋味，只有王兟自己体会。

"第一，投资就是寻求潜在的市场价值远远高于实际价值、现有价值的东西，买得好才卖得出去。第二，管理就是要不断地解决问题，从来就没有什么天才，管理要在实践中练习，在实践中解决问题。第三，现金流是很难预测的，特别是在公司开始阶段，有时会过于乐观。Amerinvest 公司开始的 3 年内，我就时时面临着破产的危险。第四，我们想到的市场没有出来，没想到的市场出来了，事与愿违，柳暗花明。Amerinvest 带给我事业上第一个经验。

“从价值创造的角度来讲，资产增值或者是因为资源有限，或者是因为需求增长。有限的供应，无限的需求增长，这是投资的两个决定性因素。所以，表面上我一个搞高科技的投资家，为什么会去搞房地产、煤炭？风马牛不相及，原因就在这儿。

“一个投资者要思考：人的最终价值要通过资产来体现。人会老，新人会出来，人生充满变化。人可能会减值，而资产一般不会减值，只会增值，除非发生大的社会变故。这是 Amerinvest 初期给我带来的关于投资价值的体验。”王兟说。

在王兟看来，任何投资平台都有缺陷。2004 年，当时中国太平洋保险公司正在四处寻找私募基金。时任 TOM 集团 CEO 的王兟向 TOM 的股东建议投资太平洋保险，凭着王兟以前在高盛主导投资平安保险的成功经历，王兟同样看好太平洋保险的投资机会。他利用业余时间，做了一本很厚的投资计划书给有关决策者看。“他们没有做，我认为是十分遗憾的，最后由凯雷买去了，3 年不到，已经翻了几倍了。”

太平洋保险没有做成，所以 2005 年看到了云南曲靖大为焦化制气项目时，“决定自己投了。同时我向 TOM 董事局提交了一份申请书征得他们的同意。”后来就出现了文章开头的那一幕：2007 年 1 月 18 日，威利国际向 Amerinvest 购买股权的交易。王兟的投资眼光再一次被证实。

“因此，对于不了解我的历史的人会觉得很奇怪，一个做 TOM 集团 CEO 的人怎么会去做焦炭？了解我的历史的人，会觉得这一切都是有连续性的，前面做的事情会影响后面的事情。”Amerinvest 就像是王兟的“诺亚方舟”，如影随形。“到现在，Amerinvest 重要性在于：第一，它给我一个让自己投资的平台；第二，它使我的投资范围更广泛。它可以在高盛不投 163、TOM 不投焦炭的时候，让我抓住机会，遵循游戏规则，该出手时就出手。"这就是王犇一贯的本性使然！

王犇手里自有投资工具Amerinvest，同时又先后担任著名国际投行高盛公司的投资主管和李嘉诚旗下的TOM集团CEO，他上下逢源，左右开弓，两眼放光，手握两个钱袋子，手法变幻，身段柔软，公私兼顾，既是一个屡建奇功的职业经理人，同时在自留地Amerinvest上也硕果累累。他为高盛主持了平安保险的经典投资案例，同时又为自己投资了163电子邮局，名利双收；他主政TOM集团，5年完成40多起收购，被称为"收购狂人"，同时又不失时机地投资了云南焦炭项目，同样大功告成。

成功之路无坦途

1993年，是王犇进入高盛(亚洲)的第一年。没过多久，王犇就以娴熟的投资技巧、勤奋、聪慧和成果赢得了上司的欣赏，他被任命为位于深圳的平安保险项目的主要负责人。

后来，他的上司意识到：选择王犇来负责这个案子真的是再合适不过了。

长驻香港的王犇，对于一水之隔的深圳并不陌生。早在1984年，深圳得改革开放之先，成为中国经济的热土。那时还在中科院昆明分院实验室里大大洗试管的王犇喜欢读报，有一次他读到一篇介绍改革开放初期的深圳新气象的文章，深受感染，拿着文章对他几个哥哥说，深圳不错，应该去深圳。王犇的三哥几年后真的来到了深圳，在这里发展了自己的事业。现在，隔着香江，咫尺之遥，王犇更加关注深圳，经常向三哥了解深圳。这里每天都在累积着新的巨额财富，诞生新的经济英雄。平安保险的马明哲，就是其中的佼佼者。

王犇不断地把来自客观的、财务的、民间的、行业的最新信息汇总向上司报告，很快就整理出了自己的投资计划：随着中国经济的发展，金融服务业一定是一个潜力巨大的产业，如果能捷足先登，资本增值空间十分巨大。以美国为例，3亿人口就有数千家保险公司，而中国12亿人口却只有8家保险公司……平安保险是中国目前所有的保险公司中综合素质最好的一家，平安保险的创始人马明哲也是中国企业家中不可多得的人才……

有同事提出不同意见：高盛和摩根斯坦利（当时高、摩联合）投的钱，占了平安公司历史上所有投入现金总额的70%，但却只占股份的10%左右，这样是否合理？况且当时平安还在亏损。一个亏损的公司值5亿美元么？另外，很多保险产品极不成熟、保单回报率低、中国人的保险意识不强等不利因素。

凭着自己独有的投资经验和对中国市场的熟稔，王兟坚持认为，很多投资，特别是对于早期市场的投资，不是百分之百的定量分析能够证明的，要看到不远的将来。

不过，王兟的判断并没有得到高层的认可，平安投资案第一次提交被否决。

半个月后，王兟坚持己见，再次上报高盛投资决策委员会，平安投资案第二次被否决。

一周后，王兟第三次上报，仍然被否决。平安的时机不容错过！王兟毫不犹豫，"我觉得，看得准的东西，我该做就去做。"他的犟劲上来了，于1993年年底，直飞纽约总部，在那儿待了一周，最终以"中国人寿市场的潜力是不可限量的"观点说服了投资委员会。

"1994年高盛和摩根斯坦利各入股2500万美元，各占5%，后来每家又追加投资1000万美元，股份变成7.5%左右。2005年平安上市，现在的市值已经从当年的5亿美元变成了160亿美元，高盛在平安上市前后就把股份转让给汇丰银行。十四五倍的回报，而且还不算11年来数百万美元的分红。"

如今，这个案例已经成为高盛直接投资的经典案例。每谈功绩，高盛上下内外人士首推平安保险，以此证明高盛的高明。

王兟因此很快就被提升为直接投资部副总裁、执行董事。接着，王兟又主持、参与了北京华远房地产公司的投资、上市案，粤海集团50亿美元重组案等大大小小数十个案子。

不过王兟也有遗憾，"我在高盛的业绩和回报是不成比例的，影响了我的个人职业升迁，刚进去时还比较快，后来就慢了下来。平安保险的巨额回报到了大约1999年就开始呈现了，他们应该升迁我更快些。”

作为一名优秀的职业经理人，在高盛的7年里，王铣虽然没有因为升迁不快就妄自菲薄，但是他有时也不住地反思自己：是不是因为“我有一点点只拉车不问路的样子。我会很尽心地去做业务，但是我不太热衷于所谓的‘办公室政治’，比如我不会花很多的时间去搞定某一个人。我认为这既是一个优点，也是一个缺点，毕竟人不是生活在真空中，人与人的关系也是很重要的，你不去经营，别人就会去。”

当然，并不因此说王铣不是一个团队意识强烈的人，恰恰相反，个性率直的他意识到了自己的上述缺点。也许他正在一点一滴地悄悄改变着自己，好让自己更好地融入高盛团队，以减少自己的遗憾。

就在王铣反思总结的同时，163. net来了！

王铣曾对人说起这样一句意味深长的话：没有平安保险，也就没有163. net。

商场如战场，投资决策要快！王铣与163. net不期而遇，时间很紧，容不得他多想。

163. net是什么？想必中国早期大部分网民并不陌生。但是对于现在的“80后”来说，8年前发生在广州、深圳、香港并波及上至国家有关部委、下至全国千万草根网民，在短短数月之间，呈疾风骤雨之势，堪称中国互联网史上第一冲击波的这段历史，却是一段不得不说的故事。

163. net，即著名的163电子邮局。此事要先从中国互联网的两大名人丁磊和张静君说起。

丁磊，浙江人，网易创始人，现在是中国网络新贵的代表人物之一。1997年底的他只是一名具有商业潜质的优秀电脑程序员，中国最早一代网民，正在广州艰苦创业。此时的张静君女士，34岁，广东潮州人，已经是6岁孩子的母亲、广州市电信局数据分局局长兼广州飞华电信工程有限公司董事长、广州视窗掌门人。

1997年，中国有名的IT人士寥若晨星，丁、张二位很快就认识了。1998年初，丁磊开发完成了“分布式大容量邮箱系统”软件，即163. net电子邮箱系统。他首选想卖给实力雄厚的“官方人士”、同样具有商业眼光的张静君。

经历了上级单位广州电信局不想投资购买，与丁磊价格谈判之后，张静君以飞华公司职工福利基金会的名义买了下来。1998 年 3 月 16 日，163. net 电子邮局开通，这是“中国的 hotmail”！免费邮箱之父！No. 1 的概念非常耀眼，一下子就赢得了 30 万网民的喜爱。免费邮箱说白了就是光投入没产出的“烧钱机器”。为了“答谢 150 万广大网民的厚爱”，张静君只能不断地扩容再扩容，烧钱再烧钱！到了第二年 4 月，一边是网民每天数千人的增长，扩容压力火急火燎，一边是小小的集体企业飞华公司现金投入 400 万元已经见底了！在求得上级单位增援不得的情况下，张静君紧急召开董事会商量对策。如同当初买它进来一样，决定忍痛“一卖了之”！张静君很舍不得，因为这时的 163 电子邮局已经在全国网民中名声大振，人气之旺无出其右者。在 1998 年那个追求眼球的互联网时代，这是一件多么让人激动的事！

这一切，全被时任高盛直接投资部的执行董事王兟看在眼里。

在飞华顾问安达信公司的介绍下，王兟与张静君见了面，一谈几个月。“我本希望高盛来收购 163. net，但是当时高盛正在做中国电信的上市工作，它不愿来收购中国电信下面的国有资产，以免引起误会和争议。现在来看，高盛的选择是对的。”多年以后，王兟对友人这样说。

“这么好的资产，这么好的机会，不投实在可惜。还有一点是对别人投资的承诺，当时我已经花了好几个月的时间跟张静君谈。”王兟立即向高盛提出，既然高盛不能做，那么由本人自己来投吧。王兟向高盛提出书面报告，得到允许。

在此之前，王兟的私人公司 Amerinvest 一直不显山不露水地在香港地产、高科技公司项目上“闷声发大财”。这一次，为了 163. net，它不得不走上前台，抛头露面了。

王兟没时间揣测“高盛高层和同事们会怎么看这件事”。在注册给公司起名时，王兟比照着名声大振的“飞华”公司，觉得不“傍”一下很可惜，于是为自己的公司起名“新飞”。“当时又有人提出有个电冰箱品牌也叫新飞。挺奇怪的，怎么用一个电冰箱的名字？”王兟已经顾不了太多，他以最快的速度新建了深圳新飞科技有限公司（以下简称新飞网），专司投资163.net。由于时间太急，以至于注册资料都没有填完整。这给后来一些热衷于炒作的媒体提供了“质疑”证据。

1999年11月16日，飞华公司终于在众多投资、合作方案中选择了新飞网，签订买卖合同。飞华将问世20个月的163电子邮局连同Supercool免费个人主页系统、PCICQ和主要人力资源“打包”，作价5000万人民币。这5000万元的价值在于下列“人气”：除163的近180万用户外，Supercool免费个人主页系统有注册用户13万，PCICQ有注册用户20多万。

一个月后的12月15日中午12点，新飞网5000万元打到飞华账上，163.net由飞华版权所有改为新飞网版权所有，一些细心的网友很快觉察到了这一“小小变化”。

“实际上，5000万元中的大部分是从美国国泰财富公司融来的，其余部分是Amerinvest公司和私人投资，包括当时我在高盛的顶头上司。”王兟后来对友人说。

马上就要圣诞节了，高盛的业务仍然很繁重，新飞网的运营千头万绪，王兟再忙，也没有忘记自己的使命。

在计划飞到日本度圣诞节之前，他与刚刚在NASDAQ上市、风光无限的中华网签了一个意向书，准备将刚刚收来不到1个月的163.net，作价2.5亿美元卖给中华网。

在得到了中华网方面“考察看看再说”的承诺后，王兟和一位香港好友踏上了飞往日本的圣诞节之旅。

从开始到现在，著名的163.net易主，交易主体双方都很平静，卖方张静君虽然手握巨款，却觉得有点可惜，也高兴不起来，没有新闻发布的心思；就买方而言，经历过跨国并购大小案子多起，此番并购小小163，如同小菜一碟，何足挂齿！况且163发展风头正劲，眼球十足，没必要通知传媒。如此看来，双方都毫无打扰媒体的意思。

这一切交易完成，合规合矩，公平公正。163易主，只是湖面上泛起一圈小小涟漪，湖面风平浪静。但是世事变幻，无人能测，谁能想到：看似风平浪静的湖面不日后竟然刮起了一场排山倒海的风浪！

12 月 17 日，也就是 163 易主的第三天，张静君在广州华南理工大学作了一场声情并茂的演讲，无意中说了一句：“163. net 已经卖给新飞公司了！”谁想这一句感叹，竟成了 163 风波的源头，成为她自己和王兟的人生转折点。

次日，《羊城晚报》以头版头条报道了“飞华忍痛卖了 163”，立即在全国引起极大反应，新浪网在第一时间转载。毕竟，这是迄今为止国内最大宗的网站买卖案。

接下来多家媒体发文、转载，讨论“163. net 5000 万卖得值不值”。有人说值，有人说不值，网上马上就有帖子发难：惊乎国有资产流失！

此后几天里，包括香港媒体、中央电视台、科技日报、北京青年报、计算机世界日报、广州日报等数十家传媒相继刊发了有关报道、评论……与此相反，分属广东和广州电信两大政府主管部门管辖的 21 世纪和广州视窗两大网站均保持低调没有反应。

很快，媒体舆论出现了一边倒，“国有资产流失论”成为舆论主流，有媒体抛出了“163 买卖交易疑点重重”的文章，进一步质疑和声讨。大多数媒体文章里充满了猜测、捕风捉影、人云亦云。

也有个别客观、冷静的分析文章出现在《南方周末》、《南风窗》、《财经》杂志中，舆论终于不再是一边倒，出现了不同的声音。

至此，买卖双方都无人出来面对媒体，事件两大主角张静君在等待上级局领导的态度，王兟早已飞往日本乡下度假，难道他会一走了之么？

王兟怎会置之度外？万里之外的广州发生的事，他几乎也于第一时间知晓。面对媒体的“大呼小叫”，他从不以为然，有些意外，到开始忐忑不安。

“当时我还在高盛任职，广州发生的这些事情，我还不敢完全让高盛的同事知道，就偷偷让我的秘书秘密跟踪这些报道，把报道传真给我。”

“1999 年圣诞节我在日本度假，当时怀着一种很复杂的心情。第一，我跟中华网签了意向书，准备将 163. net 以 2. 5 亿美元卖给他。2. 5 亿是非常有诱惑力的，那我真就成了一个大富翁了，每想到这个，当然很高兴很期盼了。第二，2000 年‘千年虫’大发作，搞得人心惶惶，我也不例外。”

为了避免所谓的"世界末日"的不好征兆，王犹和同伴避开了乘坐飞机、新干线等现代化的交通工具。"在日本南部秋水一带，我们坐着当地的那种20世纪初的小火车，一个城镇接一个城镇地旅游，害怕会出现恐怖性事件，害怕千禧年有什么灾害发作，害怕还没有等我们签2.5亿美元的合同，这个世界就到末日了……

"1999年12月30日，本来那天晚上可以出去看焰火什么的，但是不敢去，就躲在日本九州乡下一个小酒店里，叫了丰盛的晚餐。晚餐后坐电梯回房间。这个电梯非常老旧，速度特别慢，摇摇晃晃的，让我担心极了，心想：千万不要在午夜12点千禧年到来时，电梯停下来，或者发生什么事故……"

怀着这样一种忧心忡忡的复杂心情，不会说日语的王犹和同伴俩人游荡在日本乡间。日本乡下人烟稀少，冷冷清清。乡下旅店老板表面热情，皮笑肉不笑，实际上挺抠门，经常向王犹多收费，这让他感觉很不好……

这时在广州，163事件进一步升级。有媒体展开调查报道，通过查询深圳市工商局，到新飞网公司注册地点"探底"，发现那里空无一人，随即媒体上质疑声浪又一阵发作。

2000年1月6日，《羊城晚报》的头版又刊登了题为《买卖"163"蹊跷事一串》的文章。羊城晚报为此还专门开设了BBS，每天网友发出铺天盖地的帖子，有人为163.net"靓女先嫁"叫好，但似乎力量很薄弱；而另一派则声势浩大，指斥飞华公司部分人内外勾结，损公肥私，变卖国有资产云云……

《广州日报》接着报道说，"所有的疑问归结起来只有一个：到底是谁在买谁在卖？"

不过，尽管媒体动静非常大，猜疑、流言、不实之词满天飞，"国有资产流失"的大帽子一时到处都是，但是广东民间却不以为然，看法大相径庭。"广东人一般是尊重会赚钱的人，普遍心态是：不管你怎么赚，赚到钱就是本事。这小子把国有资产给倒切了，有本事！厉害！"

王犹虽然是新飞网的董事长，但他极少出现在公司里。面对新飞网遭遇的媒体炒作，说实在的，这阵势他也是生平第一次遇见，有些手无举措。

"我看不清形势,只能是以静制动,静观其变。"他同时示意公司所有人员与他一样保持沉默,不得擅自对外讲话。别忘了,他当时的主要身份是高盛公司的雇员,"作为私人投资,闹得那么大,身为高盛雇员,我很尴尬,惶惶不可终日,不方便出来讲话。"

事实上,在当时社会舆论一边倒,外部环境很不利,摸不清事态发展的情况下,事件双方保持沉默是最好的办法。然而,新飞网公司里有一位知情人士,网名叫做 Carboy。Carboy 原为飞华公司高管,是随 163 一起打包"卖"到了新飞网。他意气用事,"个人想出名",违反了新飞网的内部规定。Carboy 在 BBS 上发了大量的帖子,同时接受了多家媒体的采访,俨然 163 事件的新闻发言人,在客观上导致了传媒炒作不断升级、事态发展不断严重扭曲的结果。

"这些炒作,都是别人主动的,而我是被动的。新飞公司的 Carboy 里应外合,我没有授意,他出去报料,媒体炒作。"

2000 年 2 月 1 日,再有 3 天就是农历新年了。张静君,这位 163 电子邮局的创始人、163 事件的风口浪尖人物,一直以来都在保持沉默,然而这一天爆出冷门:她被上级单位免去广州市电信局数据分局局长的官职,同时广州市电信部门对 163 交易事件进行内部调查。

这标志着 163 风波进入高潮。

媒体于是展开了新一轮的炒作,叫屈者有之,乐祸者有之,气愤者有之,义正词严者有之,恐慌者有之……一时间颇有事态严峻之势。

王竑在此之前,一直坚信自己没有错,但是张静君因此免职,还是让他有些害怕。

他去找新飞股东之一国泰财富的朋友 Paul Wolansky 商量。这个美国人,一脸的满不在乎:这事有什么了不起的,不用怕。

作为中国人的王竑还是有些担心。"有一段时间,我从香港出入深圳罗湖口岸还是有些害怕的。虽然自己并没有犯法,但是因为报纸闹得沸沸扬扬,搞得整个政府都不高兴,说哪一天叫你去谈话,关你 3 个月也不是没有可能的。但是我仍然坚信,买卖 163 一切符合法律程序,中国的法律事务所给出的投资法律事务书上面明明白白地写着呢。"

同时，王跷也听说，此事也引起了信产部的关注，内部为此专门发文，详情不知。通过朋友介绍，王跷去找了当时的广东省电信管理局即将要退休的一位局长。

“崔局长，我来给您道歉。我带来了我们成交163时的一些法律、财务、税务文件，请您看一下。”

对方不置可否……

“请让我给您解释一下，您看，163整个买卖都是符合法律程序的。媒体的很多说法，都是不负责的。事情闹到了现在，完全出乎我的意料，您看怎么解决……”

“我跟你说，小王，这个东西你根本就不能买，而且你买就是错了。虽然已经买了，但是必须要交还回来，我退不退你钱再说。”崔局长态度很生硬。

“这怎么可能？”王跷心里倒吸一口凉气，但是他表面上不动声色。

“您看我们是否共同寻找双赢的途径？比如说，如果您认为国有资产流失了，那么能不能反过来，我们进一步合资，政府在里面占有一定的股份，把这个东西做成一个很好的互联网公司，一起开一个新闻发布会……”

“这不可能，绝对不可能！”对方口气僵硬，嚷起来。

王跷完全碰了壁。

王跷当然也没有服软。他再一次审视了整个交易程序，他想：“相信自己，相信法律，大要卜雨，娘要嫁人，由他去吧。”

3月5日，新飞网的163电子邮局被广州电信通知改窄通道，不再享受原来的优惠，带宽由100MB被缩至“一视同仁”的10MB，使得拨号上网速度降至原来的一半甚至更少。

王跷由此意识到：163风波，不，163闹剧，过去了！实际上此时，广州电信部门已结束了对163.net转让一事的调查，无疾而终。

王跷马上决策：163北上上海、北京开拓市场。

再说163.net电子邮局，“因祸得福”，媒体的轮番轰炸吸引了网民大量的注意力，注册用户直线上升，已由交易时的150万发展到现在的近300万。

3月20日，163电子邮局在北京设立了主站，在上海设立了镜像站。

2000年5月19日，新飞网在广州花园酒店举行新闻媒体酒会，163事件的男主角、“神秘人物”王轶终于在广州媒体前亮相，宣称 163. net 的注册用户已超过 350 万，首页访问人次突破 1 亿。

这一次亮相他唯一的身份是新飞网的董事长，他已经辞去了他在高盛的高级副总裁职务。

“为什么有一段时间不出来呢，当初我投资 163，也是高盛批准的。163 风波出来后，一开始，他们不太知道，后来越闹越大，高盛也有些担心。没过多久，我就辞职了。我不能因为个人行为，而给高盛造成不必要的麻烦。我要出来向公众说明就必须先辞职。否则，你想，我到广州开新闻发布会，发高盛的名片，公众就会把我跟高盛联系在一起，以为高盛利用我个人名义去收购，然后联想到：美国投资银行收购中国的国有资产！这样不是越弄越复杂了？这是高盛不愿意看到的。”

在庆祝酒会上，王轶身着青柠色加橘黄色西装，戴着眼镜，书生气十足，开心地举起香槟朝向众媒体，亲切有加。这个“神秘人物”，以一种健康、平静、坦然、负责的形象出现在公众面前，一扫过去几个月笼罩在媒体和公众心头上的猜测、流言与假想。

王轶大大方方、老老实实地向媒体解释了自己作为一名中国年轻的投资家的“底细”和“发家史”：一名学有所成的中国留学生，父母退休尚在昆明，也没有什么特殊的背景，在著名大公司做过职业经理人，回国搞个人投资，融点儿风险投资的钱，163 不是国有资产，它物有所值，收购程序合法……

163 事件的感悟

以前王轶不愿说，不等于没有话说。163 投资事件，让默默无闻的职业经理人王轶一举成名，改变了他人生的轨迹，作为最大赢家的王轶当然有很多话要说。

多年以后，他向一位好友打开了“话匣子”。

“1999 年我 35 岁，当时那个年龄，我的适应性和应变能力还是挺强的……”

“163 事件能成功，第一，投资时间好，1999 年 10 月份，投资时间恰到好处；第二，收购结构好，百分之百地收构；第三，运营操作得很漂亮，自己有生以来第一次面对这么大的公众批评事件。此事最终是一个误解。飞华的资产，完全是电信局职工持有的，不是国有资产。我们用 5000 万买，职工们很高兴。但是媒体渲染不当，说什么这个东西值 100 个亿，5000 万就买走了，国有资产流失，搞得有些领导很不高兴，无限上纲上线。从 1999 年 10 月份到 2000 年的 2 月份，让我担惊受怕了几个月。当然，我自己内心一直认为自己没有错。

“163 事件毕竟给社会一个极大的挑战——所谓的国有资产转到私人手里，国家的资产流失，价格的差异，王戊这小子要暴富！——一阵纷纷扰扰，水落石出，最终归于理性和平静。

“关键问题是，互联网投资在中国是一个新兴事物。我参加这个新兴事物，引起人们的好奇，并不奇怪。新兴事物，难道不可以让我试验一下么？这样的新兴事物，难道不应该发生在中国么？163，并不是被什么美国投资银行买的，而是被一个中国人、一个中国年轻的投资家买的，只不过被一个年轻的投资家转了个手，没什么了不起嘛！2000 年我出来面对媒体后，广东的媒体很有性格，很快接受了我的观点。顿时，我的形象就从一个神秘的、幕后的，带有‘不可告人的外国背景’的操盘手，变成了一个阳光的、公众的、理性的投资家。很快舆论就倒向我这边了。

“对我来说，163 事件，先是遭到了无数的批评，成功之后，又得到了无穷地赞扬，做了这么漂亮的一桩事！从百亿的国有资产被 5000 万买走了的‘丑闻主角’，到后来变成了个人英雄，我自己没觉得。这在美国是一件不值得一提的小事。我反倒觉得，在社会机制激烈转变的时期，163 事件让我个人的承受能力经受了前所未有的考验。

“有人甚至认为，我前期躲着不出来，故作神秘，目的在于炒作自己。我哪有那么老练！从来也没有想过要炒作自己，实际上我也是第一次遇上这种事。163 事件，本来就是媒体和公众对一件再正常不过的投资事件的误会。我谋定而后动，我出来后，很快这个事情就平定了。虽然我是被动的，但我觉得结果非常好！这次危机处理得很成功啊！

“整个过程中，我也从另外一个方面认识到在一个强大的国家体系里个人的渺小——王兟你这小子冒犯了强大的国家系统，整个系统都不高兴。可是，一段时间后，慢慢就平息了，就容忍了。这个系统是有蛮大包容能力的，从某种意义上讲，使我懂得更尊重更热爱我们这个国家和文化。”

受任于危难之际

就在媒体大肆炒作163事件时，香港也在发生一件互联网行业颇有影响的事。

2000年1月，由“超人”李嘉诚投资的Tom.com正式开通，3月1日在香港联交所创业板上市。与几乎是同期在NASDAQ凭中国概念和点击量上市的新浪、搜狐不同，Tom.com凭的是李超人（民间对李嘉诚的尊称）的名望，引得香港市民蜂拥排队，争相抢购，首日股价暴涨至7.75港元，一时成为香港街头巷尾谈资。

然而，新经济有名无实，连李超人旗下也免不了。Tom.com在开通后运营的半年时间里，每月烧掉5000万港元却没有创造出什么实际的业绩出来。财报显示：2000年前两季Tom.com共亏了1.94亿港元，因而被媒体嘲笑为“除了钱什么也没有”、“半年没有干过什么事”、徒有空壳没有内容仅仅相当于个人主页的“垃圾网站”，一下子搞得TOM董事会灰头土脸。

随着2000年中期美国网络经济泡沫向亚洲扩散，黑云压境，如何防止TOM步网络泡沫之后尘？李超人认为TOM只有实施战略转型才能避免成为泡沫中的一分子。怎么转，朝哪儿转，谁来转？很明显TOM现有的执行团队已不能担当此重任。

此时，因媒体大肆炒作的163事件而声名鹊起的王兟落入了李超人的视线。

“163事件的炒作无形中把我变成了一个挺懂互联网的人了！”同时，李超人也了解到王兟在投资领域做的几个漂亮案子，心中暗暗称许。

“我想，这一点也是吸引他们的理由之一，另外，他们要打理一个上市

2003 年 1 月 3 日，在上江实业集团周年晚宴上与李嘉诚主席合影

公司，也需要一个名头很响的人来做 CEO，而不单纯是一个名不见经传的投行人士。”

而对王兟来说，相对于自己的 Amerinvest 及新飞公司，市值达 150 亿港币的 Tom. com，更是一个天地广阔的理想舞台。“这样的位置对我来说太有诱惑力了，既刺激又富有挑战。经营这样大的上市公司我知道会有很多困难，但我对自己有信心。”2000 年 6 月，新飞网刚刚走上正轨后，他便毫不犹豫地接受李超人的邀请，加盟 TOM 集团，担任投资总监。

天资聪明、眼光独到的王兟果然不负众望。上任伊始，他就为 TOM 的下一步转型确立了方向，那就是跨媒体，打造大中华区第一中文传媒集团。这一具体策略很快得到了李超人、周凯旋等 TOM 董事会大多数成员的一致赞同。

2000 年 7 月 17 日，TOM 集团对外宣布王兟担任 CEO。多年以后，王兟回忆说，“李先生（业内对李嘉诚的尊称）对我最大的影响是我从来没有做过 CEO，他能投我一票，愿意把这个平台交给我让我去施展，这样就使我的人生改变了。”“我还记得第一次与李先生见面，他特别强调经营一家上市公司，要懂得开源节流，务实求进，投资者的利益时刻不能忘记，要为股东带来回报。”

王兟向董事会阐述了自己的策略：针对TOM来说，要做强必须做大。作为上市公司，它在香港有一个昂贵的公司总部，什么没干呢，就要消耗掉1亿港币。这就是TOM之所以要并购的最大原因。巧妇难为无米之炊，做大了以后，有规模的前提下，才好去粗取精，改善管理，提高效率等。王兟熟读新闻集团大亨默多克和维亚康姆创始人雷石东自传，目前世界上任何一个跨媒体集团，无一不是并购而来。“要想使Tom.com尽快达到目标，并购是一场重头戏。我们依据互联网、户外、报刊出版、体育及电视娱乐五条线展开并购，其中，互联网是重中之重。”

李超人鼓励这位年仅36岁的年轻CEO，“只要看准方向，不要迟疑，不要拖延。”

如虎添翼的王兟纵横捭阖，巧施人力，沉着布局。对内裁员80人，加强管理，降低成本，使每月的固定开支降低了3成以上；对外展开了横跨内地、香港和台湾的跨媒体收购战。仅仅半年时间里，就完成了对上海美亚在线、鲨威体坛、羊城报业广告公司、163电子邮局、风驰广告、亚洲周刊的收购，与长城科技建立合营公司、开发语音门户网站、WAP网站等大小近10宗收购案，使TOM第四季度财报的亏损大幅减少。

尤其值得称道的是，TOM并购163.net，更是一场既快又好的收购兼并战。从2000年9月5日宣布收购开始，仅仅3个多月后便整合完毕，3.7亿港币的新股发行，其中包括300万美元现金。163.net这个第一次转手便引起巨大轰动的、号称“中国的hotmail”的著名网站，还没到一年，接着又被王兟成功售出，一方增值近7倍，一方获得了巨大的人气，各有所获，皆大欢喜。

变身“收购狂人”

CEO王兟的空降，给TOM董事会带来了惊喜，给TOM管理层带来了新的气息。在外人眼里，从来没有做过国际大公司CEO的王犇，说话方式、行为举止、管理方式，不像是个CEO反倒像个投行家。这一点，王犇也承认："的确是这样，毕竟在高盛做了7年。"

然而，王犇反问："那么什么叫CEO？我只知道，投资家和CEO不会有太大的区别，只是个人定位不同罢了。以我在TOM的经历，我理解的CEO，简单说来就是：有目标能执行，能用人做事，能够解决问题。

"第一，有目标，就必须有远见，有远见就必须有经验。我在TOM作CEO，首先，我为TOM确立了战略目标，至于这个目标是否正确，做得是否好，这些当然可以评价。但是毫无疑问，李先生为TOM指出了方向，我为TOM指明了目标，并且踏踏实实地朝着那个方向走。

"第二，用人做事。我在TOM时，网罗了多少人才！现在分众传媒的谭智，原贝塔斯曼的中国区总裁艾科，如今田溯宁的助手许志明，原华娱卫视的台长、现在深圳卫视的负责人周石星，原TOM集团户外集团总裁李践，原台湾城邦出版集团董事长詹宏志。如今这些执政各大公司的高层，以前都是TOM团队成员。我们真的是在用人做事，TOM可不是我王犇一人做起来的。

"第三，解决问题。每一个人解决问题的方法是不一样的，从来没有一个放之四海而皆准的真理。我的方式是：在拼命跑动中解决问题。所有人都充满激情，情绪高涨，工作快乐。因为我们在做别人没有做过的事，解决着别人解决不了的问题。虽然在跑的过程中解决问题很难，但是一旦停止下来解决问题，代价就更大了。况且一个大公司，不是所有的问题都需要CEO来解决，那么你必须使你的公司有一种向上的文化，一种排除万难去争取胜利的员工激励。即使如此，你也不能完全依靠别人，CEO自己还得身先士卒。我在TOM时，头发都白了，以前是没有过的，我也不过40出头，这跟我实际年龄也不相符嘛。"

王犇做CEO，就是亲力亲为。他经常与TOM集团很多子公司的老总、销售副总聊天，了解工作、生活难题。他们甚至哭诉着来找王犇，谈工作，谈家庭，无论大事小事。"在TOM这么大的公司里做CEO，坐在办公室里，足不出户，决策帷幕之中是不可能解决问题的，必须亲临现场。倘要说一个 CEO 很少到下面分公司、子公司去,没有了解,他怎么管理呢?”

王兟在 TOM 的 5 年多,操作并购 40 多起案子,数量之频,工作量之大,一般人难以想象。“工作压力是比较大的。TOM 做了那么多的事情,当时我们多少人呢?我们主管并购的业务发展部最多时不过 8 个人,经常是 4 个人,加上我,当然还有法律部、财务部配合,干这么多事。”王兟主要依靠两方面:一个是激励政策,一个是得力人才。在并购业务上,团队分成许多工作小组,各司其职,互相之间有协调,有非常严格的操作程序和时间表。

早在 2004 年,市场就已经证明了王兟的成功:整个 TOM 从最初的互联网企业,扩充发展成为大中华区著名的中文跨媒体企业集团,产业涵盖互联网、出版、报纸、电视台、体育等,并因此而更名为 TOM 集团。原本的 Tom. com 则被分割出来,独立在 NASDAQ 上市。TOM 集团本身从创业板转往主板上市,经营利润由 2003 年的 9200 万港元飙升至 2005 年的近 3 亿港元。TOM 集团的公众投资者对王兟给出了极高的评价:“凭借策略性的视野及出色的领导,使集团发展成为大中华区领先的中文媒体企业。”王兟自己也被市场人士誉为“大中华地区最著名的直接投资家之一”。

在 TOM 的两大憾事

“在 TOM 并购方面,一个没有对外公布的重大战略是,在互联网并购方面,除了并购 163、鲨威等,我实际上还曾经并购 QQ、新浪、网易等门户网未果。从历史的眼光来看,这才是最大的败笔。”离开 TOM 集团 1 年后,王兟对友人说道。

“TOM 战略是互联网、出版、户外、体育和电视娱乐五条媒体线重拳出击,重中之重是互联网。外界所了解的那 40 起并购案,在 TOM 五条并购线中不是最重要的。虽然这些案例也很成功,但绝不是最大的成功。今天来讲,最大的遗憾是与 QQ 失之交臂。

“2000 年 7 月我刚上任就提出并购 QQ。那是互联网最艰难的时候,TOM 公司内部作互联网的人都是反对的,大部分人都不认为 QQ 是一个好公司。加上当时我刚刚收购了163、鲨威，花了好几亿港币（当然大部分是股票），就已经引起别人的‘憎恨’和很多不满了。反对的人说，王𬘩你就看好外面的互联网，不看好我们自己的东西，我们自己也有技术，也可以做QQ。如果假以时日，我们自己的网站也会很好。反对的人说，QQ凭什么值9000万美元，你不是有病么，你这个价值怎么判断的？还有，经营管理怎么搞啊，如何整合啊，马化腾这帮人怎么合作啊？”

王𬘩一人力排众议，如同7年前在高盛投资平安保险案子时的情景。“很难的。当然公司还是有人认可互联网，认可QQ的，包括周小姐。最后还是说服了董事会给出了一个并购要约。”

“我为什么看好QQ？第一，我在收购163时，163有ICQ，和QQ差不多，但是做不过它。我通过研究中外互联网的差别，直觉QQ在中国有巨大的生命力。主要理由是：从市场的需求来说，现在中国城市人的生活空间比较小，人口多，全住在高楼大厦，需要沟通，但是缺乏沟通的条件。这与我们这代人及上辈人小时候在大杂院里捉迷藏、一起玩完全是两回事。另外，中国社会越来越大的压力也使得中国人的生活空间有压力。在这样的情况下，QQ提供一种半虚拟的世界，他可以在网上交谈在现实社会中不敢交谈的东西，它既是一种释放，也是一种娱乐，甚至是一种逃避。这一代人大多是独生子女，他们是孤独的，在日益竞争的社会里，注定了QQ具有强大的生命力。第二，我也看好马化腾这帮人。马化腾是潮州人，非常具有商业头脑。其实QQ技术不是很复杂的，但是他们专注于此，这一点从他跟我谈判时能够看得出来。第三，看好价格方面，9000万美元，实际上这个公司以后绝不止9000万美元，并且其中还包括7000万股票。

“最后，QQ之所以没有做成功，就是因为我出了9000万美元的价钱，只有2000万是现金，其余全是股票。不料，南非某公司出了6000万，全是现金。后来，马化腾接受了南非公司的现金（当然，QQ的决策也是对的）。这一次的失之交臂，对我来说，是痛中之痛。我败就败在当时拿不出6000万现金来。如果我们也能出6000万现金，就相当于是TOM账上所有现金的80%，实在是出不起啊！很痛苦的过程。

“另外，在新浪股价较低时，我也想并购新浪，最后也没成，有各种各样的原因，其中有些是我的错误，比如新浪4块钱时，我还想把价钱砍得再低一点……

“第二个败笔，以个人的观点来看，我还希望把台湾所有的国民党的媒体全部并购过来，包括电影、电视及不动产，再加上我准备并购的台湾最大的有线电视网、无线电视网、宽频，以及已经并购的近80本杂志和报纸，就会形成集印刷、有线电视、无线电视及广播的一个年营业额接近3亿美元的媒体集团。这是什么概念？太有吸引力了！

“收购有线电视没有成功，主要还在于价钱。我报了8亿美元，澳洲麦格里银行出价比我们高，他买去了，另外也还有政策方面的原因。

“如果上述收购成功，TOM集团那才是真正的大中华区第一媒体公司。当时，我们叫的口号表面很吓人，实际上这个口号下面埋藏着重大的收购计划——一个实际上没有完成的计划。这两件事没成，是最大的遗憾。

“现在也有消息传出，有公司要并购新浪，现在看来，这是很难的事。事实上，发展到今天的新浪，每天都会有实力雄厚的机构想收购它，为什么就没有成呢？与5年前我要收购新浪时的情形相比，且不说今天的成本、价值、经济环境与当时已经大相径庭，国家对于互联网的重视程度也已经不可同日而语。当时，互联网的影响没有今天这样明显，那时的并购行为还仅仅被认为是一种乐见其成的经济形为，现在可不一样了，一旦有收购形为，很快就会上升到政治层面，会被认为是控制媒体的举动。怎么可能收购？”

……

时间一晃到了2005年年底，TOM集团的各项并购工作基本上各就各位，一个集互联网、报刊出版、户外传媒、体育和电视娱乐五大领域、横跨中国内地、中国香港、中国台湾的大中华区跨媒体集团已经打造完成。

被誉为“收购狂人”的王兟想起了5年前自己在TOM董事会上说过的话：“在参加TOM公司的第一天，我就跟周小姐讲，我要把我这一棒跑好。我的这一棒就是通过并购等资本运作使得TOM达到一定的经营规模。总有一天，我会交棒的。”

至此，完美地履行了自己诺言的王兟想，到了该交棒的时候了！

于是就发生了文章开头发生的一幕。

王兟辞职的消息传出后，TPG 三番五次地热情邀请他到旧金山谈。

高调加盟 TPG

2006 年 2 月底的一天，就在 TPG 旧金山总部大楼里，王兟向 TPG 三位创始人详细述说了他的投资理念、偏好、过程和将来的理想，还有他的私人投资公司 Amerinvest。当然，他的目的就是，提出加盟的前提条件：保留私人投资公司，并允许它一定程度的发展。

这是长达两个多小时的激情陈述。64 岁的戴维细细地倾听着，他从王兟的身上感受到了一种特有的坦诚，看到了自己年轻时的影子。

最后，戴维告诉王兟：我们尊重并接受你关于私人公司的一切要求。

“TPG 为什么会容忍我的私人公司的额外要求？我很坦诚地向他们谈了我的美投公司与 TPG 利益冲突问题。他们也不觉得有什么奇怪，一般比较活跃的投资人投资工具特别多。另外，我跟他讲，我有一个准备做自己基金的团队，跟我多年，忠诚于我，不仅很职业，更是我非常信任、非常依赖的人。我参加了 TPG，但他们不参加 TPG。假设让这样的合作伙伴进入 TPC，使得人家对我的忠诚度和 TPG 的工作联系在一起，也不公平。我不能让别人的工作半途而废，美投也不完全是我一个人的，而是一个团队的。在我的私人公司里管理的钱中，还有一部分是香港著名富豪家族的钱。我有一种责任，还得继续履行自己的承诺，自己的私人投资公司还得保留，甚至任何某种程度的发展。

“他们审时度势，经过研究讨论，反过来说服我不要搞中国基金，而是跟他们一起做一个更大的全球性的增长基金。

“最后我也作了妥协，因为他们答应收编我为创建自己的基金而组建的团队。我从一个董事长、创始合伙人，我和管理团队作控股股东的基金形式，变成我只是 6 个合伙人之一，亚洲区负责人的基金形式，结果是不一样的，感觉是不一样的。一方面是，我可以跟 TPG 所有的合伙人沟通合作，特别在专业方面，会更多地得益TPG的长处，保证了我的投资决策更好一些。另一方面是，做一个全球基金，缺点是电话多，中国之外的投资、不同时间的投资，也是你的决策范围之内。虽然自主权限下放了一些，但是我会更辛苦，要拿出更多的时间与美国方面沟通。最后我想，人家毕竟也是容忍了我的一些额外的要求，我是很感谢TPG的理解和支持的，反过来，我也是很有团队精神的。”

妥协，双方都在妥协，而这正是交易的精髓之一！

2006年5月29日，美国著名私募股权基金TPG向外界宣布，其将与王兟合作，共同开拓北亚增长资本投资业务。

王兟成为德太增长基金北亚区负责人，该基金全球6个合伙人之一，并且参与了基金融资，“现在已经募集超过10亿美金，最后close会超过15亿美元，可以更多地投资亚洲，投资中国。”王兟在2007年初出席深圳某个投资峰会时表示。

2004年4月13日，与eBay首席执行官Meg Whitman女士交谈

妥协，但不失本性

王尪认为，一个人做事，从小到大，开始是靠热情，然后是靠技能，最后就是靠人的本性了。“一个人如果连自己的本性都不能保持，都不敢去面对，那么你还能是一个很好的、很能表现的、能做成事的人么？

“当然，人生中，妥协是很重要。但是妥协有个条件，就是要保持自己的本性和风格。我不可能在我的本性上有所妥协。”

在经济活动中，怎么可能不发生利益冲突？怎么可能不出现忠诚度不同的人？

王尪相信：君子坦荡荡。“我把这些都拿到桌面上来谈。我跟 TPG 说，Ameinvest 从 1991 年存续至今，我不可能因为加入你们做了合伙人，就把这些抛弃，包括与 Ameinvest 有关的所有人的追求、利益，甚至是我和他们的共同追求都放弃了。”

“另外，我作为一个投资人，你看好我，觉得我能够胜任，做一个很好的合作伙伴。同时，我也表明本人的优点和缺点都存在于我的复杂性。我是个很复杂的人。正因为我的复杂性，我的精力、判断能力才那么强，我的阅历才那么丰富，才可能成为一个优秀的投资家。因此我的复杂性也是需要你们容忍，需要你们接受的。”王尪对 TPG 合伙人说。

还好，TPG 是个非常人性化的公司。当年三位创始人，64 岁戴维·邦德曼（David Bonderman），47 岁的吉姆·库尔特（Jim Coulter），另一位 2006 年刚刚退休。对于王尪这样一个有朝气的投资人的“各种各样的想法”都非常理解。因为他们自己也是这样过来的。回顾他们的发家史，就足以证明这一点。他们在成立公司前，在美国得克萨斯为白斯兄弟理财。当年有一个非常好的机会：美国大陆航空公司经营不善，准备出售，大约花几千万美元就可以买一家美国国家级的航空公司。白斯兄弟觉得风险大，不同意。他们觉得与白斯兄弟的缘分也到头了，于是就跟白斯兄弟商量：能否让我们独立出去，同时把大陆航空的案子带走，白斯兄弟求之不得。

“于是他们就成立了 TPG。后来，被收购的大陆航空公司，在 TPG 的监管下，其财政状况恢复正常。TPG 于 1998 年将该公司售出并获得丰厚赢利。从此，TPG 一举成名，成为全球顶尖的 PE 巨头。

“今天，TPG 的主席、CEO，回想起 10 多年前他们刚成立公司创业时，年龄差别也是很大，性格也很不一样。一个坚持要住旧金山，一个坚持要住得克萨斯州，所以公司名称才叫做得克萨斯—太平洋，形成了双总部的局面。”

他们的成功发展史表明：要充分尊重对方的人格和选择，起码不妥协到改变个性。另外，现在三位合伙人每个人的身家都是几十亿美金，仍然像刚刚毕业的大学生一样，勤奋、互补、不妥协、尊重个性、发扬团队精神、富有创意。他们敢于做一些“刁钻古怪”的活儿，比如说，当年大陆航空公司要破产了，别人都不敢买，而只有他们敢买。这种精神也是足以吸引王兟的。

“最后，美投和 TPG 也有个约定，不做相冲突的投资案子。”

独辟蹊径，下注云南红

云南红，是中国西南地区最有名的区域红酒品牌。投资这个红酒品牌，不是王兟加盟 TPG 的第一个案子，他的第一个案子投给了越南最大的私人 IT 公司 FPT，短短两个月，便成功在越南本国上市，账面收益超过 5 倍。王兟的开门红，稳准狠，成绩非凡，一下子赢得了 TPG 的高度信任。

虽然王兟投资云南红比 FPT 晚好几个月，但是发现云南红比 FPT 早很多年。2000 年 TOM 并购了云南最大的户外广告公司风驰户外，云南红当时是风驰最大的广告客户，它的标识、户外广告都是风驰做的。“什么样的公司花那么多钱来打广告？”这引起了时任 TOM 集团 CEO 王兟的注意。

后来，兼任云南省政协港澳委员的王兟在云南政协会上碰到了同样是港澳委员的武克钢，他就是云南红的董事长。武董事长于 80 年代初曾在蛇口开发区当过副书记，后到美国密歇根大学留学，再后来移民到了香港，以香港人的身份到云南投资，从此成就了云南红。

“武总这人很有思想，能文善谈，在政协会上敢说敢讲，言词犀利，他的管理论文很有影响力。我们在政协会下聊天，他感慨云南红的融资经历，被香港的、国内外的二流投资公司搞来搞去，搞去了不少中介费，也没有引资成功。

“他有一天又跟我说起融资来，说看好我了。我当时还在 TOM，就跟他说我是自己做一个基金还是参加一个基金，还没有定，等定了后再说吧。”

在王兟确定加盟 TPG 后，武克钢和王兟再续前缘，谈起了云南红的融资。

“在谈的过程中，我就觉得，我们相互都比较佩服对方。他是一个很强势的管理者，同时也很谦虚容忍，例如对于我们投资时的一些苛刻条款。

“武总这人很有意思，也许是他的聪明，也许是他的真诚。他从一开始，再三地说，王总，我相信你，我们的合作一定能成功。他一开始说这个，我也有点儿好笑：我还没有调查你的公司呢，你凭什么那么有信心？我还没有信心呢！你单看好我这个人，也不对吧？我一开始对他这个人还是比较怀疑的，后来越接触越相信。反而，他一开始就标榜自己有信心，相信我，到了最后，他却有些怀疑了。直到这个投资案子签完字后，他也告诉我他曾有的担心：TPG 交给你手里的资金越来越大，都十几亿美元了，会不会到了最后，因为我这 1000 多万美元的投资太小了，你们不做了？我是不是太浪费时间了？我理解他，这不是一个时间浪费，而是说这事对他的企业发展有好处，他非常希望把这事做成。

“慢慢地在谈判过程中，因为遇到不同的问题，在谈判条件上不断地加码，我才发现，他真的是想把这事搞成，他不像我想象的一些民营老板那样主观臆断，我行我素。他真的很有信心，他觉得，云南红到了一个关键的时刻，必须要和大的机构联合，必须要引进新的思维新的方式。”

双方合作过程中，武克钢在极力推销他的酒，不太听王兟的话。“我们品尝后认为，有点偏酸，他老强调他这个酸的特点。在这过程中，我们既要保持尊重，也要把不同意见指出来。”

云南红酒比较有特色，所选的葡萄品种成熟比较早，是一个地地道道的中国本土葡萄酒。云南这个地方，山水秀美，四季如春，气候独特，培育出了云南红这样的红酒。“这个企业经过了 10 年，已经到了一个不错的平台上面，但是有点不进则退的意思，如果我们可以协助它，进一步提高质量、品牌、销量，可能还是非常好的。”

“倾听他的述说，你会觉察到50多岁的武总充满激情，他热爱他的事业，热爱他的红酒，充满了自豪，他走到了一个十字路口需要合作。慢慢地，我开始尊重他，在谈判中，他为了成功，他该妥协时就妥协，同时他也很尊重我。认定了的目标，不管有多少困难、风险，想办法去解决，有的问题需要他自身来解决，有的问题他要说服我来解决，有的问题需要双方找到共同的方式来解决。”

王兟并不认为中国整个红酒市场全依赖进口。中国红酒的前五名中，前三名已经上市，云南红应该是排在第四。与其说王兟看好云南红，不如说看好中国红酒消费市场。“因为中国市场太大了，市场上升势头非常厉害，你从白酒市场看，一些地方品牌，如泸州老窖，被认为土，很不起眼，但是PE值很高，国内40倍以上，香港的20倍以上。不排除中国红酒出现几个有特色的品牌。”

“与国际一流的葡萄名酒相比，云南红当然无论质量还是价格还是有差距的。下一步，我们正在协助安排他，出让一些股权，跟法国一个红酒品牌合作，形成高端、中端（合资产品）、低端（云南红）的产品系列。像青岛啤酒的成功，与早年跟德国合作有很大的关系，包括张裕葡萄酒也是这样。这是一条成功之路。”

在中国西南消费市场上，云南红的品牌很大，但是在云南，武克钢的品牌大于云南红。武克钢在云南有一定的威望。“云南红，投资的价值是合算的，市场本身的增长潜力是好的，云南红已经形成的市场主要在云南、四川、贵州。我们不一定需要扩展到全国市场，我们只需要在现有的市场上，有相当的增长和改善，我们就会有很好的回报了。我们并不期望云南红一定要成为中国的Lafite（拉菲）。”

“很多好的投资，投的并不是最好的公司，但是回报最好。最好的公司，但是回报不一定最好。这里面有好多因素。

“另外，我喜欢寻找既是自己熟悉，但是又未被开垦的比较偏僻的项目。没什么人专门跑到云南找投资项目，云南我比较熟悉，我不怕。我喜欢找偏门的，现在大家还没看到的，过几年就会火的行业项目。

“2006年8月，这个案子开始进入程序。2007年1月份结束，投资1500万美元。”

王犹透露，目前他手头上还有两三个案子即将close，行业涉及机票零售、电视购物，目前也正在接触一些品牌快速消费品、新型数据库和网络搜索等互联网企业以及能源和天然资源方面的公司。另外他还要看来自韩国、日本的投资项目……

尽管身为TPG的合伙人，王犹仍没有放手自己的Amerinvest。当然，这些与其当前的TPG工作并不冲突。他继宣布将其私人持有的美投国际资产注入威利国际(0273. HK)后，在家乡云南普洱投资森林业方面也迈出了第一步。

2007年1月，在云南的普洱，Amerinvest以拍卖的方式购买了3.7万亩森林，并购了一个私人林木加工厂，取得50年的承包运营权，包括种植、采伐树木、加工木材。

王犹不禁想起了在牛津大学时，当地政府实施“退耕还林”政策，他和同学受当地政府的委托，前往苏格兰地区考察农民退耕还林状况，以协助他们向欧盟索要补贴。落日的余晖透过古老的森林，落在城堡、河流、农家……当时王犹被眼前的一派英伦中世纪田园风光陶醉了！

如果你把这个林场看做喜欢大自然的亿万富翁王犹的一个“休闲艺术作品”，那你就完全错了！别忘了，王犹在牛津大学拿过森林和土地投资管理的硕士学位。他盘算着，先投入400万美元，然后在国内外贷些款，他要在这片清新生态的土地上，为将来中国股市“树”起一个市值过100亿的森业股份公司。

当然，这不影响他时不时来这里，“爬爬山，下乡吃些粗茶淡饭，睡个懒觉，采点儿蘑菇，和朋友分享。”这也是他当前生活的重要组成部分。

王犹体验到了中世纪哲学家托马斯·阿奎那说过的话——“You don't solve problems, you survival them”（你不能解决所有的难题，但是你会在这些困难中生存下去）。

他正在实践着自己的愿景：多元的、充满创意的、标新立异的人生。

◎ 自费留学，打工立志，在斯坦福毕业后，做了6年研发、6年销售、6年投资，终于修成正果——走出英特尔投资部，创立上海启明创投。

邝子平：投资人生三级跳

"海归世家"的辛酸

从互联网上搜索"邝子平"，"邝子平"是与"英特尔战略投资总监"、"启明创投董事总经理"的名号紧密联系在一起的。作为一名著名的海归，邝先生的"身世"很少向外界提及。他沉默的背后，是一段跨越半个多世纪，令人心酸、感慨、惊讶的家族海内外闯荡的故事。

"我1963年出生于广州市，在广州读书长大。我的父亲当时是广州某工厂厂长，母亲在财政局工作。父母在'文革'中受到了冲击，后来到了五七干校，我呢，年纪很小时就寄宿在亲戚家了。

"我爷爷早年十几岁时，大约是20世纪30年代，和许多同伴一起'打洋工'，去了美国旧金山修铁路。大难不死，几年后，攒下了些钱，回到中国结婚，没等到他们的儿子——也就是我父亲出生，爷爷的全部积蓄也都花完了，就撇下怀孕的妻子，又一人回到了旧金山继续打工赚钱。"

邝子平的爷爷原来打算再狠狠地赚几年钱回到中国安度晚年，不料，1941年12月7日，日本偷袭珍珠港，爆发了太平洋战争。无情的战火，隔断了海外游子的归国路。战争一打就是好多年，邝子平的爷爷没有等到回国的坦途通畅，孤身一人留在了美国，年老病衰，由他早年一起打洋工的老哥们照料着……直到去世。

"我父亲从未见过他的父亲，而广州家里这边祖母和父亲二人相依为命——直到新中国成立。在中国近代史上，广州是革命的发源地之一，革命的广州造就了革命的父亲。他从小是个革命积极分子，经历了革命战争年代、新中国成立、公私合营、文化大革命……后来，祖母一个人去了美国直到1979年……祖母在美国中风了，父亲去把祖母接了回来……"

1979年对于中国来说，是一个具有历史意义的年份，这一点也深深地烙在了有海外关系的邝家。

"1979年，在我们家发生了两件大事：一是中美建交。两个大国的关系缓和，让散居在中美两国的家人、亲戚朋友长长得舒了一口气，喜上眉梢。二是我的学业基本上恢复了，那一年，我上高二了。"

眼看着，中美两国人民之间又可以走动了，16岁的邝子平也要高中毕业了。过世的爷爷的那些美国老哥们就与邝子平父亲商量："是不是让爷爷的孙子，也就是我，到美国这边来留学、打工？"

在旧金山谋生

"1980年，我高中刚毕业，在爷爷那些老哥们的担保下，不懂ABC的我到了神秘的美国,开始了我的留学生涯。那年我17岁。这一晃,就是14年,直到1994年回国工作。"

邝子平依然清楚地记得,当年他从广州火车站上车,经深圳的罗湖口岸出境,那时的深圳是一个小渔村,辗转到了香港,最后到了"我爷爷和他的哥们生活工作过的旧金山。"

旧金山,英文名字是San Francisco(音译为"圣弗朗西斯科"),中国华侨们却称其为三藩市。三藩市早在19世纪中叶因为发现了金矿吸引了包括中国人在内的采金狂潮而迅速发展,因此被华侨称为"金山"。到19世纪60年代,它已经发展成为美国西部各州同东部以及世界各国、特别是远东国家的海路联系的主要港口。

旧金山位于美国加州海岸一个狭长半岛的尖端,太平洋与圣弗朗西斯科湾之间的半岛北端,东临旧金山湾,西滨太平洋,北隔金门海峡(Golden Gate)和对岸的半岛相望,这里有世界上桥墩跨度最大的金门大桥(Golden Gate Bridge)和奥克兰相接,西边有金门大桥和北方的另一半岛相连。围绕着旧金山湾的大大小小城市与有雾都之称的旧金山合成所谓的湾区(Bay Area)。湾区的南方有圣荷西(San Jose)和帕拉阿图(Palo Alto)等著名都市,著名的斯坦福大学和硅谷就座落在这里。

旧金山也是美国横贯大陆铁路的终点之一,邝子平的爷爷和他的老哥们就为此条铁路付出了一生的血汗和泪水……

当然上述这一切概况,对于初到美国的邝子平来说,还是一个谜,像大多数初到旧金山的中国人一样,他一头扎进了华侨聚居的旧金山唐人街。

一座座门楼树立在邝子平的眼前,石狮、飞檐、大红灯笼,还有熟悉的中国人面孔、广州话……邝子平有些惊奇,又有些惊讶,眼前的这些场景,新鲜里透着熟悉,俨然是回到了广州的某一个街区。

是的,这就是著名的旧金山唐人街,是海外华人在旧金山聚居的地方。

"穷人的孩子早当家。"中国这句俗话深深在烙在了17岁的邝子平身上。"虽然,我开始不会英文。但是我早在来美国之前,就抱定了吃苦耐劳的决心,给自己确立了三个目标:第一,我是来读书的,不是来打工的;第二,无论如何,一定要把书念好,进入美国的主流社会;第三,我还是中国人，永远喜欢做中国人。”

邝子平的这三个目标竟然是如此的鲜明和强烈，以至于多年以后，已经拿到美国绿卡，并且在美国主流社会立足的 Duane（邝子平的英文名字）在美国同事和同学的眼里依然是：“你怎么一点儿都不像美国人？”

“是的，从进入美国的那一天起，我从来就没有断过对中国书报的阅读，对中国国情的了解。”邝子平说。

初到旧金山的邝子平，马上就开始了边打工边上学的生活。虽然身在异国他乡，邝子平也多多少少地得到了爷爷那些风烛残年的老哥们的照顾，但是邝子平坚持自强自立，他自己租住在旧金山唐人街一间 20 平方米的小房子（同室的另一个中国自费留学生叫关新，后来成为邝子平 20 多年的活跃在上海创投界的朋友），一边在餐厅端盘子，作 Bus boy，一边进入附近的社区学院寒窗苦读。“我业余时间看金庸小说，没有时间看电影。而其他的唐人街的孩子大部分都是 Football，我与他们志趣不同。”

80 年代初，自费留学美国的中国人，实在是不多见。邝子平跟父母联系全凭写信。“打电话就几分钟，说几句话：家里好不好？我在这边挺好的……说不上几句话就赶紧地挂了。”现在的年轻人，可能想象不到 80 年代初的越洋电话是如此的奢贵，特别是对于一个远在大洋彼岸、全靠自己边打工边上学的中国留学生来说。

“立志把书读好，信念是很重要的。我看到，好多同时去的人慢慢把学业荒废了，打工去了。我在旧金山的一个社区大学学习 ABC，后来考上了旧金山大学。”

念大学本科的邝子平，四年里仍然过得是半工半读的生活，“一共换了了三家大学把本科念完，一周四次出去端盘子，先后做过厨房工，Bus boy 和 waiter，尽量不靠别人。”

在旧金山大学，时值美国以半导体、计算机、软件为代表的高科技工业蓬勃发展的时期，计算机专业成为当时的热门专业，毕业求职供不应求，薪水也很高。邝子平把计算机确立了自己的专业方向。

在斯坦福建立自信

旧金山大学，在美国就是一所非常普通的大学，而同处旧金山的斯坦福大学却是一所声名远扬的著名学府。

1986 年，邝子平在旧金山大学毕业，凭优异的成绩及旧金山大学几位教授的推荐，进入了斯坦福，攻读计算机硕士学位。

考上斯坦福后，邝子平乘兴回国探亲，这是离家出国 6 年来第一次。这一次，他在家待了一个多月。

“我中学时的同学，几乎都失去了联系，可能是因为志趣不同吧，这一点挺让我遗憾的。念本科时为生计三度转校，也没能够交上什么朋友。不过，我在接下来的斯坦福大学认识了不少同是来自中国的留学生，结下了深厚的友谊，让我受用终生。”

斯坦福大学是邝子平人生的转折点。“刚进斯坦福，我就谋得了一份助教的工作，不仅免学费，而且还有一个月 800 美元的工资收入。这是我来美国 6 年后，第一次不再为房租学费而发愁了。”

你可以想见，这对于 23 岁的斯坦福学生邝子平来说，是一个多么大的欣喜！

这里的环境、氛围、老师、同学让来自美国唐人街的邝子平建立起了前所未有的自信。“在这里，大家的身份都是一样的，我和同学们都没有什么区别，无论是在学习上、就餐上或其他方面，都没有区别。”

第一次，邝子平不再为一日三餐和高昂的学费而犯愁，也有了一些心情来考虑除自己之外的其他事务。

第一次，邝子平和几个要好的中国同学一起周游了美国的几个城市：纽约、费城、华盛顿。“嗨，美国还挺大的啊！”邝子平由衷地感叹道。

第一次，在斯坦福，他结交了他在美国的第一圈朋友：张锐（美林中国董事总经理），林伟萌（泰达荷银基金公司 CEO），陈捷（东京电子中国总裁），茅道临（新浪著名投资人后任新浪董事长），黄晶生（Bain 中国董事总经理），高克家（掌上明珠 CEO），方星海（任职上海市政府），李晓阳（君合律师事务所合伙人)……后来,他们这圈朋友全无例外地回到了中国,纷纷开辟了自己的事业。“这是一个早年在斯坦福结交的没有猜疑的友谊圈子,成了我以后在中国创业时的工作、生活中的朋友。”

从 3Com 到 Kalpana

1988 年初,邝子平顺利从斯坦福硕士毕业了。“毕业找工作时,我给人打电话,发简历。我说,‘如果你能给我机会,你是很幸运的。’”

很快,邝子平到了 3Com 的公司。

1979 年,以太网发明人罗伯特·梅特卡夫(Bob Metcalfe)成立了 3Com 公司,生产出了第一个可用的网络设备:以太网卡(NIC)。它是允许从主机到 IBM 终端和 PC 机等不同设备相互之间实现无缝通信的第一款产品,能够以无缝方式共享和打印文件,从而增强工作效率,提高企业范围的通信能力。

1981 年 2 月,3Com 获得了一大笔风险基金,1984 年,3Com 的股票公开上市。

“我的职位是软件工程师,做网络服务器软件。”这是邝子平人生中的第一个正式工作,从此告别了在餐馆打工的苦日子。

时间到了 80 年代末,随着市场应用的扩大,越来越多的个人计算机被应用,并且市场上使用图形用户界面的、功能强大的 PC 机越来越多,造成了较高的基于图形的网络负载和信息流量。

这种局面的技术表现是:多 LAN 连接在一起,共享以太网依赖于所有用户共享介质的单个连接,在这种连接方式中,一次只有在任何地点的一个网站可以发送。由于较多的用户争用有限的同一带宽,因而将这些不同的局域网连接在一起导致了信息流量的猛增,这样技术的进一步提高和革新就成为企业和产业发展的最新动力……

不知不觉,邝子平勤勤恳恳地在 3Com 工作 3 年了多,职称也变成高级软件工程师,成为部门的技术骨干。

就在邝子平和 3Com 同事努力的同时,美国的计算机通信技术日新月异，突飞猛进，各种新型产品也纷纷出现，1990年，一个完全不同的网桥——Kalpana EtherSwitch EPS－700面世。这是一项比以太网卡性能优越的新型发明。

网络交换机（EtherSwitch）是一种提供同时多条数据传输路径的体系结构，和电话交换机很相似，使整体吞吐量显著提高。EtherSwitch使用一种名为“直通法”（cut-through）的新桥接技术（而常规网桥是使用存贮、转发技术），通过这种网络交换使延迟时间降低一个数量级。

EtherSwitch是以提高LAN性能的网络交换来销售的，而不是以互联不同LAN的网桥来销售。这一区别非常微妙，几乎在一昼夜间，Ether Switch开辟了一个新的市场领域——网络交换器。

EtherSwitch的发明人就是Vinod Bhardwaj和Larry Blair，他们就在离3Com不远的硅谷成立了Kalpana公司。

Kalpana公司的创新技术，吸引了风险投资的进入，他们决定聘请一位经验丰富的CEO，3Com公司的一位副总裁被挖了过去，并且把3Com的部分团队成员也带了过去，其中就包括邝子平。这一年，邝子平也拿到了美国绿卡。

“我们这些人是在创业团队以外的第一批职业经理人和职业工程师，我过去做了该公司唯一的软件工程师，后来，我又把3Com的几位同事陆续请到了Kalpana公司。”

如果单从技术发展来看，从以太网到以太网交换机，是网络技术的升级换代，邝子平敏锐地看到了这个市场前景。如果从个人发展来看，从3Com到Kalpana，从成熟公司到创业公司，邝子平获得了可观的期权，个人的发展前景也大为改观。

“在Kalpana公司，我从软件工程师做起，公司发展很快，第二年顺理成章升职为软件经理，后来管理着30人。”邝子平之前可从来没有管过别人，他认真履行职责，带领着这支30人的软件队伍。

1992年，Kalpana公司第二次融资400万美元，把EtherSwitch产品做了出来，一下子就受到了市场的热烈欢迎，公司随即决定扩大再生产。

“然而产品面世第二月后，技术上出问题了：EtherSwitch工作了一段时间后，以太网地址找不到了。这对于该产品是一个致命的打击，于是把产品全部收回，还花了不少钱，去给顾客购买替代产品。于是我们连续两周都待在公司里，不回家，进行故障检测和维修。”

这两个周对于一个面临巨大市场和生存压力的初创公司来说是不言而喻的，邝子平和同事们日夜进行技术攻关，2 个月之后难题虽然解决了，但是各种费用却花去了 200 万美元，市场规模萎缩，销售商减少，销售额骤减，公司陷入了生死存亡的关头。

公司董事会决定：裁员 1/3，重新聘请新的 CEO，以渡过难关。

“这次裁员涉及工程部等多个部门，当时全公司共有 80 人左右，一下子裁掉 20 多人。那一天，在一间办公室里，全部有 40 人左右，由现任 CEO 主持大会宣布了两项事情：‘第一，公司产品技术出现了故障，非常感谢工程部的同事，寻找问题，研究解决方案，完满地找到了问题所在，并且顺利解决，增强了公司员工的信心。第二，因为公司遇到了挫折，要关闭部分销售办事处，有些同事要被迫离开，出现这些不好的事情，作为 CEO 我负有不可推卸的责任，因此我引咎辞职……’

“在现场的人，有的忍不住哭了，站在我身边的一位女同事眼圈红红的，转身拥抱了我，虽然她很幸运，并不在被辞退之列，她是觉得 CEO 走得非常可惜，同时也觉得公司还有希望……我也百感交集，一时语塞！现在来看，创业企业的 CEO 就该有这种责任感！而负责技术的软件开发部，最后只剩下包括我在内的 2 个人，还好，我没有被开。”

从此，Kalpana 的命运发生了转折，蓬勃而起，业务蒸蒸日上，直到 1994 年 10 月成功地被思科收购。

在 Kalpana，邝子平几乎经历了一个初创公司的方方面面：如何管理，如何处理公司危机，岗位职责的重要性等等。“在 Kalpana 待了 3 年，我建立了我人生中的第二个朋友圈。如现在思科公司首席发展官 Charlie Giancarlo 等，都是当年 Kalpana 公司的好朋友。”

邝子平在 Kalpana 工作期间的 1991 年，利用业余时间又在加州大学柏克来分校（UC Berkeley）攻读 MBA，直到 1994 年毕业，他的论文题目是《中国国有企业私有化》。

在写论文的这期间，他更加关注中国的发展，也时不时地回国考察。

至此，邝子平盘点自己走过的道路："我来美国立下的三个目标已经实现了两个：第一，读好书，第二，进入美国主流社会。"

"回顾过去几年有计划的工作和人生奋斗过程，既有冒险的一面，同时也有相当的根据，每一次转折，我都是退一步，进三步。我在 Kalpana 做的是技术管理，很成熟了，就想在销售、市场方面有所进展。Kalpana 被成功收购后，我的 Kalpana 股票被折合成思科的股票，每股还不到一分钱！可以说，我已经赚足了我一生都够用的钱了！"

经过 3Com、Kalpana 这几年的锻炼，从软件到硬件，从研发到市场，从专注技术到较全面的管理，邝子平已经成了一个公司运营方面的多面手。

"我是一个自觉的、好强的人，想突破自己。"邝子平这样述说着自己的个性。他下一步的目标在哪里呢？

心系故土

1994 年 5 月，邝子平利用休假期间一个人回到中国，观光访友，走遍大江南北。路过香港时，他跟原斯坦福的校友、现在做投行的朋友见面；在北京，他见到了 3Com 的北京首席代表，这是他在 3Com 时期的一位老朋友。大家不约而同地谈到中国的潜力和中国的机会，这一切促使邝子平暗下了决心。

"当时我已经在美国待了快 15 年了，虽然事业发展还算顺风顺水，但总在考虑要不要回到中国发展。从大环境来讲，当时美国 IT 业发展缓慢下来，而中国 IT 业正在兴起，加速度远远超过美国，特别是电信、互联网行业，有很多美国没有的机会。"

2 个月后，邝子平回到美国，就开始实施回国计划，"我找到一个朋友，他当时是思科驻香港负责人，他告诉我，思科在招人。"

这里面有个小插曲：就在邝子平想从 Kalpana 离职，谋求进入思科时，思科收购 Kalpana 公司的计划同时也在进行。当然这一切，邝子平并不知道。

邝子平很快就从 Kalpana 离开，把家搬到了香港，回到了中国。“当时我没有结婚，所有的家当就是几个箱子而已。”

在另一篇文章中，有人这样写邝子平当时为什么决定回国：“我和朋友走在大街上，突然看到一栋很漂亮的大楼，我很自豪地跟朋友说，瞧，那是深圳招商银行的大楼，我们前两个月刚刚做了整个楼的网络。”

没错，中国内地 IT 产业的巨大生机让邝子平的“中国心”热血沸腾。

邝子平进入了思科以后，直接要求进入销售部门，正好思科在香港有一个系统工程师的职位，他对当时的思科亚太区总裁 Bill 说：“这个工作我肯定能干好，如果一年后我还是这个职务，不是你有毛病就是我有毛病！”听了邝子平的话，Bill 的表情怪怪的，算是同意了。当时思科公司正计划在中国区大力拓展，思科在整个亚洲才 27 名员工。

1994 年 8 月，邝子平如愿成为思科亚太区的系统工程师。

再说思科收购 Kalpana 公司一事也于 10 月份浮出水面。这个意外，对于邝子平来说却是：“我的机会来了！原来 Kalpana 的主打产品以太网交换机成为思科的主打产品，这个产品我太熟了！”无巧不成书，邝子平高兴极了！

邝了平当仁不让地担当起了亚洲市场的开拓工作，没有人比他更了解这个产品了，没有人比他更适合这个工作了。12 月，邝子平便被提升为亚太区市场经理，负责亚太市场的以太网交换机事务。

这时，坐镇香港的邝子平虽然旗开得胜，但是他还是一心想着“回到中国内地”。

第二年，1995 年 6 月，思科华南办事处在广州成立，邝子平等到的机会终于出现了。“这是我的家乡，我第一个举手主动请缨到广州开拓内地市场。”

2 年后，邝子平的广州团队已经超过了 50 人，一年的销售额从每年的 50 万美元，增加到 4000 万美元，邝子平成为思科华南区第一任总经理。

刚开始邝子平和一名工程师在华南跑了一个多月，主要的城市都跑遍了，做了 9 个城市的路演。这是邝子平第一次近距离接触中国的大批 IT 企业，90 年代初的中国市场对于邝子平意味着什么呢？“当时感受很深的是，如果我没有回国，也许我去做销售也会做得成功，但从一个工程师转行做销售，然后一年就成为区域总经理，这种事只能发生在90年代中期的中国。”

1997年底，业绩卓著的邝子平离开广州，被派往北京分公司。“因为北京平台更大，也算是创业。这一年，思科的亚太区销售结构调整，以行业划分为政府、电信、银行……我任电信部门第一任总经理，跟中国电信企业打交道，如中国的互联网骨干网，中国联通的全国IP电话网络就是我们帮助建设的，从一开始的探讨到后来的测试、安装、开通，这在当时是一件大事，也是我很自豪的事。”

“在思科的5年多时间里，我回到了中国，熟悉了中国，交了一批国内外IT的精英。这是我朋友圈的第三批人，对于我以后的投资很有帮助。”

英特尔的投资生活

“1999年底，我突然觉得应该尝试更新一点的领域。正好英特尔投资部要扩大在亚洲的投资规模。当时还没有大批海归回到中国内地，有我这样从业经验的人也不多，所以就踏入了投资这一行。”

1991年便开始在全球开展战略投资事业的英特尔是最早进入中国创业投资市场的高科技公司。从其设立基金的发展过程来看，英特尔投资的战略意图相当清楚，一开始设立的通信技术基金，是为了配合英特尔进军通信领域市场。

当时，英特尔投资的条件是这些公司必须开发以英特尔的技术框架为标准的产品。这种投资方式在给英特尔带来直接回报的同时，也有助于它在全球推广其无线宽带标准。

1994年，英特尔为了推动互联网经济，开始启动自己的战略投资计划。1998年，该项计划开始进入中国。伴随着英特尔的CPU产品在中国市场霸权的树立，英特尔也加大了创业投资的投入力度。

1999年底，邝子平加盟英特尔战略投资事业部，负责亚洲地区电信类的投资，很快过渡到全面负责中国区的投资业务。

“由于中国是全球最具潜力的市场，因此，中国的公司将有更多的机会。”当时，对内地通信市场十分了解的邝子平认为这笔基金在中国应该大有作为。“英特尔在中国已经打下了根基，还有着比其他专业机构更强的技术前瞻力”，更重要的是，对于很多并不十分了解创业投资的创业者们来说，英特尔的名气要比很多专业的投资机构更为令人信任。

在印度，和英特尔总裁 Les Vadasz 先生（左三）等人合影

凭借着邝子平的专业判断，亚信、UT 斯达康这些先后在中国电信市场上扮演过重要角色的公司进入了他的视野。1999 年，英特尔先后两次对亚信进行投资，并在其上市之后的一年内逐步退出，在亚信上市后，其股价一度高达 110 多美元。此后，亚信与英特尔在宽带业务上的合作一直相当紧密。

1999 年，第一波有创业投资支持的国内企业开始准备去纳斯达克上市，亚信、UT 斯达康、新浪、搜狐成功之后，整个市场对这条路有了认可。但很快全球电信业和网络泡沫破灭，造成了 2000～2002 年的低谷。在那两年网络低谷期，在中国做创业投资的机构和人非常少，但作为策略投资者，英特尔在低谷期也奉行平滑的投资战略，“不管经济气候热冷，我们每年按照自己的进度投资 6～8 个项目，所以 2001 年、2002 年我都被评为‘年度最佳投资人’。”在这段时间里，Intel Capital 成了中国少有的几家继续投资早期项目的 VC 之一。

2000 年前后，中国很多的创业企业还只是在简单地模仿美国的新技术，推广美国的商业模式，当时 VC 们的主要任务就是“要找到正确的人，把这些正确的事情做好”。

2001 年前后的情况是：“中国整体上市场环境不错，但投资环境不成熟，”邝子平说，“这种不成熟表现在，国内的法律法制、对公司监管和资本市场不成熟等很多方面，这对创投业的发展有一定的负面影响。另外，国内也在不断尝试改善这些情况，但仍没有明显的举措。”

国外投资环境相对比较成熟，2000 年以前，国际上的大环境好，所以只要是 VC 都挣钱。但 2001 年互联网泡沫破灭，产业形势急转直下，一些投资商离开了市场。而国内的情况则要滞后一段时间。2000 年国内风险投资很热，而国际上基本处于降温阶段。2001 年开始，中国的创投业也进入了低谷。

何为战略投资？邝子平说：“大家在看创业投资的时候，经常会说我们这些投资活动都是有它的战略含义，而我们基本成功率还是比较高，但回报的程度不一样，不管说从战略层面还是从财务层面来说，回报都有共同的特征。有 20% 的公司从财务上讲是非常成功的，你能够收回成本并且得到可观的回报；有 20% 输得一干二净。同时我们要考虑这些被投资的公司，他们在战略上跟 Intel 是一致的。也就是说，一方面我们要求管理团队言出必行，另一方面跟 Intel 保持战略的一致性。总的来讲，从策略和财务两方面来讲经营业绩都是不错的。作为企业性的投资者我们能够提供一些独到的价值，因为我们是来自企业内部，我们在全球都有投资和市场的信息，我们也有和技术型公司合作的经验，我们也可以给投资伙伴提供很多的技术、诀窍以及管理市场的见解，同时我们也可以利用我们在中国已有投资的业绩帮助我们投资公司，把 10 个投资公司集合起来，推荐给中国的客户，在华为、联通、UT 斯达康就做了这样的工作。就是这样，小的公司可以通过我们的力量把产品及服务推荐给大客户。

当然，创业投资有时候让人兴奋也叫人绝望。邝子平直言，抓住市场机遇还是很重要的。“英特尔当年没有投资游戏产业。在游戏产业刚出来时，我当时就没有看准，这是一个不好的方面，但是如果在大家都投完了以后，我还说既然大家都投我也来投，那可能就犯第二次错误了。”

2004年年初，英特尔设立了2亿美元的“英特尔数字家庭基金”，向包括中国企业在内的开发具有创新性数字家庭相关产品的软、硬件技术公司进行投资。2005年6月，由英特尔投资主办的2005年英特尔投资（全球）CEO峰会在北京举行，英特尔新任CEO保罗·欧德宁宣布设立了2亿美元的英特尔投资中国技术基金。2005年英特尔投资部中国科技基金会投资了三家中国本地的技术公司，除思华科技外，还有芯邦微电子（香港）有限公司、芯原股份有限公司。“这是英特尔投资部中国科技基金会的第一笔投资。”时任英特尔中国战略投资事业部总监的邝子平说，“这次投资显示了我们对激励中国本地技术创新和中国IT业持续性增长的愿景。”

截至2006年8月，英特尔投资已经向包括中国香港在内的9座中国城市的近50家公司提供了投资，投资总额超过了其在亚洲投资的1/3。亚信、搜狐、UT斯达康、德信无线、双威通讯、凌讯、海辉等公司都成为英特尔的投资对象。“中国正在成为推动全球技术创新的主要力量。”英特尔战略投资事业部总裁苏爱文（Arvind Sodhani）说。

“通常我们在每家公司的投资不超过1000万美元，所占的股份也不超过25%，一般都在20%以下。我们在公司是不占董事会的席位的，但我们会派观察员去参加董事会会议。”邝子平说。

1999～2005年，邝子平与其团队的投资包括40多家中国企业，其中有超过10家进行了上市、合并或收购。他曾经两次荣获“中国十大年度最佳投资人”。

“黄埔军校”的优等生

英特尔投资部（Intel Capital）是开创中国创业投资行业时间最早、规模最大的机构，因此被业界称为“中国创投界的黄埔军校”。

Intel Capital 在项目评估方面建立了一套非常系统的方法，那些将被投资的 IT 公司，在拿到 Intel Capital 的尽职调查表后，“往往感觉都是非常为难的，甚至拒绝，但是事实证明，这套调查方法对于投资和融资双方都是利大于弊的，以至于这套系统方法被业内 VC 广泛传抄，成为非常流行的尽职调查标准。”多年以后，自己做了 VC 基金的邝子平也不例外。“我们甚至把它的步骤和名字都照搬过来，非常好使！”

客观上看，Intel Capital 为中国创投业界培养了众多的人才。“Intel Capital 的人没几年就换一拨。我在英特尔 6 年就换了 3 拨，相应地策略也在调整。”

Intel Capital 的成功得益于其初期开放式的人才战略。正如早期进入 Intel Capital 的何欣先生所言：“那时敢投几百万美元就是大基金了。Intel Capital 和其他策略投资机构相比之所以做得比较大，也比较好，主要原因是雇用了外面专业做投资的人进来。”

然而这只能是初期发展阶段的情形。Intel Capital 发展到了后期，邝子平越来越感觉到这一管理方式上的缺陷：“Intel Capital 一直是作为 Intel 公司的投资部来运作的，人才方面的统一管理方式导致总是留不住人才，这跟 VC 行业的管理方式是脱节的。”

在 Intel Capital，即使是中国区投资总监，按规定也不能担任被投资机构的董事，只能做观察员。邝子平只身就担任了十三四家公司的观察员。但是对于邝子平来说，他倾心于真正 VC 机构的董事制度，虽然名义上是观察员，但是在一些重大的决策事项上，比如说公司的重大人事调整，包括总裁、CEO 的更换，邝了平往往表现出强势的一面，他的影响力甚至比一些董事还大。

后来，邝子平“法律上的出色表现”受到了 Intel Capital 内部甚至是 Intel 公司的表彰和鼓励。“现在，Intel Capital 也授权担任所投资公司的董事了。”这显然是一个很大的进步，然而，邝子平并不满足于此。

邝子平感觉到，VC 机构模式在管理方式上、行业发展上符合国际规则，更有竞争力，从长远看，跨国公司的直投部门的竞争力远逊于此。

因此他向 Intel 总部建议：“有无可能将 Intel Capital 作为 GP（一般合

伙人)，而 Intel 变身为 LP(有限合伙人)？”但 Intel 认为，时机还不成熟，没有采纳邝子平的建议。

然而邝子平一直在等待机会，用他的话说就是“找一个可以让自己做到 60 岁而又不断有新鲜感的职业——做风险投资(邝子平喜欢用这个词)基金的管理人。”

“有六七年的投资经历且熟悉国内市场，便有机会去创立一家 VC。”邝子平认为中国今后 10 年，将是风险投资的黄金时期。

9 月的一天，邝子平打电话给旧金山的 Intel Capital 总裁苏爱文(Arvind Sodhani)，向他提出辞职。

苏爱文当然不希望多年的同事走，一再挽留。

邝子平在给苏爱文的 e-mail 说：“我去意已定。当然，我什么时候走，由您来定。”

苏爱文最后同意了，同时他们也商定做好内部工作交接，暂时不对外宣布。

“我是研发做了 6 年(1988~1993 年)，销售做了 6 年(1994~1999 年)，投资也做了 6 年(1999~2005 年)。

“Intel 把对投资一无所知的我改造成了富有经验的投资人。”作为中国人，邝子平“人虽去，友谊长在”。

“同以前所有的仕职公司一样，我在 Intel 结交了我一生中很重要的朋友，并且到现在，我们相互之间也有项目方面的合作。我非常感激 Intel。”邝子平总结说。

开创启明创投

2005 年初春，邝子平感觉自己的机会到了，于是就开始策划自己的独立基金事宜。

8 月，他开始去见一些 LP。

这里有一段插曲：就在邝子平去见一些 LP 的场合中，好几次都遇到了老朋友 Gary Rieschel。

Gary Rieschel，前软银美国创业投资基金(Mobius)执行董事、创始人，在创业方面具有丰富的经验。Gary对中国及投资中国一点都不陌生，Gary的太太是香港人，Gary在90年代末代表Mobius投资过UT斯达康，又在2001年代表软银创始人孙正义在华设立软银亚洲基金，即今天的SAIF。当时，他就想把刚刚进入Intel Capital的邝子平挖到赛富来，但是因为种种原因没成。2005年，Gary一家搬到上海居住。“我和Gary都在Intel和思科工作过，我们在2001年认识，以后一直都经常来往。”邝子平说。

启明的创建团队

如今，两人又有缘相遇，都在张罗各自的中国基金，经过若干次交流，最后两人决定合伙创立启明创投。“Gary和我都在大型IT公司做过管理工作，又已经做了一段时间的投资，Gary有丰富的投资经验及很好的LP资源，我有较多的中国经验，在风格上Gary更善于开拓，我则比较稳重，我们这个搭配还是蛮不错的。”

那时，美国著名的创投基金Ignition正在试图进入中国市场，双方一拍即合。

就这样，得益于天时地利和Ignition的大力帮助，启明创投第一只2亿美元的基金在3个月时间内便募集完成。投资者包括了大名鼎鼎的普林斯顿大学、Sloan基金等著名的机构等。

初始的团队除邝子平、Gary外，还包括周颖华（思科前高级业务发展经理）以及来自Ignition的两位合伙人。“启明”的名字是邝子平在波士顿机场候机时想出来的。“‘启明’意味着起点、光明，它同时还意味着新的一天的开始。同时‘启明’的含义跟Ignition也颇接近。”

新基金成立后的第一件事，是要确立自己的风格定位，制定章程。启明创投也一样，在基金成立之初，团队曾有一段时间的磨合。

“我们在创立启明的半年时间里也多次讨论，怎样才能做到长线的投资，而不是简单地跟风。怎样才能树立我们的投资及投资管理风格。我希望我们投的企业能成为百年老店，我更希望启明能成为VC行业的百年老店。启明有几个优势：合伙人都在IT行业打拼了多年，有非常深厚的运营经验和行业的人脉关系，同时跟Ignition的合作又为我们提供了最新的美国市场走势。比如，中国有的互联网模式在美国已经运作了一段时间，过去这个时间差可能会有一两年，现在可能缩短为6个月甚至更短。美国合作者会给我们提供建议，把美国方面的经验和模式介绍给我们，这对我们规避风险是相当有利的。在帮助公司方面，我们的合伙人都既是朋友也是教练，跟其他VC教练不同的是，我们自己都曾练过挺长一段时间。”

启明是完全独立的立足于中国的创投基金。“我们跟Ignition之间是合作关系，而非从属关系或股东关系。因为Ignition立足于美国市场，正如我们也需要美国的合作者一样，他们也需要中国的合作伙伴，这是相互的需求。”

在启明，邝子平设立了董事总经理、合伙人和分析师三级职位晋级通道，对所有的团队成员都一视同仁，每个人都有上升空间。

2006年是启明创立的第一年，邝子平主要的关注点是建立团队，踏踏实实地对若干个行业作深入的了解并有计划地审慎地做投资。到2006年底，启明已建成一个十多人的团队，完成了7个项目的投资，其中4个是TMT领域的，3个是医疗行业的，如做多媒体垂直搜索的亿览在线、二手车交易的二度车、做户外移动广告的触动传媒、从事磁力共振业务的奥太科技等。

进入2007年，邝子平感觉到了市场竞争的进一步加剧，单笔投资规模进一步扩大。投资重点仍是TMT及医疗各半，早期为主，也开始有选择地投少量成熟项目，及TMT和医疗以外的项目。

2007年1月18日，启明创投联合Ignition Partners以及另外两家企业向北京亿览进行了第二轮550万美元的投资。3月，启明创投联合IDGVC向上海伽玛星科技发展公司注资800万美元，联合联创策源向网络视频服务商PPStream进行了第二轮约800万美元的投资。4月，联合Starr国际基金、SIG等投资网络加速服务提供商ChinaCache(蓝汛公司)，共计3150万美元。6月，投资婚恋网站世纪佳缘、上海欢熊公司。7月，完成对铭万公司的新一轮投资，投资额近1000万美元。9月，携同SIG完成对北京巨人教育集团2000万美元的投资。

截至2007年10月1日，启明在20个月内共投资了13家企业。“规模最大的超过1000万美元，最小的是作为天使进去的一笔投资，只有几十万美元。”邝子平透露，启明在这13家企业身上的平均投资规模在500万美元左右。目前，他在方泰科技、二度车、上海伽玛星及蓝讯4家公司担任董事。

在中国做创业投资，勤奋是必不可少的。“很多事情在国外坐在办公室里就可以完成，因为你身边都是专业人士，而在中国做项目则是要出来跑的。”邝子平说，“所以你要喜欢自己做的事情，喜欢跟你打交道的各种各样的人。”

邝子平终于找到了可以一辈子从事也不厌倦的职业，“现在，虽然没有了以前那种上下班，但是更忙了，也更开心了。”

邝子平当然开心了，因为最近他家中喜添“千金”，让我们共同祝贺他吧。

◉ 一个只有小学文化的老三届，但他坚持自己决定自己的命运，自学成才，在世界银行工作8年后，回国准备创建PE，终在中金公司直接投资部实现理想。他就是鼎晖投资创始人吴尚志。

吴尚志：领跑中国PE

PE是什么？让我们先从概念说起。

PE是Private Equity Fund（私募股权基金）的英文缩写。私募是相对于公募而言的，公募的对象是公众，而私募的对象是机构投资人，如保险公司、养老基金、资产管理公司等；投资对象分两种：一种是未上市公司的股权，一种是已上市公司的证券。

因此，基金因为公募和私募的不同、投资对象的不同，共有三种形式：一种是公募证券基金，就是通过银行、证券公司面向广大公众销售常见的名目繁多的基金品种；一种是私募证券基金，它与公募证券基金的唯一不同是募集对象不同，它是向机构投资人募集；第三种就是私募股权投资基金，它是向机构投资人募资，投资于未上市公司股权，它与私募证券基金的区别在于投资对象不同……

对于绝大多数中国人来说，上述这些来自“资本主义国家”的投资常识，至少在20世纪80年代以前，连听都没听说过——70年代以前的中国，基本上是一个不问民生只问革命，不学文化只学武斗的混乱年代。“投资”？“赚钱”？那是资本主义尾巴，必须割掉，连提都不能提！谁有这个胆儿呢？更甭提见识“庐山真面目”了。吴尚志也是1980年到美国麻省理工学院后，才第一次听说“PE”。

那么，吴尚志是如何从一个老三届初中毕业生——他自称只有小学文化水平——考取了美国麻省理工的呢？

逆境中的榜样

吴尚志1950年出生在北京协和医院家属大院，是家中长子，妹妹吴尚群、弟弟吴尚友分别小他一岁、两岁，父母都是高级知识分子。父亲吴英恺院士是我国胸外科专家，北京阜外医院和安贞医院的创始人，早年曾留学美国华盛顿大学巴恩医院，师从美国著名的胸外科专家葛兰姆教授。吴院士视医学事业为毕生使命，40岁才结婚育子。母亲早年从燕京大学毕业，曾任北京同仁医院营养师。

“文革”刚开始，吴父就受到了冲击，他在回忆录中写道：“1966年6月21日，阜外医院由‘文化革命小组’召开全院大会，第一次把我揪出来批斗……从那天起，我被迫离开办公室，不再接触病人，被派到清洁班……扫院子……扫厕所，达3年之久。”

1966年，吴尚志刚上初中一年级，1968年初中毕业，史称“老三届”毕业生。同当时成千上万的老三届毕业生被时代驱赶的命运一样，1969年，吴尚志下乡到了吉林扶余县。他后来在一篇怀念父亲的题为《言传身教，受益终生》（以下简称《言》文）的文章中这样写道：“1970年，爸爸去了江西五七干校，我去吉林插队，妹妹尚群到了内蒙古建设兵团，只剩妈妈和弟弟尚友留在北京。一家五口分离四处，可以说是妻离子散。”

艰苦的环境，贫困的农村，动荡的社会，冷漠的人心，让19岁的吴尚志看不到希望。“当我们下乡时，父亲心里也不愉快，但他仍积极鼓励我们做个好农民，做个好工人。记得妹妹在内蒙古兵团连队割麦子比赛得冠军，他给我写信对此大为赞扬。他经常夸弟弟尚友手巧，工厂里许多人做不好的活儿，他能做。”在家人的鼓励下，吴尚志努力作一个大寨式的好农民。后来他因工作表现突出，不仅入了党，还当上了公社干部。吴尚志在《言》文中写道：“当听说我在农村入党的消息，从不喝酒的爸爸还喝了一杯葡萄酒。”

1970年夏天，在工作中有突出表现的知青吴尚志被选拔到吉林省扶余油田（后来改称吉林油田）当工人。那是一个教育荒废、停工停学闹革命、读书无用论流行的年代，眼见残酷社会现实的吴尚志心中一度迷惑不解：“随波逐流犹如行尸走肉，前途在哪里？”

他把自己的困惑写信告诉了在家中向来民主的父亲。此时身陷逆境的父亲来信告诉儿子：勿消极，勿牢骚，正确对待现实，积极进取。

“70年代初，爸爸和我们的交流之中，潜移默化地给我们留下了几点很深刻的认识。首先是当时那种不搞经济、不学文化的情况是不能长久的。爸爸没有给我们任何说教，但他以自己早年留学和国际交流的见识，以他工作实践和救死扶伤的亲身经历，向我们展示了国家会进步，年少需努力的大方向。第二是他反复教导我们，成材靠自强，自身条件不好，更要笨鸟先飞。当时他几次提起他从东北初到协和（医院）时的学习经历，从而激励我们只有小学文化的三兄妹开始努力地自学……

“记得1970年冬天，我从东北回家探亲，爸爸去山西办培训班，当我到太原去看他时，他已经到了忻县。我追到了忻县，他又回到了太原，我最后追回太原，才见到他。当时我有两点印象很深刻：一是他受到当地医生和领导的尊敬，我当时想这是因为他医术高明，有本事；二是他60高龄，还在拼命工作，好像要把文革丢掉的时间抢回来。回到北京后，我给在内蒙古的妹妹写了封信，其中一句话至今还记得，那就是‘60岁的老人尚在奋斗，我们20岁不能虚度年华。’”

从1972年到1975年，吴尚志和他的妹妹弟弟相互鼓励，几乎完全靠自学完成了初中、高中的全部课程，并打下了良好的英文基础，“使我们成了当时同学中的‘佼佼者’”。

天道酬勤，功夫不负有心人。1975年，吴尚志以工农兵学员考上了吉林工业大学，学习矿山机械。

机遇不是等来的

1978年，中国进入了改革开放的时代，普通人的命运随之改变，好运也降临吴家。这一年，父亲重新回到了北京阜外医院，吴尚志和妹妹吴尚群都考上了“文革”后的第一期研究生。吴尚志考的是北京钢铁学院（现更名为：北京科技大学）矿山机械液压专业。

进入北京钢铁学院后，正好赶上了1977年之后的第一批全国公派出国留学资格的选拔机会。“当时考生是从研究生中选出的尖子生，我也位列其中。”刚入学的这些尖子生们就被集中起来补习英文。两周之后就开考，吴尚志凭着以前打下的深厚功底，一举通过，取得了公派出国留学的资格。

“我们这一批考取出国留学资格的，全国大约有2000人，大部分是访问学者。当时，大家都不知道需要办哪些手续，走哪些程序，因此大部分人都在等待组织上的分配。”

而吴尚志不那么想，他主动与美国的大学联系。不久，他就接到了美国麻省理工学院（英文简称MIT）某教授的来信，信中说：MIT已经准备招收中国学生，他本人正负责此项工作，希望此信能帮吴尚志取得赴美签证。

吴尚志接到此信后，喜忧参半。喜的是：留学通道畅通无阻了。忧的是：这么知名的MIT，以当时的专业和英文水平，有些心虚，去了，万一入不了学怎么办？

去，还是再等其他机会？他拿不定主意。

当天，就在晚饭桌旁，吴家为此召开了家庭会议。

“一贯对我们非常民主的爸爸十分坚决。他说：‘机会难得，一定要去，就是基础差，学不成学位也不要怕丢脸，出去长见识不要怕，要相信自己。’我成了过河卒子，只能往前走了。”

在父亲的大力支持下，吴尚志勇敢地抓住了这次机会，就在大部分同学还在等待时，他已经登上了飞往美国的班机。

多年以后，吴尚志总结说："自己要决定自己的命运，机会不是等来的。爸爸帮助我在人生道路上又上了一个大台阶。"

20世纪80年代初期，MIT的几个中国留学生几乎纯一色地学理工科，吴尚志读的是机械工程专业博士学位。然而在这苦苦的机械工程研究过程中，他感觉机械专业越研究越窄。吴尚志比同班同学大了五六岁，早年在国内经历的几经磨难，几经波折，造就了他一直有着居安思危、不甘落伍的意识。

作为美国最顶尖的大学之一，MIT给予了吴尚志开阔的眼界。在苦修机械工程博士学位逐渐索然无味的同时，吴尚志也选修了MIT斯隆学院的管理专业，获得了硕士学位。

初识PE

20世纪70年代到80年代，以电子产业为龙头的高科技产业化浪潮在美国兴起，经济发展呈现出前所未有的新特点：靠过去那种传统的通过自我积累方式逐步发展的方式再也无法适应瞬息万变的市场需求，企业只有借助于外来资本的扶持才能迅速适应自身发展的需求。美国政府看到了这一变化，适时地调整了相关政策，私募股权基金得以进一步发展，培育了一大批以高科技企业为代表的高成长企业。

相对而言，传统企业出现了发展停滞、衰退的特征，股价普遍被低估，这意味着产业重组的机会来临，精明的美国投资家发明了"垃圾债券"，极大促进了杠杆融资市场的形成。进入20世纪80年代中期以来，通过被收购的目标公司发行"垃圾债券"来筹集融资已成为PE的通行做法。因此造就了美国最早一批的PE公司：KKR、所罗门兄弟、卡尔·伊坎和米尔肯等。这些金融大鳄们在投资市场上呼风唤雨，无敌于天下，成为哈佛大学、麻省理工、伯克莱等名牌大学MBA、博士生的偶像。

1984年底，从MIT获得了工程博士学位和管理硕士学位的吴尚志开始找工作。当时的美国经济社会，工程机械已不是热门，而金融投资才是最现实的选择。吴尚志从一位朋友处获知世界银行正在招聘。那时中国政府与世界银行有一个“青年专业人员项目（Young Professionals Program）”，专门从中国留学生中挑选人才。

世行招聘职员的要求是30岁以下，吴尚志已经是34岁了，但是他还是争取到了面试的机会。

吴尚志被告知，要经过3个考官的轮流面试。第一个考官过来了，他问了几个经济话题，学工程技术的吴尚志并不懂经济，这让他很紧张，只谈了几分钟，考官耸耸肩离开了，吴尚志心里凉了一半。

吴尚志突然觉得自己不该那么被动，应该积极一点。他主动跟第二位考官谈他最擅长的工程技术如何如何，然而那个面试考官面无表情地倾听着，看得出来他不懂技术，又是谈了几分钟，结局还是一样。吴尚志这时心里凉透了。

还好，34岁的吴尚志并没有慌张，他定了定神，想了又想……他感觉第三个面试考官好像是过了很长时间才过来。等面试考官落座后，吴尚志这一次不谈技术也不谈经济，而是跟他谈起了自己的下乡经历、父亲对自己的影响、自己在MIT的学习感受……吴尚志感觉自己好像又回到了几年前农村、油田……那位主考官凝神细听。这是一个普通中国人跌宕起伏的命运，一个中国学生不屈不服自我奋斗的故事……吴尚志越说越放得开，那位主考官越听越入神。面试结束后，主考官对吴尚志说：“OK！ Very Good！”几天后，在5000多个应聘者中，吴尚志成为20个入职者中的一员。

进入世行的头三年，吴尚志是在世界银行总部的工业局工作，工作内容也多是做一些面向中国的投资贷款项目。从1988到1991年，吴尚志来到了位于印度的世行印度局，主要做印度项目的世行贷款工作。

在世行期间，吴尚志在自己的工作中接触到了一些PE的操作案子，吴尚志感觉自己对PE的兴趣越来越大。他还记得，在MIT读书时，曾经也学过PE方面的理论知识。

1991年，吴尚志到了世行下属的IFC。IFC是一个标准的PE公司，这里，他作了大量的中国PE项目。随着对PE项目操作的熟练和对中国经济的逐渐了解，吴尚志有了一个越来越清晰的念头。

回国创业之路

1993年，在世行待了8年的老吴的感觉是："在美国已经有了一个房子和两部车子了，无非以后换一个大点的房子和好一点的车子。"给人打工已经没半点成就感了，同时，自己做一个PE基金的计划开始逐渐成形。

吴尚志笑称PE的理念很符合他自己的个性："基金管理者不用像企业家承担那么大的风险，但分享企业成功后的回报比投行都高。"他是一个很理性、很"中庸"的人，没有创业家那样的激情，也不愿冒太大的风险。取道PE，在他看来是一条介于做企业家和打工之间的道路。此外，PE投资不同行业，接触的人物都是企业家，需要丰富的知识面和阅历，而这一点，吴尚志认为自己强于别人，这是他喜欢的一种生活方式。

吴尚志打定主意：回到中国，创建一个投资中国的PE。

43岁的吴尚志和妻子商量这件事。吴太太一开始并不同意：小女儿刚刚3岁，正是和邻居小朋友玩得正欢的时候；大儿子10岁，在美国出生、长大，回到中国，孩子习惯么？

人生能有几次搏？吴尚志不想放弃。他一次次跟妻子说起自己的理想。吴太太拗不过，她当然能够体会丈夫的内心想法。最后夫妻订了君子协定：可以回国做基金，限期5年，不行的话就回美国。

14年前，在自己父亲的鼓励下，吴尚志勇敢地跨出国门走进MIT的留学大门，这是他人生中的第一次冒险。这一次，已过不惑之年的他要自己做PE基金，是人生中的第二次冒险，能否成功呢？

与妻子达成君子协定后，吴尚志从IFC辞职，自己先期回国"试水"。1993年夏天，他和他的一位留学生同学，开始PE基金募集计划。

在1992年前后，中国香港聚集了很多外资机构设立的专门针对中国的大大小小的各种基金，如中国水泥基金，中国汽车零配件基金，中国交通基金，名目繁多，声势浩大。主持这些基金的人，一小部分是老外，绝大部分都是海归，但是他们对中国企业实际状况并不了解，所以大多数基金以失败告终。

吴尚志凭着多年来自己在世行的经验，了解中国，了解中国企业现状，他相信自己会做得比他们好。

吴尚志开始了募资之旅。美国、香港、新加坡，一路走过，然而基本上一无所获，募资失利！这是他意想不到的。后来一个在新加坡政府投资基金的朋友告诉他，你一无团队，二无业绩，最好先到大公司里做一阵再说。

事后，吴尚志总结说，当时自己只看到了许多中国基金的失败原因在于对中国并不了解，而自己强于此。在这单一判断之下，并不知道基金背后的许多条件和限制。经过尝试才知道自己的想法"有点儿天真，做基金不是那么容易的事。"

不过，吴尚志并不犯难：就算基金不成，自己找工作绝对不是问题。

开创中金 PE

从 1993 年底到 1995 年初，吴尚志自己搞基金已经折腾了一年多，依旧没有什么进展。吴尚志想，也该找找工作了。

1995 年 4 月的一天，林重庚找到了他。林重庚，以前是世界银行驻中国总代表，这时他的身份是中国国际金融有限公司(下称"中金公司")的筹备负责人，正在为筹备中的中金公司招兵买马，他找到了老同事吴尚志。

林重庚与中金公司的故事是这样的。

1993 年 12 月，前世界银行驻华办事处首席代表林重庚向当时的朱镕基副总理递交了一份"关于申请在中国成立中外合资投资机构的报告"。此时的一个市场背景是，中国类似电信、石油这样的垄断资源企业都想去海外上市，但国内还没有一家投资银行可以担当此任。这就是筹建中金公司的缘起。

林重庚告诉吴尚志，"中金筹备得到了国务院的大力支持，真是意想不到的顺利！我们要把中金公司发展成为一个提供全方位服务的世界级投资银行，为中国金融投资业的发展树立一个样板。"

1994 年 10 月 25 日，中金公司五位发起股东代表——时任中国建设银行行长的王岐山、摩根斯坦利总裁约翰·麦克、中国经济技术投资和担保公司总裁蒋乐民、新加坡政府投资公司副总裁郑国枰和名力集团董事总经理查懋声——在北京钓鱼台举行了隆重的签字仪式。

中金公司此举实现了几个重大突破：作为中国第一家中外合资的投资银行，是中国政府在特殊时期产生的一个特殊产物。摩根斯坦利等外资借此第一次叩开中国的大门，摩根斯坦利占股比例达到了34.3%，整个外方比例超过50%，作为特批，突破了中国证监会此前合资投行外方不能超过33%的规定。

中金公司的诞生，可以说是“极尽了天时、地利、人和之优势”。中金的职责就是“为国有大中型企业的体制改革、战略重组和海外融资等提供多种服务”，这就在绝对意义上给予了中金公司垄断国有大型项目的权力。

从林重庚的描述中，吴尚志看到了一家大型中国投资银行的雏形，他也很兴奋。自己做基金很不顺利，也正需要一家大公司。天作巧合，吴尚志接受了老同事的邀请。

1995年6月25日，中金公司被批准挂牌成立，王岐山任中金公司第一任董事长，林重庚任第一任总裁。

吴尚志刚到中金时，只有一个投行部，这是中金的主营业务部门，最先筹备，刚刚20多人，正处在招兵买马的阶段。中金公司另有一个筹备中的直接投资部，尚无合适人选。林重庚临时调吴尚志到直投部筹备组，当时筹备组还有来自股东之一新加坡政府基金的洪荣兴。此举正合吴尚志PE之理想。

1995年10月，中金公司派吴尚志到位于纽约的摩根斯坦利直投部门接受培训，“他们给我一个办公室，人家做着，我看着，就这么一个培训过程，两个月就结束了。”

直接投资部仍在继续招人。没过多久，焦震来了。焦震，导弹专业博士，曾经师从国务委员宋健。“他刚刚30岁，人非常聪明、肯干、勤快。事后证明此人在直接投资方面具备相当的天分，如后来投资的南孚电池、蒙牛、双汇等都是焦震的力作，为中金直投部和后来鼎晖的发展立下了汗马功劳。”吴尚志很兴奋地评价自己的这位创业伙伴。而“发现”南孚电池项目的过程也从一个层面体现了直投部团队、特别是焦震“十分了得的眼光”。

1997年下半年，焦震去天津了解朋友介绍的一家电池企业。当时，焦震对碱性电池行业所知不多，他就向朋友咨询电池行业的发展情况，由此知道了南孚、双鹿、白象等几个比较活跃的企业。在后来对电池行业的考察中，焦震不断听到业内人士提起南孚的名字。有一次，焦偶然听到一帮大学生聊天时提到南孚电池特别好用，这使得他对南孚产生了特殊兴趣。

焦震通过各种人脉关系与南孚公司进行接触，并作了大量的准备，双方见面时，焦震非常了解对方的需求，和南孚老总聊了一晚上，说服了对方考虑接受投资。之后又是一年多的时间，经过对市场规模、销售方案、竞争对手等多个方面的研究，中金公司最终与南孚方面达成共识。这期间，焦震还陪同南孚老总多次赴美考察电池企业。当最终达成投资协议，中金公司直接投资部、摩根斯坦利、新加坡政府投资公司等联合投资南孚电池的时候，已经是1999年下半年了。这期间焦震跑福建就不下60趟，而为了南孚项目做的大量调研，使得焦震成了一个电池行业专家。

在世行工作多年的吴尚志很清楚人才、团队对于直投部的价值所在。他珍视和爱惜焦震和其他合伙人的合作与贡献。

至此，直接投资部在吴尚志、洪荣兴、焦震等人草创之下，很快就投资了中国移动、新浪网、鹰牌陶瓷等项目，取得了成功，赢得了中金董事会的信任。

“中金的前两年，是一个不断学习的过程。每一个项目都非常艰难。”吴尚志后来坦陈道。

遭遇禁令

作为中国最早一家中外合资的“中”字头投资银行，中金公司的中外股东都是金融巨擘：中国建设银行、摩根斯坦利、新加坡政府投资公司等，它背靠政府资源，以国有大企业的海内外上市（IPO）为主营业务。且不说它在国内A股市场主承销商中居龙头老大的地位，单说其海外市场的赫赫业绩就足以让人侧目。自从成立后的第三年(1997 年)起,它就先后承销了中国电信、中石油、中石化、中国联通、中国人保、中国人寿等“中”字头的超大型国企的海外上市,每一个融资额都是从数十亿美元到数百亿美元不等,每个案子的海外上市,都是中国经济的“里程碑”。

吴尚志领衔的直接投资部就是在这样的羽翼下孵化的,有如此多的海内外资源作支撑,他赢在了起跑线上。吴尚志带领直接投资部的几位员工,白手起家,卧薪尝胆,铭记股东重托,不忘职业经理人职责,短短 5 年,主导投资总额达 1.2 亿美元,投资中国移动、鹰牌陶瓷、新浪网、南孚电池等项目,均取得了丰厚回报,年均收益率超过 30%。同时,自己的管理团队已经成长得羽翼颇丰,声名鹊起!

这时候,一纸禁令从天而降!

2001 年 4 月 18 日,中国证监会发布决定:“……国内证券公司所有的直接投资一律停止,限期 6 个月内整改。”这寥寥数语,却容不得吴尚志置疑和迟缓!

证监会为什么出台这样一条禁令?吴尚志猜测:当时,市场期待中的二板市场遥遥无期,此前大量证券公司砸到那些“准上市公司”里的钱,已经变成无法兑现的股票了,搞得大部分证券公司的流动性极差,另外,他们的投资还有一部分变成了房地产项目,市场风险一时高居不下。

当然,中金的直接投资部并非上述情况,他们运作合规,成绩排名遥遥领先。因此,靠着良好的业绩和人脉,中金董事会也曾经试图到证监会去“说情”——说明自身的情况与其他券商的不同。然而结果未能遂愿。

2001 年 7 月,中金董事会开会讨论决定:分拆直投部!

这是吴尚志不情愿的,“如果没有证监会的禁令,我们在中金干的挺好的,从来也没想过要离开中金。”

如何分法?

对于直投部董事总经理吴尚志来说,被动之下如何既要做到合理分拆,又要保证此前自己的市场信誉不受损失,信守对中外股东的承诺。他们在股东们的支持下,吴尚志团队决定另立门户。

然而分家之后的 PE 之路到底如何,谁都说不准。因此在股权转让时也发生了争执:当时中金直接投资部管理的基金是1亿美元,其中500万美元是中金出的,现在根据禁令,它要收回去。在作价时,中金与另两家股东的意见出现分歧:中金方面坚持国有资产不能流失,按原来账面上的本金500万美元收回,而另两家外方股东认为只能作价400万美元,两家互不相让,让分拆进程一度受阻。

在这种情况下,吴尚志决定:100万的差价由管理层出了!

当时,直接投资部投资的南孚电池项目已经获利,管理层适时退出了部分股份,赚取了800万美元,管理团队自己拿钱将100万的差价补上,中金公司顺利退出,分拆计划顺利推进。

吴尚志的这一作法出乎众人意料!

"管理团队虽然说当年也做出了几个漂亮的案子,但是当时的情形下,也没有什么价值,因此这100万美元就等于替人做嫁衣,当时很多人说我们很傻。现在回头看,这场分拆分得干净、光明利落。现在的管理团队的价值和当年比,真的不能同日而语了。"吴尚志事后感叹。

中金公司的分拆进展顺利。直接投资部的投资业务分拆成两家公司。其中,已经投资的外资部分由三家外商投资机构接手并成立了一家创投机构;内资部分则由7家合伙人在开曼群岛注册成立有限责任合伙公司CDH China Fund L. P(以下简称CDH)共同接手。分拆以后的两家创投机构在业务上彼此独立。

本来干得好好的,忽然被分拆,看得见的前景一下子变得模糊起来,吴尚志和他的团队确也很不情愿。但是管理团队此前的心态几乎一致是:虽然是为别人打工,但是他们一直把中金直投部完完全全当作自己的公司来做。如此良好的受托心态之下,分拆的变故并没有别人想象得那样糟糕。到最后,当直接投资部真正分拆成一个独立公司时,团队成员并没觉得比以前有什么不便之处。

CDH于2002年5月22日在开曼群岛成立,7家有限责任合伙人包括苏黎世投资集团(Capital Z Investment II, L. P.)持有CDH约27.8%的股权,国际金融公司、East Light(新加坡政府投资公司GIC的全资子公司)、荷兰DNIB投资基金分别持有CDH约22.5%的股权,韩国三星人寿保险公司(Samsung Life)约持有3.4%，其他两家合伙人持有1.3%。

CDH的普通合伙人为CDH China Holdings Company Limited，是在开曼群岛注册成立的有限责任公司，其董事会和投资委员会各由3名成员组成，分别由苏黎世投资集团、East Light及CDH高级管理层提名。前者负责管理CDH的营运、监管CDH人力资源及审批年度预算等，后者负责监察尽职审查、核批所有投资决策及退出投资计划。CDH的任何投资计划均需要投资委员会成员一致同意方可执行。

2002年4月15日，中金公司直接投资部董事总经理吴尚志、副总经理焦震等5名管理层成员与中国经济技术投资担保有限公司共同出资成立了深圳市鼎晖创业投资管理有限公司，作为普通合伙人主要负责CDH的管理运作。管理的基金有两只：一只是总额为1亿美元的海外基金和一只1.35亿元的人民币基金。

“鼎晖创业是从很高的平台上开始的，投资人的信誉、市场的信誉已经很成熟了。”吴尚志回顾认为，鼎晖的优势何在？不在资本量，也不在国际背景，吴尚志最自豪的是他的一支特别能战斗，特别本地化的团队：总裁焦震、合伙人王霖、胡晓玲、王振宇等。面对国内不容乐观的投资环境，鼎晖的策略何在？以自己的优势和良好的人脉赢得摩根斯坦利、高盛等国际大投行的青睐，结伴而行，共进共出，“两头在外”，打造了一条属于自己的海外IPO专线，从而奠定了自己在这一领域的江湖地位。

改组鼎晖后的头三脚

作为中国第一家以有限合伙制运营的私募股权基金，因其投资的专业性，私募投资行事的低调并不为大众所知晓。然而正如俗话说，是金子总是要发光的。鼎晖因与摩根斯坦利、英联投资共同成功投资蒙牛而跃入人们的视野。

说起蒙牛一案，吴尚志坦承这主要是焦震等人的功劳。

吴尚志表示，蒙牛乳业就是鼎晖从中金公司独立出来前就看好的项目。早在2001年初，时任直投部时期执行总裁的焦震最早在超市偶然发现蒙牛牛奶,从不喝牛奶的他在超市里看到了牛奶的市场潜力。投资传统行业是从直投部时期就开始遵守的投资领域。后来高级经理王霖找到内蒙古的朋友进行了解,接触牛根生和他的蒙牛。其时蒙牛正处在快速上升阶段,急需发展资金。很多机构也都看好蒙牛的前景,主动找牛根生谈投资。焦震与牛根生接触后,双方谈得很好,牛根生后来对其他人提起焦震,说是“一见如故”。

焦震还带动摩根斯坦利加入投资团队。当时摩根斯坦利的态度是,焦震他们进入摩根斯坦利就进入。但由于那时鼎晖刚好要从中金公司分拆出来,相关手续没有办完,所以直到鼎晖成立之后的2002年,三家投资者(包括英联)才完成对蒙牛的投资。当然,在这期间,三家机构联合对蒙牛乳业做了不下10次的调研,到真正投资时对这个项目都已经相当认同了。

2002年11月28日,摩根斯坦利、鼎晖投资、英联投资公司同时投资蒙牛,首轮投资2597万美元全部到位,共持有蒙牛乳业32%股权。这一举动,使鼎晖投资第一次为公众所识。2004年5月,三方又追加投资3523万美元。其中鼎晖投资总投入约为1685万美元,持5.9%股份。

蒙牛,这是鼎晖成立后第一个面世的成名作,也是最成功的、广为大众所知晓的案子。

“鼎晖做事,一贯奉行三个原则:一是找到好的企业家,说服企业家,说明鼎晖能够给企业带来的价值所在;二是向被投资企业阐明外来投资、上市对于企业长远发展的价值所在;三是与企业家保持互信。”

在对永乐家电的投资中,鼎晖联手摩根斯坦利更是以短平快的方式获得了高额回报。2005年1月,鼎晖和摩根斯坦利以每股0.92港元、共5000万美元的总价收购了永乐家电20%的股权。其中,鼎晖以约5440万港元认购了约5914万股永乐家电股份。在上市前的2005年10月9日,摩根斯坦利和鼎晖还行使了财务投资者购股权,分别购入8549.91万股、1385.56万股,总行使价约为1765万美元,相当于每股1.38港元。因此,鼎晖在永乐家电的投资共约7352万港元。上市半年后的2006年4月24日,鼎晖以每股3.225港元的价格向其他投资人配售了所持股份的一半,约套现1.177亿港元。这次配售完成后,鼎晖仍持有永乐家电36497642

股股份，按照协议，这部分股权要在第一次配售的90天后才可转让。按2006年7月11日收市价2.125港元计算，其市值约为7750万港元，随着国美收购永乐，这部分股权的市值会产生相应变化。以此计算，鼎晖在15个月的时间里获利约1.22亿港元，投资回报率达到165%。

鼎晖也是分众传媒第二轮融资的领投人，2004年初，江南春飞往北京，拜访了吴尚志。江南春向吴尚志谈到了分众传媒业务模式的优势与缺点，包括公司持续增长所面临的挑战。他承诺分众传媒下一年度将实现1000万美元的净利润，并明确表示，“如果不能实现目标，我愿意为此负责”。吴尚志看好江南春，看好分众好的商业模式，他隐隐感觉到，在江南春和他的分众身上，凝聚着中国新生代企业向上生长的巨大力量。2004年4月，鼎晖联合6家机构向分众注资1250万美元，其中鼎晖投资600万美元，这个数字远远超过了江南春的预期，分众果然如同吴尚志的判断，4个月后每月利润就从50万美元就变成了100万美元。

后来，分众传媒上市，鼎晖套现1.59%的股份，获得约859万美元。目前鼎晖继续持有其余1994.52万股股份，相当于199.452万份存托凭证，按分众传媒目前每份存托凭证约63美元的价格计算，鼎晖这部分股份市值约为1.257亿美元。这是鼎晖小投资大回报的经典案例，投资回报率超过21倍。

2005年3月，高盛、鼎晖和新加坡政府投资基金（GIC）联合向雨润食品投资了约7000万美元，其中高盛向雨润食品投资了3000万美元，鼎晖投资了2200万美元，GIC投资了1800万美元。雨润食品公告资料显示，鼎晖持有雨润食品上市后总股本的3.5%，共51128370股股份。按2006年7月13日的收市价5.85港元计算，其持股市值约3亿港元，与其投资额相比约有74%的溢价。

从已上市的案例看，蒙牛乳业、永乐家电两家公司是与摩根斯坦利联合投资的，分众传媒、雨润食品是与高盛（以及其他投资人）联合投资的。在目前还未上市的项目中，鼎晖与高盛联合投资了双汇集团，与摩根斯坦利联合投资了山东山水集团。

从成立至2005年底的3年多时间，鼎晖共投资了约9个项目，其中，蒙牛乳业、李宁体育(02331. HK)、速达软件(8263. HK)、雨润食品(01068. HK)、永乐家电(00503. HK)、分众传媒分别在香港和纳斯达克上市,其成功退出率超过60%。在蒙牛乳业和永乐家电的投资中,鼎晖共获利4.12亿港元以上。

领跑中国PE

确切地说,从1997年起的中金时代开始,到2005年年底,中国PE的内外环境均发生了重大变化。

外部环境上,中国私募股权投资的法律环境进一步透明,2005年一年的私募股权投资案例超过了过去数年之和,中国的私募股权投资机会受到世界VC和PE巨头们的青睐,他们纷纷调整战略,进入中国市场。中国私募股权投资风起云涌,机会不断增多。原来募资在外、退出在外的"两头在外"格局在2006年有了明显的变化,随着国内A股全流通,国内人民币私募股权基金的试点运行,"两头在内"成为可能,鼎晖雄心勃勃,意欲成为国内PE市场的老大。

2002年鼎晖从中金独立出来后,共募集了1亿美元的海外基金和1.35亿元的人民币基金。鼎晖的1亿美元共投资了蒙牛乳业、分众传媒、雨润食品、南孚电池、永乐家电、山东山水水泥、速达软件(鼎晖接手中金公司直接投资部的项目)、李宁体育、中国人寿上市基金等9个项目,平均每个项目的投资额度最多只有1.4亿元(约1740万美元)。

这也就不难理解鼎晖在几个成功项目中的投资比例、收益与摩根斯坦利、高盛相比均相差甚远。香港联交所公告资料显示,在蒙牛乳业的投资中,摩根斯坦利的投资额度是鼎晖的3倍多;在李宁体育的投资中,鼎晖的投资额度也不到联合投资的新加坡政府投资公司的1/4;在永乐家电的投资中,其投资额度只有摩根斯坦利的1/6。投资额相对较小,自然导致鼎晖的获利总额远远低于其他联合投资伙伴。这对任何投资人来说,无疑都是一种"隐痛"。

随着投资经验的积累和投资业绩的不断增长,募集更大的平台成为可能和必需，2005 年下半年，鼎晖中国成长基金 II 募集完成，共募集了 3 亿美元。而此时，也适逢股权分置改革基本尘埃落定，中国证券市场正迎来全流通时代。这表明，一直通过项目海外上市实现退出的鼎晖将退出的场所转向国内。

2006 年上半年，鼎晖联合高盛收购了双汇集团 100% 的国有法人股、双汇发展第二大股东海宇投资持有的 25% 双汇发展股份，并与华润集团联合重组华源集团。

2006 年 2 月 27 日在英属维京群岛，鼎晖注册成立鼎晖 Shine 有限公司，它和早在 2005 年 12 月 8 日在美国特拉华州由高盛注册成立的高盛策略投资（亚洲）有限责任公司共同在香港成立项目公司罗特克斯有限公司（以下简称罗特克斯），注册资本金为 15 亿港元，高盛持有 51% 的股权，鼎晖持有 49% 股权。

2 个月后，罗特克斯向目标公司双汇发展发起了进攻。2006 年 4 月 28 日，双汇发展公告，罗特克斯以 20.1 亿元的代价竞拍获得河南漯河国资委持有的双汇集团 100% 的股权，从而间接持有双汇发展 35.72% 的股份。2006 年 5 月 6 日，罗特克斯又与双汇发展第二大股东海宇投资签署了股份转让合同，海宇投资以 562186083.87 元的价格将所持有的双汇发展 25% 的股份全部转让给罗特克斯，罗特克斯持有双汇发展 50.72% 的股份。

按持有罗特克斯 49% 的股权比例计算，鼎晖在此收购案中的投资金额约 12.6 亿元，远远超过了其过去 4 年所有项目的投资总额。

而重组华源一役更是向外界透露了鼎晖打造中国私募股权投资第一品牌的大手笔。在此案中，鼎晖不仅担当投资人，而且与华润集团共同进行重组工作。目前，鼎晖的执行总裁焦震已担任华源集团管委会副主任。

2006 年 2 月，鼎晖收购了华源集团原第三大股东金夏投资，进而间接持有华源集团股份，成为其第三大股东。根据为外界所知的重组方案，鼎晖收编除国资委外其他华源小股东所持存量股权，华润接手国资委所持华源集团股权，然后再通过增资扩股方式最终实现对华源 70% 的控股，鼎晖的最终持股比例为 30%。

按华源集团总注册资本 90669.6 万元、原始股的转让价和增资扩股的价格约为每股0.9元计算，鼎晖接手原小股东股份的代价约为6.73亿元（不包括收购金夏投资的代价）。

尽管目前外界对华源集团的资产状况还存在种种质疑，但是多种调查结果表明，在华源集团重组中承担主要责任的是最终持股70%的华润集团，因此对鼎晖而言，参与华源集团的重组是名利双收的买卖，既树立了品牌形象，承担的风险又相对较小。

目前，华源集团拥有6家上市公司：华源股份（600094、900094）、华源发展（600757）、*ST源药（华源制药，600656）、上海医药（600849）、凯马B（900953）、双鹤药业（600062），也可能为鼎晖现在投资的北京慈济健康体检连锁机构等相关企业提供退出渠道。

截止到2006年底，3亿美元的鼎晖中国成长基金II以总共投资了百丽鞋业、双汇发展、迪信通等12个项目而结束，平均每个项目的投资额为2500万美元左右，投资额度与第一期基金相比，已经翻了一番还多，绝对额度相当可观。

对于一直立于中国PE浪潮之尖的鼎晖来说，继续领跑中国PE行业。

随着2006年底3亿美元的鼎晖中国成长基金II的投资完毕，更加良好的业绩，使得鼎晖向10亿量级的基金规模挺进。

果然，高达16亿美元的鼎晖成长基金III，在短短的数月后已于2007年1月便募集完成，成为全亚洲最大的中国成长基金。而此前，其他的三个总额达5.5亿美元的基金早已开始运作，2006年9月，2亿美元的鼎晖风险投资基金融资完成，投资了奇虎、LDK太阳能等项目，目前投资额度已经一半左右。2006年，2亿美元的鼎晖地产投资开始投资，如位于上海的高档地产、位于三亚亚龙湾的地产项目。2006年，1.5亿美元的润晖证券基金资金全部到位，开始运作投资于资本市场的优秀企业。

在吴尚志的基金架构蓝图中，是试图打造一个包括VC基金、成长基金、证券基金、地产基金等在内的超大型综合投资机构。有中外投资人（LP）向吴尚志提出质疑：鼎晖是不是规模扩张太快了？吴尚志说："是不是太快，并不重要，关键是否有机会。我们的投资实践没有感觉到有什么困难。"这也许就是实践者和旁观者的区别所在。吴尚志对欧美资本大佬们说："平台越大,网络越大,投资越安全,越稳定。目前,中国正是创立基金的好机会。"

吴尚志说话的底气来自于:2007 年又是鼎晖的一个丰收年。成长基金、创投基金等各条战绩上均捷报频传:

2007 年 5 月 23 日,内地最大的女装鞋零售商百丽国际正式登陆港交所。

2007 年 6 月 1 日,创业投资基金去年第四季度投资的江西赛维(LDK)在美国纽约交易所成功上市。半年多时间里,投资的股权价值翻了近 5 倍。

在吴尚志的上市锦囊中,还会有一个媒体公司、一个保险代理公司等正在上市途中。

不仅境外 IPO 风风火火,国内 A 股市场也即将风生水起。

值得关注的是,增加了有限合伙相关内容的《合伙企业法》已于 2007 年 7 月实施,鼎晖以其以往的业绩,可以很容易地在国内找到有限合伙人,募集人民币基金,最终实现"两头在内"——资金来源国内,退出也在国内,届时鼎晖投资项目的退出对境外资本市场的依赖度将大为降低。反过来看,以鼎晖为代表的国内私募投资基金因为对本土企业认识更加深刻、具有独到的发现项目的能力,反而可能获得更好的业绩,成为国际大投行所追逐和依傍的对象。

可见,中国本土私募股权投资基金必将出现一次爆发性的增长,并在股权市场扮演越来越重要的角色。而吴尚志领衔的鼎晖也必将在中国私募基金序列中无可争议地保持冠军地位。

◉ 中国最早做 VC 和 PE 的投资人之一，经历了中国 VC 史的起承转合。2000 万美元曾经他手打了水漂，后来终于把握机会，投资聚众，收益超过 12 倍。他就是美国凯雷投资集团董事总经理何欣。

何欣：
10年VC激荡岁月

何欣是中国最早一拨做 VC 的投资人之一。

2007 年 7 月 19 日。北京嘉里中心，美国凯雷集团北京代表处。

“现在我们每天都非常忙，大部分时间就是跟不同的创业者开会，每天有很多电话会议，不是讨论公司的中长期战略就是处理需要立即解决的琐事。前两天，我们刚刚投资了一家在福建的公司，所以花很多时间和那公司商量选择投资银行、律师行、会计师事务所和确立公司的战略定位等等，这些都是准备上市的前期工作。不过，这件事目前还没有对外宣布。”何欣话题一转：“说说久游网吧，可能你已知道，我们在上市的前几天出了一些事，拖累了上市的进程。”

最近这事闹得沸沸扬扬：凯雷早在 2004 年 11 月投资了位于上海的游

戏公司久游网，经过几年的努力，公司取得了有目共睹的成绩，从零发展成中国休闲网游的领导者。可就在上市的前一刻，韩国合作方 T3 公司突然挑起双方的某些合作争议，向已经进入上市进程的久游网发难，导致 7 月 8 日日本大阪证券交易所宣布暂缓久游网的上市进程。

“我想他们这么做肯定是想干扰我们上市的进展，获取他们想要的利益。”

“你们打算怎么做？”

“这几天，我们正在积极处理这个事情，没关系，他们就是起诉，我们也不怕，会积极应诉。不过，直到现在，他们还没有提起诉讼……”

韩国人的性格有点像中国北方人的性格，做事态度直爽，但有时缺少弹性，好走极端。何欣不是第一次跟韩国人打交道，作为凯雷亚洲风险投资基金的负责人，早在他加盟凯雷之初，他着手的第一个投资案例就是在韩国发生的。

2000 万美元打水漂

2001 年，何欣从 INTEL 投资部加盟凯雷投资集团亚太投资部任副总裁。“凯雷香港是亚洲风投和资本增长基金的总部，负责对中国内地、中国台湾、日本和韩国的直接投资。”

这年年底，他接触了韩国一个“下一代 OLED”的有机显示屏项目（简称“N 项目”）。这种有机显示屏，只需要极少的电源设备件，不需要背光源就能发亮，具有耗电少、亮度高、视角广等性能优势，可用于手机、PDA 等显示屏幕，产品可以做得轻、薄、小、亮。“这个技术在当时是非常领先的。”

何欣了解到，该技术研发团队来自于韩国大宇集团，技术发明人金博士，美国麻省理工毕业。围绕着这项尖端技术，金博士和他的团队前后花费了四五年的时间，申请了 100 多项专利，在亚洲金融风暴后携带技术团队从大宇集团独立出来。

“我们开始看这个项目时，只有专利和图纸。”这是一个非常典型的早期项目。

何欣看上了这个团队的创新能力和OLED的市场潜力。“这个技术团队在世界上也可以说是十分优秀的，在技术创新或生产设备研究方面都十分到位。”

何欣请了美国和香港的技术专家对产品以及整个团队做了详尽的评估，金博士率领研发团队也飞到美国加州去进行各项论证。“探讨项目成功的可能性有多大，其实谁也说不准，但是大家一致认同：这个团队的能力是世界顶尖的，研发思路是对的。尽管有很大的风险，还是值得投资的。”

“这个项目的前期调研，足足花了8个月才做完。”那个时候，坐镇香港的何欣几乎把全部的精力放在了N项目上。项目第一轮融资，凯雷投500万美元。

对于早期项目投资期间不能确定的风险，何欣和凯雷其他投资家们事先也进行了充分地估计，但是随着项目的步步开展，有些不可避免的问题还是超出了他们的预料。

第一个问题就出在了技术上。

项目运作是从建厂房和开发生产设备开始的。“OLED技术的实现，还需要周边配套技术，比如生产技术，产品的检验手段等。因此，生产团队和研发团队应该是一个整体，从产品研发，生产制造，到销售。像OLED这种产品，最后是要安在终端手机上，这就面临着一个与别人的产品是否匹配的问题。这样的产品实验周期是很长的。”

金博士团队只有产品研发能力和生产流程的设计，没有生产技术设备的制造能力，于是他们和别的公司合作处理设备的设计、制造。从产品设计到生产流程，其间涉及复杂的技术与成本难题；从设备和生产流程的调整到产品的测试，每一步都需要解决高成本的压力。反复的实验，反复的技术修改，工作量很大。

后来问题果然出在了生产方面。作为高端产品制造，不光研发技术本身是高端技术，要求生产技术也必须是高端的。生产进程到第六个月的时候，生产外包公司也觉察到了这个产品巨大的市场潜力，要求提高合作条件。

这一要求出乎金博士和何欣的意料之外，怎么办？

结果，这一争端没有得到妥善解决，生产技术人员中止了合作，生产进程时间表被迫推迟。

当然，作为投资方的凯雷没有放弃，继续加大投资，第二轮和其他 VC 一起投入 1500 万美元，仍然对此项目抱有很大信心。

就在生产外包环节刚刚得到解决之际，又有问题接踵而至：原材料的价格不断上升，而传统的 LCD 技术不断改进使其在市场上越来越有竞争力。如何迅速降低生产成本成了公司的首要任务，这对一个技术还没有完全成熟而且只有小规模生产经验的团队是一个严峻的考验——OLED 要在几年内走完 LCD 几十年的路。

然而 OLED 的技术领先和市场的前景还是吸引了一批勇于冒险的 VC 们。凯雷再次联合众多 VC，包括新加坡、日本和欧洲的 VC，一起为 N 项目进行了第三轮融资。这时，项目领头人、公司 CEO 金博士却打起了退堂鼓！

金博士说："我想辞职。"

这可是创业投资之大忌！何欣了解到：当时作为发起人的金博士自己还有另外一个公司，埋下了他注意力分散、不能集中精力做一件事情的祸根。在生产上出现了问题后，他有些退缩了。"他不想干了，一纸合同，有什么用呢？他的心不在这儿了。"

何欣隐隐觉出这个团队开始"变质"了。

作为主导投资人，何欣不断解决各种问题，克服大大小小地困难，力争此项目努力向前推进。在那段时间里，从香港到汉城，他飞来飞去，不知跑了多少趟。

"在凯雷的带动下，N 项目有三轮融资，融资金额也高达数千万美元，最后 N 项目融资总额接近 1 亿美元。但第四轮时，我决定不投了。我对团队很失望。"

后来 N 项目以失败而告终。

N 项目是何欣进入凯雷后第一个投资项目，上司的支持，同事的合作，8 个月的奔波……结果，2000 万美元，经过自己的手，打了水漂，何欣心里很难过。

他在向美国投资委员会总结这一失败教训时说："第一，纯技术驱动项目与市场需求差距过大，而市场变化非常快，竞争产品很快出现，导致该项目失去竞争力。第二，合作方出现不可控风险，对此估计不足。第三，公司团队没有做过生意，缺乏市场经验。"

美国凯雷集团三个创始人之一、负责投资事务的威廉·康威（William E. Conway）获知此事后，对何欣表示说："没关系！你已经学到了很多，我个人也亏过，远远比你的多。亏了不要紧，关键是学到有用的东西，不要重复错误。"

后来的亚太基金负责人祖文萃也认为，第一笔投资是对的，经过了8个月的调研，事先的问题、风险都想过，只不过是来得太快。也许错在第三笔投资，不应该再加了。出现了这么多的问题，说明团队的执行力不行，不能再试错了。

"N项目的失败，将永远铭记在我的心里。"多年之后，何欣依然念念不忘。

加盟INTEL，遇到VC导师Eric Levin

在投资N项目期间，作为该项目主要投资人的何欣始终与老板Eric Levin先生保持高度沟通。

"Levin是个完美主义者。我写给他的投资报告，律师写给他的法律文件，他都看得非常仔细，连标点都一一改过来。"

2002年8月，"那天下午，在香港办公室，我还跟他聊天呢，结果到了晚上，他心脏病发作就去世了。他是一个比较瘦的人，平日里对健康也很注意，后来听说是家庭遗传因素导致病亡的。年仅43岁，很惋惜！"

英年早逝的Eric Levin没有看到N项目的失败，"还好，对他来说，也许不是坏事。"多年后，说起此事，何欣百感交集，过去的往事仍历历在目。

何欣第一次接触Eric Levin，还是在1998年应聘INTEL投资经理职位的时候。

1998年，何欣在香港的日兴证券公司做基金投资经理。

有一天，何欣像往常一样打开Bloomberg[①]，他发现了一则INTEL发布的招聘广告：招聘投资经理，要求有工程师背景，懂网络。这个广告启动了何欣想做直接投资的心愿。他想想自己正好符合这个条件，就投递了一份简历。"随后，四个人同时参加了面试。"

主考官就是Eric Levin，"他特意从美国到香港来招人。"Eric Levin就是正在组建中的INTEL亚太区投资部负责人。他在美国Wesleyan大学获得本科学位，并在哈佛商学院获得MBA学位，对中国文化和汉语颇有研究，他还有一个很不错的中文名字：李文瑞。

何欣在Intel团队

面试结束后不到24小时，何欣就收到了录用通知书，成为INTEL亚太区投资部投资经理。

INTEL历来是个很有眼光的高技术公司，它较早进入了直接投资领

① 彭博资讯，证券业和基金管理专业人员使用的财经资讯平台。

域，在美国投资做得规模非常大也非常出色，仅次于美国最大的服务器公司思科。

同时，INTEL 也是第一批在中国进行直接投资的美国高科技公司。1998 年前后，进入中国的 VC 机构屈指可数，主要有 IDG、HQ、华登国际、Asiatech（亚洲科技）、微软投资部、思科投资部、AIG、华平、霸菱等。

在中国所有的创投公司里，INTEL 是规模最大的，单项投资额小到 100 万大到 5000 万美元不等。“那时敢投几百万美元就是大基金了。INTEL 和其他策略投资者相比之所以做得比较大，比较好，主要原因是雇用了外面专业做投资的人。”

Eric Levin 无疑是为数不多的几个在中国做创投的活跃“老外”之一，INTEL 亚太区投资部就是在 Eric Levin 的领导下创建起来。何欣和来自澳大利亚的 Tony Jansz 成为这个团队的早期成员。

“Eric Levin 是个不错的老板，他敢于放手让我们独立去做。刚开始人手少，所以我就一下子被推到了前台。没办法，只能自己往前冲。”Eric 的去世令何欣到今天还欷歔不止。

1998 年是何欣做创业投资的开始。

从工程师、MBA、金融分析员、基金经理，最后到直接投资经理，何欣走过了一条跨国公司职业经理人的典型道路。

从“快班生”到“出国迷”

何欣 1964 年出生在杭州。“父亲是杭州人，在新华书店工作，母亲是学校教师，教语文和音乐。我随父母在舟山群岛长大。”

“文革”时，何欣父母家被划为地主成分，境况不好。但是父母相信，努力就会有回报，他们很重视孩子的教育。

何欣上小学时，经常到父亲办公室去玩。在何欣记忆中，父亲的办公室里全是书！如《林海雪原》、《战争与和平》和《茶花女》。有些书有当时所谓“儿童不宜”的内容，何欣会藏在被窝里，打开手电筒偷偷看。

“我还记得看过一套小人书《福尔摩斯探案集》。前两年，我还看了一遍《福尔摩斯探案集》的英文原版，变化莫测的悬念，扣人心弦的情节，有点儿像我现在的投资经历。”

上中学时，何欣和同学之间，在学业上互相较劲。“那时书店里很少见教科书，其中有一套数理化自学丛书很受同学的欢迎，我记得他们得早上早早去排队购买。当然我不用排队。”

何欣从小数理化很好，最头疼作文，“我记得每每作文，开头一句必然是：东风吹，战鼓擂……祖国山河一片好！”

在舟山中学，何欣做数学题的解题方法之巧和速度之快常得到老师夸奖。高二时，他就把大学一年级的数学自学完了。

和中学数学老师合影

物理老师周末时间给何欣开小灶，到处找典型题目来做，找到最后实在没有题目可做了。

有一次物理考试，物理老师给打了99分，何欣很不服气，找到老师问：“为什么这儿扣1分？”并喋喋不休的和老师争辩，老师一生气随手加了1分，何欣为此乐不可支。

何欣有个舅舅，是东北工学院（现东北大学）毕业的，学化工专业，“经常到我家来，帮我辅导功课，直到辅导不了我为止”，后来调到北京化工部工作。舅舅经常把何欣当学习典型来教育自己的两个女儿：“你看何欣如何如何……”何欣的这两个表妹当初都很不高兴，经常找机会嘲笑何欣。“她们现在都十分出色，小表妹在美国读了双硕士，大表妹是专业的财会人员。”

那时，舟山中学普遍设立“快班”，选拔一些功课突出的学生，提前毕业升学，目的是早出人才。何欣初二时上了快班，高二时也上了快班。

“我当时初三和高三都没读，梦想就是大学本科硕士博士一路读下来，成为科学家。我们那一代人都信奉‘学好数理化，走遍天下都不怕’。”

何欣家有一个邻居大哥，姓张，是个下乡知青，后来自学考上了浙江大学材料系。这在当时是件很轰动的事，成为何欣学习的榜样。后来，邻居张大哥出国留学去了加拿大。

1981 年何欣高中毕业考大学，受邻居张大哥的影响，他也报考了浙江大学。

“那年暑假的一天，我母亲的一个朋友跑来我们家说，何欣上榜了！”

何欣考上了浙江大学土木工程系建筑结构专业。“之所以选择了土木工程系，是觉得建房子有一种神秘感。”

在大学里，何欣埋头苦读，钻研数学、力学和艺术。“虽然我出生在杭州，但是我对杭州没有印象。”

一个班的同学来自全国各地，有一次同学们聊天，同学问何欣：“你家在舟山群岛上？那你们在哪儿打篮球呢。”

“渔场。”

“那一定很多鱼虾啦！”

何欣跟同学说：“早上起来，先烧开一锅水，再打开门，螃蟹就趴在门口，然后拿脸盆就往锅里倒……”

这位来自北方的同学竟然信以为真了！

2005 年，何欣应邀回浙大母校参加毕业 20 周年校友聚会。昔日同学相聚，回忆大学生活，在老同学印象中，大学时期的何欣是个“出国迷”，经常跟外教混在一起。

“外教在中国的生活其实很寂寞，就常找我们去他们家里聚会。他们可以说是我的启蒙老师，同时也就接触到一些国外的学术知识，慢慢就有了出国留学的想法。

“那时材料系有一位张飞鹏教授，是从美国回来的海归，对我影响最大，经常去他家玩。也有一些来浙大访问的美国教授举办讲座，我常去听，后来还帮着做一些翻译。

“其实大二时，我就想出国。那时我有几个亲戚在美国，还有一个表舅在美国化学银行工作，后来被花旗银行收购了。”

1985 年，大学毕业分配时，北京工作名额最多，但是班里的多数同学不愿意去。

班级政治辅导员问何欣：“想去哪里工作？”何欣不假思索地说：“北京。”那位辅导员当时高兴地松了一口气。

何欣心里有个小秘密：在北京找一家大公司工作，出国容易一些。“当时我已经在为出国做准备了，考托福、GRE 等。另外，我有一个大学好朋友是北京的。”

何欣如愿被分配到了北京有色金属设计研究总院作工程师，从事矿山厂房设计工作，工资每月 60 多元。“我还参与过北京音乐厅部分结构的设计，现在看起来，像四方盒子似的，当时不觉得。”

何欣常到全国各地的矿厂参与厂房设计，他印象最深的是在江西某铜矿企业，“铜矿厂的柱子都巨大无比。江西人爱吃辣子，我吃不习惯，吃前总是先挑出来。”

这期间，“出国迷”何欣一直没有忘记自己的留学初衷，经常与浙大老师和一些国外大学的老师保持书信联系。“好在我有不少亲戚朋友在美国，不仅资助我还帮我同国外的一些教授取得联系。比较幸运，我拿到了加拿大交通部提供的渥太华卡尔顿大学的奖学金。”

1988 年，25 岁的何欣飞赴加拿大渥太华卡尔顿大学攻读工程硕士。“到了多伦多机场，还是我家邻居张大哥接的我呢。”

按照当时的出国政策，何欣随身只带了 26 美元。到了加拿大后，在美国的亲戚给他寄来了 2000 美元的支票，“我没用着，后来给他们寄回去了。我想靠自己，不想靠别人。”何欣暗下决心：要勇于尝试，虽然很难，但是尝试过了，就不难了。

卡尔顿大学附近，很多的房子供学生租用，何欣用奖学金申请租了一个单间自己住。

一年后，何欣花 2000 加元，买了一辆旧福特车。地处北半球高纬度的加拿大，地广人稀，冬天气温极低，跑在冰天雪地中的旧福特老坏，何欣尝试着自己修理捣鼓，有一次竟然把刹车片也取了下来！直到三年后毕业工作，他才买了一辆尼桑新车。

还在出国之前，何欣早已耳闻“在国外餐馆打工、刷盘子等苦辣辣的留学生活”之类的传说。有一天，何欣突然想，我也去尝试一下，到底是什么滋味。

就在学校内的咖啡馆，何欣当起了刷碗工。“一小时5美元，这钱赚得还真是辛苦！档次低不说，主要是太浪费时间了！”在洗碗间里，他遇到了一位老年华侨，何欣跟他聊天时得知，他在这儿洗碗有几十年了。二人初见时，老华侨对何欣说了下面一番话：“啊，祖国来的人……要学祖国的语言，要爱国……”何欣有些摸不着头脑。何欣原本也没打算干多长时间，只干了2天就从黑黑的洗碗间跑了出来。

从此，何欣觉得一定要好好读书。“读不好书，赚钱太难了！”

那时，在加拿大的中国留学生中，公费生多，自费生少。自费生既要学习，又要打工赚钱，的确是非常艰难。

何欣是一个完美主义者，本来硕士2年就可以毕业了，但是他精益求精，比正常毕业晚了半年，“直到导师说，你可以答辩了。”

1991年获得卡尔顿大学硕士后，何欣进了美国西图（CH2M HILL）工程顾问公司加拿大分公司，担任工程咨询顾问。

CH2M公司，是全球最大的环境和工程顾问公司之一，员工总数超过18000名，总部设在美国，加拿大分公司设在滑铁卢市。该市是个大学城，有著名的滑铁卢大学，城市规模很小，只有几家中餐馆。何欣住所附近，有一个台湾人开的餐厅，没有唐人街，没有娱乐场所。何欣经常去滑铁卢大学的图书馆看书，在那里有时会遇到中国留学生，何欣就做东请他们吃饭。每每有中国留学生或其他国内过客来此，都是何欣开着他新买的尼桑车去两个小时车程外的多伦多机场迎接他们。

在工作期间，CH2M公司加拿大分公司帮助何欣办理了移民手续，那时的何欣目标就是踏踏实实做一名工程师。“我在做工程师之前，很向往这个职业，一是薪水高，二是加拿大急需，很难招到人，只要你愿意，可以做一辈子，过上富裕的中产阶级生活。”但是渐渐地何欣便觉得枯燥起来。

MBA冲击波

在加拿大做工程师期间，何欣遇到了一个中国留学生朋友，他是多伦多大学MBA毕业，在P&G，搞行政管理，说起了MBA，何欣对此很感兴趣。

在此之前，什么是MBA？做工程师的何欣闻所未闻，作为理科出身的他不太懂文科，也不懂财会。在交流中，何欣觉得，MBA的思维方式跟他很不同，"听他们谈起金融、投资什么的对我非常有吸引力。当时我主要研究复合材料的结构，做很多数学模型，非常乏味。我本来是打算继续读博士，但一想复合材料专业的博士和博士后要读5年，我很疑虑：做那么多研究将来会有多少人看？"

何欣想，是否也考虑一下读MBA？

"当时，中国留学生中读MBA的很少，因为没有奖学金，学费很贵。MBA功课很繁重，没时间打工，没有多少中国人读得起。"

随后，何欣去买了几本MBA相关的书。"看过后，感觉也不难。"

何欣盘算了自己工作一年多的积蓄，"好在我能够拿学生贷款，加上自己的部分积蓄，支付未来两三年的生活费和学费勉强凑合够用。"何欣决定把新车尼桑卖了，换一辆旧车。

他报考了位于多伦多的约克大学舒力克商学院的MBA。

从1992到1994的两年，没有周末，很少休息，何欣把全部的时间投入到了MBA学习当中。

在舒力克商学院读MBA，何欣收获不少！

"比如说，在国内大学读研究生，课题是导师帮你选的，你只要和导师搞好关系，就可以过关。但是在国外读书，你和导师即使是铁哥们也没用。你需要自己报课题，你要告诉导师为什么选这个？你自己要准备课题的研究方法和数据统计。你必须说明你所选择的课题是有价值的，研究的方法是科学的。导师的作用是帮你做一些判断、讨论和指导你如何获取有用的资料以及帮助解决在研究过程中出现的困难。

"上课的方式也很奇特。比如说，上课时，导师会给你一篇发表过的著名文章，他会要求你指出这篇文章的缺点有哪些，漏洞在哪里，那么你就会有很大的压力，要去看书，找资料。完全是启发式的教育。”

刚开始，何欣很不习惯。“感受到的文化冲击是很大的。”

“在中国，同学同事交往很多。但在国外，上课大家在一起，下课之后，各忙各的，你会感到很孤独。办公室、实验室都是一个人，没有人理你，答案要自己去找，完全是公平竞争的一个状态。如果别人告诉你了，对别人来说是不公平的。当然也有分享的机会，但前提是：你有什么值得分享的，你有什么贡献，否则，凭什么要我和你分享？

“比如说在国内有旷课代打卡的现象，在国外就没有。凭什么让我替你打卡？这对我来说是不公平的，这对导师来说也是不公平的。因为他要你来帮助他写文章，提高工作业绩和影响力。在国外，是不搞关系的。

“到最后团队评分时，如果大家的贡献都一样，可能都会得 B，但是如果有一个人不行，那么另外几个人就会说，你不能得 B，你只能得 C，你不能和我们享受一样的回报，我们三个都是 B +，这才是公平的。如果你不同意，你想反悔，那么我们不要你了。这个项目重新组合，推倒重做。

“比如说，要求四个人做一个项目，如果是在中国，大家都是好朋友，没什么选择一起做吧，但是在约克大学不是。教授不鼓励 Team 找同一国家的成员，要求多元化，以保证 Case 的成功率。Team 成员也要公开面试招聘，你要求参加，你凭什么？你能给团队带来什么价值？你说服我，我就接收你了。如果项目做不好，要解散的。”

何欣参加了一个四人组的关于“汽车零件”方面为期一年的 MBA 课题，其中两个成员来自于福特汽车，他们丰富的行业知识使团队受益匪浅，最后他们这个名为“601”的项目取得了成功。何欣顺利获得了 MBA 学位证书。

网络创业风潮涌，融资烧钱上市急

1994 年，MBA 毕业的何欣在一家咨询公司工作。那时，北美经济低迷，工作不太好找。

“相反，香港的金融市场形势大好，香港H股和红筹股非常火爆，市场急需懂中文的分析员。而当时在香港以外国金融分析员为主，他们不懂得中文，连普通的公司访问都要带着中文翻译，因此就给我们这样的海归提供了机会。”

1994年底，何欣加入了新加坡发展银行(即现在的星展银行)从事证券分析。分析员好似证券业中的“大脑”，发挥着极为重要的作用。在工作中，何欣逐步建立起自己的投资理念，同时也非常希望在更大的平台上进行实战操作。1996年，何欣被猎头挖至日本的一家证券公司日兴全球资产管理公司从事基金管理。

有一次，何欣与一位早年毕业于浙江大学计算机专业的校友聊天，这位校友当时正在硅谷创业，两人聊起了VC。“虽然我读MBA时，学过一些VC理论知识。但香港VC极少，因此难有机会接触到。”那次聊天使何欣对VC有了新的认识，同时也有了涉足的兴趣。

这位校友兴奋地告诉何欣：网景1995年8月9日在NASDAQ上市，一夜之间融资超过了20亿美元，市值超过了60亿美元。整个华尔街和硅谷都为之兴奋，股价飞速上升，在180天之内，网景股价达到了142.75美元，涨幅超过了400%。网景上市直接触发了第一次互联网热潮，从此以后，大大小小的互联网企业在硅谷风起云涌，NASDAQ开启了一个又一个创业神话！

直接或间接听到的硅谷神话激荡着何欣兴奋的神经。

不久，就是何欣应聘到INTEL投资部，遇到了VC导师Eric Levin，开启了自己的VC职业生涯。

一下子被推到投资一线的何欣身临其境地感受到了中国创业的热度：“每天不停的开会，很多的创业者来找你，几乎全是海归，以做网络为主，他们怀揣着各种各样的主意、计划，告诉你：‘我有一个很好的计划，我要做什么什么……’”

此情此景，让何欣想起了当时去INTEL总部开会时在硅谷看到的情景：硅谷的创业公司风起云涌，上市公司不断冲击NASDAQ市场，市值迅速攀升，“好多传统的跨国大公司的CEO都很纳闷，怎么这个小公司的市

何欣的 VC 导师 Ericlevin 先生

值比我的还大?”何欣也是第一次面对,也有些来不及思考……

在香港何欣办公室,来访的创业者们边说边开始演示自己的网页,“有的网页还非常粗糙,有的在演示过程中,网页忽然出了问题……来人会面露些尴尬:‘啊,这个网页的后台还没完全设好,应该没问题的’。”当时还没有宽频,双方讨论的问题也是非常初级的:“你的模式是什么……”完全凭想象,这是何欣从来没有经历过的创业场景。

有一次,何欣接待了一个芝加哥大学 MBA 毕业的清华女生,她告诉何欣说:“我有一个非常个人化的 E-mail 管理软件。”这个软件还没有名字,其功能类似后来著名的微软 Outlook 的邮件。当时,此种类型的软件市场上也有,不过是针对企业客户,价格比较昂贵,只有大的公司比如 INTEL 才买得起,而针对个人的邮件管理软件还没有。

这个女孩边演示边说:“这个软件就是针对个人用户开发的,个人只要交少量的钱,就可以登陆使用了。”正演示间,突然,页面不动了,就马上给美国打电话,询问:“怎么搞得?”

何欣问："用户怎么交钱？你怎么收钱？"

她想了想说："用户得到邮局汇款。"

不过，当时的E-mail都是免费的，让用户交费使用不是一件容易的事。

后来，那女生的商业计划作了多次的修改，何欣也帮她出了不少的主意。最后，美国有一个天使投资人十分欣赏她的创业热情，就决定投给她50万美元。一年后，何欣再见到她时，她说那个公司关闭了，她在酝酿另一个新的创业计划。

在那疯狂的网络年代，何欣跟着老板Eric levin到处看项目，谈判。"现在市场上大家看到的上市和未上市的老牌网络公司，我们当初全都看过，跟他们有过很多互动和探讨。"

1999年前后，电子商务类的网站一时如雨后春笋般地冒出来，北京的雅宝、上海的易趣、Club city、当当网、阿里巴巴，当然还有各种门户网站等，何欣和他的老板一一看过。其中，名头最响的莫过于易趣及其创始人邵亦波：哈佛高才生、年轻有为，放弃投行高薪归国创业……"我在上海也见过他本人，他的生意模式就是美国Ebay的复制。当时在中国，网上交易双方基本上没有信用保障。比如说，你在网上看好了一样商品，谈好价格，但是见了实物后，会觉得跟网上的不一样，就会再讨价还价。个人之间的交易很难控制，这样网站就收不到钱。"

"易趣网最终我们没有投。其实邵亦波也是刚刚MBA毕业，工作经验也没有多少，但是当时媒体把他吹得太厉害了！"

当时，何欣倒是看好同在上海的Club city的模式，"它建立一个交易中心，所有的交易都通过它，并为买卖双方承担信用保障，采取先行赔付制。但是它最后没有融到钱，在网络泡沫破灭后倒闭。"

当时在中国做电子商务，商业环境比较恶劣，没有信用卡，也没有网上支付手段，商品的配送也不发达。当时海归创业者在中国既没有什么经验，也没有太多的生活经历，在国外也没有很好的工作经验，虽然有创业热情，但做不过对市场有更深了解的本土企业家如马云和他的淘宝网。"马云，真正按照中国的国情，比较符合中国人对于电子商务的理解，所以做得很好。Ebay在美国做得很好，但在中国就做不过本土的。"

“当时中国的 VC,多数也不是很懂,只是有很强的学习能力。

“当当网,我们也看过。李国庆夫妇来找我们,拿出商业计划书指给我们看:‘你看这是前端,这是中间件,这是后端,这是书店,我都完成了。’俞渝,刚从美国回来,纽约大学 MBA 毕业,她有一个很好的财务模式。当然,她的这个商业模式也是推了好多年才做出来。他们在摹仿的基础上做了很多的创新,最后的商业模式也做了很多的修改。”

最终因为当当网过于早期,何欣和老板没有投。

“还有搜房网,IDG 带着莫天全(搜房网创始人),到我们这儿来说,‘这是做搜房的,老莫,原来在道—琼斯中国,很有媒体经验。’他的商业模式后来也做了很多的修改。

“现在回过头来看,当时商业模式互相抄,都差不多,但是有着巨大的缺陷,可以想象以后的发展之路会非常地困难。最后能够做成事的,不是融到了钱活了过来,就是转型比较快,抓住了机会。到最后,人的因素是非常重要的。

“我们投资了亚信,投资亚信对 INTEL 来说,是后期投资,是策略性投资。亚信主要做系统集成,INTEL 想在亚信的开发式平台上有所作为。

“我们还投资了搜狐,是 Levin 主导投的,我跟着 Levin 一起去张朝阳那儿开董事会。老板 Levin 这个人很幽默,但工作非常认真,对别人要求很严格,最看不惯别人办公桌上乱糟糟的。当时,张朝阳的办公室乱糟糟的,房间也很小,堆了好多东西,张朝阳很朴素,穿着牛仔裤上班。不过不喜欢别人办公桌上乱糟糟的 Levin 倒没说什么,因为这就是硅谷公司的风格。

“当时我们的问题不像现在问:你每天赢利多少?而是问:每个月烧多少钱?

“烧钱,Burnrate,从硅谷那边引用过来的,就是你每个月的赢利减去你的支出,你在银行账户上每个月少多少钱,就是烧多少钱。

“当时也找不到赚钱的方法,广告也没起来,只能免费提供信息,去跟各种网站、报纸交换信息,吸引眼球。

“张朝阳他们当时压力特别大,得拼命的花钱。只有拼命的花钱,打广告，做活动，才能吸引更多的眼球。好在可以上市，只要是一个好的希望和故事，就可以上 NASDAQ。”

怎么计算公司值多少钱？看眼球，用点击率来计算。当时的运营模式是：融资之后，拼命烧钱，烧钱越多越好，拼命打广告，广告越多，吸引眼球越多，公司越值钱，烧完了再去融资，最后吸引眼球越多，点击率越多，上市就越快。快鱼吃慢鱼，这就是当时网络公司的生存法则。

2000 年 3 月，搜狐在 NASDAQ 上市成功。

纵观美国 NASDAQ 的发展史，正是互联网企业的上市神话造就了它的威名远扬。从某种意义上说，NASDAQ 后来的雄起就是互联网泡沫拱起来的。这在链条之上，大量的投资银行、华尔街的分析师们、咨询公司共同为互联网经济吹嘘。当时麦肯锡鼓吹说，市场有多么多么大！投资银行狠狠地说，这个公司怎么怎么好！华尔街的分析师们聒噪说，这个市场多么多么有潜力！最后的结果就是无数人都去买股票了。

在金钱和互联网梦想的巨大推动下，各方的利益结合在一起，互联网经济完全虚拟化了。没有收入，只有概念，股价就会升高，市值就可达到数十亿美元！

然而，客观经济规律终不以人的意志为转移，正像吹大的肥皂泡必然吹破一样，用眼球支撑的整个互联网经济终于不堪重负，一溃千里，NASDAQ 泡沫破灭，所有的上市公司，包括搜狐在内，陷入一片寒号声中。

“最后谁吃亏？就是买股票的投资者，看中了一个虚拟的价值，花了大价钱去买，被套住了。他们为互联网的发展做出了巨大的牺牲。”

如何看待互联网开始的烧钱和最后的泡沫？

“烧钱当时是件好事，不是坏事。如果你融来钱不烧，你肯定就完了，这是当时的逻辑。道理很简单：互联网一开始就是具备媒体的特征，钱花得越快，吸引眼球越多，价值越大，这就是媒体的价值所在。

“反过来说，不烧钱，人们认识不了互联网，互联网就起不来。烧钱，这是一个互联网新兴市场必经的阶段，有它的必然性。”

泡沫，能够避免么？历史已经证明不能。因为互联网是个新生事物，人类在互联网面前，就是一个需要学习的小学生，“当时对于互联网，无论是投资人还是创业者,都懂得不是很多,除了满腔的热情和无限的希望之外,都是一知半解的,看不太懂。"互联网的泡沫就是人类学习互联网交的学费。只不过这个学费,是通过完善的资本市场的配合,投资者要做牺牲的,这也是投资者功能所在。

上市之前花钱压力大,上市之后赚钱压力也大。"就在有些上市公司面临退市、崩盘的时候,谁会想到,是短信救了他们。"

"当时可想不到这个,大部分的门户网几乎都希望到最后,人们养成一种到互联网上付费来看新闻、信息的习惯,甚至连报纸也不要看了。或者是期望广告起来。直到现在也没有做到付费看新闻。"

凯雷,风景这边独好

2000 年 5 月的一天,Eric Levin 向何欣介绍了 The Carlyle Group(凯雷投资集团)想在亚洲开辟创业投资的计划。

The Carlyle Group,美国著名的凯雷投资集团,他们的生意一直把持着世界并购市场相当大的份额。进入 2000 年,凯雷也看好新兴的亚洲市场中蕴含着的投资机会,决定试水亚洲,招兵买马,从创业投资开始做起。首先,凯雷把执掌 INTEL 投资三年、在亚洲创业投资领域功绩卓著的 Eric Levin 挖了过来,同时将开拓亚洲市场的帅印也交给了他。

"好啊,这当然好了!"两年多的投资经历,何欣非常信任和佩服 Eric Levin。"与 INTEL 着重于策略性投资风格不同,凯雷的投资领域非常广泛,比较有发挥的余地,而且投资金额比较大,薪酬奖励制度也比较优越。"

于是,何欣随 Eric Levin 跳槽到了凯雷。团队中还有一位澳大利亚人 Tony Jansz,加上此前 Eric Levin 招募的来自美林的甘剑平、前微软亚洲投资负责人 Stephen Wu 等几个人,初具规模,实力颇强。

凯雷在亚洲设立的第一个基金是凯雷亚洲风险投资基金 I,基金规模是 1.59 亿美元。设立这个基金的时候,正好赶上互联网高科技第一波投资热潮的尾巴,没过多久,就发生了互联网投资泡沫,投资速度一下降低了。大约近两年时间,整个团队基本上看的多,投的少,投资趋向保守,投资的项目并不多。

“所谓泡沫破裂就好比说，今天投资10元钱，明天就变成9元了，那还不如等着明天再投。它的价值往下走，大家投资都比较谨慎，都在等着市场转暖。”

起初，凯雷也是只投早期，这跟何欣等团队成员的INTEL投资背景有关。在INTEL近三年的时间里，Eric Levin、何欣、Tony Jansz等都是以投资互联网领域早期的公司为主，如搜狐、亚信、UT斯达康、电讯盈科等。

凯雷的中国团队

凯雷亚洲风险投资基金I的投资范围包括中国内地、中国台湾、韩国、日本等。初入凯雷，何欣主导投资了韩国的N公司，就发生了本文开头的故事，投资最终以失败告终。

在凯雷，何欣非常中意“One Carlyle”（同一个凯雷）的公司文化特色。在凯雷，所有被投资的公司都是凯雷的一分子，他们极其注重团队意识。“比如看医疗案子，凯雷有一个专门的团队，我们会找他帮我们做市场分析。凯雷的三个创始人极力推行这种文化：言而有信，任何承诺就如同是写下来签了字一样;知识要共享,否则你很难在凯雷待下去。如果中国团队去美国跟能源、医疗小组专家见面,三个创始人一般也会参加。凯雷是一家很年轻的公司,但是增长进步很快,为什么? 这就是它独到的地方。”

何欣记得有一个香港同事辞职了,凯雷三个创始人之一的威廉·康威(William E. Conway)恰好在香港,听到此消息后,主动和这位辞职的同事打招呼,顺便递上名片说:“很好啊,凯雷的人也有人挖,说明凯雷是个好公司! 这是我的名片,记住我! 以后有业务常联系。”此情此景出乎意料却让何欣很感动!

投资聚众,传统企业机会凸显

2002年,凯雷亚洲风险投资基金II设立,基金规模为1.64亿美元。这阶段正是互联网泡沫的尾声,新的投资机会开始出现。“泡沫之后,绝大部分互联网公司消失了,不好的互联网公司被市场淘汰,存活下来的网络公司已经开始找到自己的赢利模式了。”尤其是,2003年,凯雷2000年投资的携程项目获得了15倍的回报率,成为中国传统企业价值开始出现的标志性事件。中国市场呈现出综合性的特点,有早期的,有中晚期的,有传统企业,也有互联网公司。凯雷及时调整了基金的投资方向,不再局限于早期科技项目,投资面扩大,同时更加注重所投资公司的行业和商业模式。

2004年6月中旬,凯雷亚洲负责人祖文萃在中国寻找投资机会,摩根斯坦利亚洲公司董事总经理竺稼成人之美,引荐了聚众传媒和它的创业者虞锋。

在上海波特曼酒店,凯雷团队负责人祖文萃和虞锋第一次会面。据说祖文萃当场毫无反应,未置可否。

几天以后,就在凯雷刚刚开设的上海办公室里,何欣为首的投资团队约见虞锋,虞锋现场作了PPT演示,介绍了聚众传媒的构想。

虞锋说:“1999年我到美国出差,看到加拿大的Captive公司已经在做楼宇视频了。当时,我感觉很好奇,想了想,这种东西其实更适合中国市场。因为相对来说,中国人更多,楼也多,等候电梯的时间也长,所以效果会更好。于是，我回国就考虑要找相关厂商一起做。”

何欣在与虞锋聊天时了解到：回国后的虞锋很快于 2002 年注册成立了上海聚众目标传媒有限公司，专做楼梯液晶电视广告业务。

乍听起来，这里面没有什么技术含量，一个很单的商业模式。这个模式比较新，即使在最早出现的加拿大和美国，也没有成功的模式，在中国会怎么样？听着虞锋热情的陈述，凯雷投资团队何欣等人不动声色。

然而让虞锋没有想到的是，此后，凯雷悄悄委托第三方进行调查，完成了一份针对京沪两地的“高档写字楼液晶电视广告价值分析报告”。调查显示：60. 7% 的人在等候电梯时会经常看液晶电视广告，液晶电视的平均每日受众接触时长为 5. 05 分钟，液晶电视广告关注度达 78. 8% 等。

两周后的一天下午，正在四川出差的何欣突然给虞锋打电话。

何欣：“虞锋，我在成都看到很多超市里也有类似的电视广告，你将来是不是要切入这块市场？”

虞锋：“这个我们公司内部曾经谈论过，一方的观点是应该迅速杀入大卖场和便利店市场，我们的竞争对手已经去了，再晚就会丢失这个市场，让竞争对手领先，我们不能落后，因为这个市场资源是有限的。但是我坚持说，我们的目标传播客户是‘三高’人群，而大型卖场的客户群是大量中、低端和少数高端消费者混杂在一起，客户定位与自己聚众传媒的‘三高’目标客户定位重合度很低。在大卖场和便利店的显示屏的布点，一般都是在结款台和商品堆头的上方。这种传播效果很不明显，消费者在结款时都是已经完成了购买行为，这时广告影响力已经很弱了。在专属商品堆头上的电视广告成本会很高，商家一般会更愿意选择 POP 这样的低成本宣传方式。而且在大型卖场这种开放性的大空间里，干扰观众的注意力的因素会很多，比如噪音，很难让受众把注意力集中在结款台前液晶电视上，所以传播效果也是最差的。”

何欣：“对于楼宇液晶广告，你觉得客户接受程度有多大？有无这方面的数据？”

虞锋：“目前，聚众传媒多是通过广告公司的代理，而较少和厂商客户直接谈判。目前，随着网络的扩大和广告客户认知度的提高，60% 的广告客户也逐渐开始由试试看的心态转变为持续投放。我想,随着市场的成熟,这一数字将会逐步扩大。”

何欣:“你现在业务遍及多个城市,数百座楼宇,你的管理如何控制?”

虞锋:“虽然扩张的压力对我们来说很大,但是我们一直没有忘记扩张有度、管理有方的战略思想。在显示屏网络的扩张方式上,整个楼宇电视媒体行业有两种方式:一是‘直营+加盟’,另一种方式就是全部直营。而聚众传媒在自己的网络拓展方式上选择了后者,在全国四十多个城市建立自己的分公司坚定不移地走直营的营销路线。”

何欣:“这样做,与对手的迅速扩张明显地拉开了距离。”

虞锋:“是的,直营方式在时间和经济成本上都要比吸取加盟商的办法要来得慢而且成本高,但是三年来我们一直坚持直营路线。这样做最大的好处是,我们保证了每个终端的控制权不流失,从而保证服务的质量不会降低和走形,从而维护我们自己的‘三高’客户定位。采取加盟模式,表面上看对客户报价时在数量上有优势,但是从质量上评估效果的话,这种方式与我们的服务宗旨,为客户节省每一分钱广告费的宗旨是背离的,所以我们坚决放弃加盟模式。另外,规模的扩大,我们希望融资后加大投资来解决,从而保证企业保持在高质量的水平上向前发展。”

何欣:“我最近看到,你们和分众传媒双方在‘洗楼’、‘拉广告’过程中,也免不了发生价格战。”

虞锋:“这个新兴市场的容量足够大,我们的政策不鼓励价格战,我们只在提高服务质量上下工夫。我觉得,这个行业应该良性竞争。我们服务‘三高’人群,我们自己的服务也应该是很高的。相对来说,我们的客户对价格的敏感低一些,对服务的要求更高一些,这正好符合我们自身的定位。”

何欣:“你目前的发展瓶颈是什么?规模经济对你重要么?”

虞锋:“目前,这个行业还处于初级的跑马圈地阶段,此时扩张网络规模是头等大事,谁先扩张网络,谁便先占有优势。我们希望通过国际融资来解决规模扩张问题。”

何欣:“你觉得我们凯雷有何优势?”

虞锋："凯雷是个大品牌，资源很丰富，特别是在战略上双方有共识。当然，我也希望，凯雷旗下的房地产基金也拥有广泛的大楼物业管理公司的资源，这可以帮助聚众获得更多的楼宇资源，以迅速扩张网络覆盖面。"

何欣："这个行业的门槛体现在哪里？"

虞锋："在保证服务质量的前提下，迅速扩大规模，与物业签订长期的独家、排他性协议，将来这个门槛会很高。其实现在的门槛已经比较高了，这个行业已经开始形成双寡头的格局，我们和分众两家。这个不用怀疑，因为我们都在这个行业很多年了，看得比较清楚。"

何欣："这个行业的寿命不会很长，你有什么看法？"

虞锋："目前的液晶电视形式只是一个初级的形式，未来必然会整合户外广告、移动电视等多种载体。聚众的目标是打造'小众中的大众'的媒体平台。这样，这个行业的发展空间就很有想象力了，反正我们这一辈子肯定干不完。哈哈！"

何欣："你目前的发展速度怎样，快了还是慢了？"

虞锋："我们做事一直是追求踏踏实实、按部就班地把事情做好。至于速度快慢，不是我想的。聚众传媒希望在未来三年内保持每年100%的增长目标，今年的销售收入预计将达到2亿元人民币。"

何欣："你如何与行业里的现有企业区别开来？"

虞锋："现在我们和分众，基本上形成了双寡头，谁也不会吃掉谁，势力都比较强。相对来说，我们更支持直营模式。他们有一些加盟商，我们目前还不会做，这样能保证我们的'三高'定位，在这个'三高'市场上做宽做深做透。这个市场不小，我们不会贪多求滥。"

何欣："你目前主要是广告播放，你对内容制作怎么看？"

虞锋："我觉得，制作一些节目对吸引受众的注意力会有帮助。"

何欣："这个，是自己来做，还是通过收购来解决？"

虞锋："收购这个问题，现在还没有想过，现在倾向于自己来做。因为我们有这个经验。"

何欣："你觉得VC会关注你哪一点？"

虞锋："我觉得我们有几个优势：第一，这个行业我们进入的早，把握得准，市场空间足够大。第二，我们团队一流，有很好的专业和经验。第三，我们的战略很清晰，团队执行力也经过了两年的锻炼，值得信任。”

……

事实上，液晶电视广告市场上的两大竞争对手从2003年就在融资上展开了竞赛。聚众传媒于2003年年底获得上海信息投资公司首轮50万美元融资，分众传媒于2003年5月获得软银中国首轮50万美元融资。

凯雷团队了解到聚众的竞争对手——同在上海的分众传媒——其创始人江南春同样也希望得到凯雷的投资。

不过，这时的江南春已经接连进行了多轮次的融资，吸引了世界著名的投资机构均纷纷入股，如软银中国、鼎晖创投、TDF、DFJ、中经合、麦顿等等，这显然不符合凯雷股权结构不能过于复杂的投资惯例。

2004年7月中旬，凯雷团队和聚众双方又一次见面，签订合作意向协议书。

接下来，凯雷的投资经理、资深业内专家、专业调查机构三方合力的调查组，开始了又一轮对聚众传媒更为细致的尽职调查。

凯雷聘请四大会计师事务所之一安永和美国著名的律师行Paul Hasting以及媒体评估机构协助凯雷尽职调查。“1500万美元的投资，需要的不仅仅是良好的商业模式，更重要的是有诚信的合作伙伴。”

与此同时，凯雷的投资经理们也没有闲着。他们的足迹遍及聚众传媒在北京、上海、广州、深圳四个主要城市的业务情况调查，以寻求论据。他们走访了大楼的物业公司，询问他们对液晶电视的看法，每天电梯口的人流量如何，受众对液晶电视广告的关注如何，聚众传媒的售后服务如何等等；他们也会暗访聚众传媒的广告客户，了解他们对这一新媒体的认知程度、投放广告的情况、广告效果以及未来的投放计划等。

结果让凯雷的投资专家们非常满意。

当然，在凯雷雷厉风行的尽职调查期间，其他的VC也加紧了对于聚众项目的争夺。不过，何欣的一句话让身陷热捧中的虞锋视为知音——“先把企业做好。”而其他想搭“顺风车”的VC问虞锋最多的一句话却是“你们什么时候能上市？”

凯雷的策略、专业、严谨，给了虞锋不一样的感觉，这让他感到符合他既定的目标：具有长期战略的国际品牌基金及资源。

又是两周的时间，2004 年 8 月中旬，凯雷向聚众投入了 1500 万美元，至此，三个月之内，该项目投资完成。投资聚众，这是凯雷在传媒领域的第一笔投资。

当时，聚众在每一座大厦安装的屏幕之间是分立的，互不成网络，每一块屏幕都要派人骑车前去更换 SIM 卡。在这期间，项目主要负责人何欣与虞锋多次讨论运营模式的改善，如改变人力更换 SIM 卡的原始方式，尝试使用宽频，进行终端控制。这样一来既可以统一更换内容，还可以分屏，同时减少人力成本。正值 2004 年奥运会期间，他们就在上海做分屏测试。结果发现，需要购入接入设备，投入复杂的技术改造成本，成本不降反升，另外，网络视频内容制作还受到政策限制，于是放弃了。

随着凯雷资本进入，聚众的楼宇视频网便开始急剧扩张。2005 年第二季度，聚众在全国的网点比第一季度增长 81.7%，其中一线城市网点第二季度比第一季度增长 94.8%；二线城市网点第二季度比第一季度增长 57.5%。

2004 年，聚众的发展势头远远超过了凯雷的预期，成长超过了 250%。

2005 年 7 月，凯雷追加投资 500 万美元，进一步扩大规模。

都获得巨额融资后的聚众和分众两大巨头在全国各地市场上展开了激烈的争夺，同时在上市方面也展开了比赛。

不过，在登陆 NASDAQ 方面，聚众还是落在了分众后面。2005 年 7 月 13 日，分众传媒在 NASDAQ 率先上市。面对分众的抢先上市聚众传媒也不示弱，在获得凯雷第三轮融资后，虞锋高调宣布在半年内上市。

“当时我们也在准备，上市没问题，能融 2～3 亿美元。都已经准备好了，就差最后申请这一步了。”

8 月的一天，美国高盛的一位朋友来找何欣提起关于聚众和分众合并的话题。原来，这是已经上市的分众，委托自己的上市投行高盛，再次谈起与聚众合并一事。

关于合并的话题，何欣和虞锋都不陌生。早在 2003 年之初，当时分众的首轮投资方软银中国作为中间人，曾经提起过聚众和分众的合并事宜，不过，那时条件并不成熟，虞锋拒绝了。

两年后，这个话题再一次被提起，作为聚众上市主承销商的摩根斯坦利也表示同意。何欣第一时间告诉了虞锋关于“两众合并”的建议，原因很简单：合并能减少彼此的竞争消耗，发挥整合优势，得到资本市场的追捧。

“晚上半夜1点了，虞锋给我打电话，讨论此事。听得出来，他有些犹豫。是啊！这是很大的事。上市与合并，其实各有利弊，一方面上市指日可待，一方面合并的好处也是显而易见。关键是看虞锋个人的利益得失和企业的未来如何平衡和取舍。”

关于合并一事，聚众内部讨论时，意见不一，小部分股东对此反对，执意上市跟分众进行竞争，而凯雷投了赞成票。

事实上，从2005年下半年起，聚众和分众两家在市场上打得已经是火药味十足！在有识之士看来，两家的竞争已经不单纯是抢占市场，更多的是两家对手间的针锋相对。这样下去，“杀敌一万，自损八千”，两家都有可能被资本市场所抛弃，此前游戏市场上盛大和九城的遭遇就是明证。

另外，也有人举了携程和E龙的例子，在分众抢得市场先机的情况下，担心聚众的上市前景未必太好。

“你争我抢谁也做不大，在跨国公司进来前，联合做大是最好的选择。以分众2亿美元的价值，加上聚众2.4亿美元的价值，合起来就是5亿美元，足以抗击跨国公司的竞争。”何欣分析认为。

事实上，就在此前不久，世界第二大户外广告集团法国德高贝登以1亿美元收购了两家香港上市公司——媒体伯乐和媒体世纪，从而几乎垄断了上海的地铁和公交车广告。这才是摆在分众和聚众面前最厉害的对手。

2006年1月9日，聚众和分众达成合并协议，分众向聚众支付9400万美元，及价值2.31亿美元的新股。“合并后，分众股价由30元涨到70元，充分获得了市场认同，真可谓是皆大欢喜。”

对于凯雷、虞锋和江南春，甚至是中国企业来说，如何面对跨国竞争，

“分众和聚众的合并，给业界提供了一个很好的思路和做法，这是一个标志性事件。”

何欣最后盘算了一下，凯雷在此投资并购中，“收益超过了12倍，一个不错的结果。”

何欣手中的王牌案子还有2004年投资的目前正在上市路途中的久游网，2005年投资的中科智担保集团、四川宏华集团、上海安信地板等等。

作为中国创投界的一名老兵，经历了互联网第一波投资浪潮，经历了成功与失败，何欣的投资经验正变得越来越老练。

正像他心中所期望的那样，“你心目中最激动人心的时刻是什么？”

他想了想，说：“还没到来，快了！”

中国有句俗话：十年磨一剑！这句话放在1998年参与VC的何欣身上，最合适不过了！

将出鞘的那把剑，是待上市的久游网？还是厚积而薄发的安信地板？

剑出鞘的那一刻，何欣已暗暗确定在2008年！

◎ 大三时从清华退学移民美国，一面四处打工屡屡失业，一面学业上进一帆风顺。在VC界，投资空中网和分众传媒，均获得超过20倍的回报。继而联手沈南鹏，结盟美国红杉基金，创立红杉中国，取得本土决策权。

张帆：红杉中国梦想者

2006年11月11日，清华大学经济管理学院伟伦楼国际报告厅里，“第一届清华大学IT创新创意大赛”的现场，被业内誉为中国VC少壮派代表人物的张帆正在台上激情演讲，他时而慷慨陈词，时而与台下大学生互动。

曾经作为清华学子的张帆已经记不清自己第几回到母校进行这样的交流活动。

此次活动的主办方清华大学计算机科学与技术系，正是他17年前入学清华读书时所在的院系，这里有他熟悉的校园和老师。

应该说，清华是他成长的起点，也是他回国创业的支点，他与这里的师长、校友结下了深深地不解之缘。

清华肄业生

1989年，18岁的张帆考入清华大学计算机科学与技术系学习计算机专业。

“我1971年出生江苏无锡，祖籍河北，随父母在石家庄长大，小学、中学在此度过。”石家庄的中小学时代，在张帆的记忆中，是一段比较平静、踏实的学习生活，在师长和同学眼中，张帆性格平和，学习很努力，很容易相处。

“我觉得这种性格对于我现在做投资帮助很大，创业也好，投资也罢，要有平和的心态和坚忍不拔的精神。”

清华大学不愧为历史悠久的名校，给予了张帆难忘的一段记忆。“清华是非常锻炼人的，这里有非常出色的同学和老师，让我接触了一些新的思想。”

“无论是在课堂、实验室里，还是在运动场上，一些出色的人组成个好的团队，大家互相学习协作，相互启发，受益匪浅。”对于张帆来说，这是一段难得的经历。

在清华，学计算机的张帆同时也有着广泛的爱好，“我在学业之外的其他方面也涉猎了很多，接触了不同的高人。”

1990初，北京的中关村借以计算机为代表的电子产业的崛起开始风起云涌，诞生了大大小小的公司。清华大学地处中关村腹地，近水楼台先得月。“正好有一个清华的学长，在中关村办了一个小公司，销售计算机硬件产品。”涉猎广泛的张帆“自己也主动去拥抱了这个机会，顺便参与帮忙。”

1992年，张帆上大三。这一年，紧张活泼的大学生活被打断，张帆随全家移民美国。

“是不是要把清华的本科拿下再去美国？当时我还年轻，觉得无所谓，也没有太多的个人想法。再说，当时父母都已经去了。”多年后，张帆回忆这段经历说：“在我来看，任何决定都是重要的，但是任何决定也都不重要。表面上看，是你这个人如何拥抱这个锻炼机会，在不同的激流中，磨炼自己。而关键是，你抱有什么心态去做人做事。出国就是这样：这是一个新机遇，它带给我一种全新的挑战、机会和锻炼，也有很多压力。”

初到美国，尝尖业滋味

1992年清华肄业生张帆随父母移居旧金山，初到美国的新鲜感很快就过去，生活压力随之而来。“刚到美国的兴奋基本上没有了，不管在哪儿，生活还要继续，我很快就有了往前走的动力。”第二个月，他就学会了开车，拿到了驾照。美国的国情与中国不同，驾驶证就是身份证，没有驾驶证将寸步难行。

张帆努力去找工作，谈何容易？他硬着头皮去餐馆打工，当waiter，“早上去上班，因为鱼香肉丝和还有一个什么肉丝分不清楚”，中午就被老板给炒掉了。

这对于曾经获得清华一等奖学金的高材生张帆来说，可谓是“一盆冰水从头浇到脚！”社会的严峻和冷酷让他吃惊不小。回忆此番经历，张帆说：“那是一个真正把我从象牙塔里拉回来的经历。在清华的时候获得一等奖学金，基本上什么事不用担心，去了美国，连个服务员都干不成。我学会开始慢慢改变自己。”

前三个月，张帆连续换了三个工作。最后，张帆终于在硅谷一家名为Focus Graphics的图像设备处理公司，找到了一个技术员的职位，每小时9美元。

张帆踏踏实实地当起了技术员，别无他想，如此过了一年。

一年之后，张帆开始有了新的想法：“工作也有了，生活也有着落了。但是只是在美国打工，这不是我来美国的初衷啊！”

张帆决定要重新学习。1993 年上半年，张帆开始出入家门口附近的社区学院，利用业余时间恶补各科知识。

美国的社区学院在学历水平上，相当于中国的中专学校。张帆所在的这家社区学院，开设了丰富多彩的课程，有英文写作、英文演讲、社会学、哲学、历史、人类学、植物学、生物学、政治……真是丰富多彩！张帆重新拿出了中国学生高考的劲头，如饥似渴，在学习各种知识的同时，加深了对美国风土人情的了解。

这时在公司里任技术员的张帆从工作中获得了一些从未有过的感受。“工作过程中我发现，自己的技术干好了跟这个企业成功没有什么直接的关系，一个企业的成长受各个方面的影响太大了，这也激发了我学文科的兴趣。在社区学院，英文写作对我影响很大，开设的演讲课使我的英语口语得到了很好的提高。”

的确，在社区学院，张帆的英文写作平生以来受到了最严格的美式训练。“能够按照商业要求，在有限的时间里写作一篇结构清晰完整、有理有据、简洁明了、具有很强说服力的文章。”

回想起自己一年多工作上的坎坷经历，张帆已经不是过去北京清华园里的那个天之骄子了，他经历了一番脱胎换骨，倍加珍惜在社区学院学习的机会。

1994年夏天，张帆换到了另一家社区学院继续学习。

这时，张帆所在的 Focus Graphics 公司破产关闭，刚刚稳定不到两年的张帆又一次失业了。

张帆细细体味着自己初到美国的这两年经历："不断经受挫折，不断跌倒再爬起来，从一次次失败中品尝痛苦。打不倒你的东西让你变得更坚强。""没失败过的人，我认为是缺乏一些成功的基本素质的。"张帆后来说。

不只工作失败的经历让张帆刻骨铭心，他所看到的创业公司的失败也给了张帆很多启示："起初我以为有了技术就万事大吉，经历 Focus Graphics 公司破产关闭后才知道，除了拥有先进的技术，还要有产品研发、推广，适应市场到终端客户，再到维修等等过程，当然这一切需要一支好的团队。"

"一个企业发展过程中，什么样的东西能够让他飞速的发展？有哪些因素处理不好，会让这个企业步履蹒跚而导致失败？对此，你要保持一个好奇的、开放的心态。要学很多的东西：历史的、社会的、政治和文化的，当然还有财务和金融的。"

"如果我没有公司失败、个人失业的经历，我不会理解企业的员工会怎么想，也不会理解创业家本人面临什么样的压力。"这段经历也成为日后张帆从事投资事业的一笔财富，"它让我保持一个谦虚的心态"。

从斯坦福到高盛亚洲

工作失意的张帆这时在学业上面临着一个转机：从社区学院转学斯坦福大学。

在美国，像斯坦福等名校，每年都会收一定名额的转学学生。名额有限，也就是数十名，却有数千名的申请者，竞争也很激烈。

张帆通过了托福,SAT(注:美国大学生入学考试)等一系列的考试项目,“写了大量文章,成绩还不错。我把我在清华大学的学分证明和社区学院的学分证明摆给他们看,得到了斯坦福的认可。”

1995年夏天,张帆从几千名考生中脱颖而出,转学到斯坦福大学,直接进入大三学习经济学。

“就在我失业时,斯坦福大学正好给了我一个机会,又把我变成了一个全职学生,给了我全额的奖学金。这是很难得的,特别是对于我这样一个转学学生。”多年以后,张帆说起来自己这一段鲜为人知的经历,心内里仍然充满了感激之情。

坐落在硅谷中心地带著名的斯坦福大学,对于张帆来说,并非陌生,他以前在Focus Graphics公司工作的时候,经常出没于附近。

不过,第一学期,张帆还需要在校内打工,因为有一部分奖学金是以打工的形式来实现的。

“当时,申请校内工作的学生也很多,僧多粥少,好的岗位竞争也很激烈。”张帆凭着此前在美国两年的工作经历,语言、交流、沟通等方面都有着过人的表现,赢得了法学院办公室秘书的岗位。

张帆的这段“秘书工作”,一个学期就结束了,“争取的人太多了,不可能让你做太长时间。这个短暂的打工经历对我来说,也很重要。这是一段很愉快的经历,认识了很多同学和教授。”

大三暑期到了,张帆得到了一个去纽约华尔街做暑期工的机会。

每年华尔街的许多投资银行机构都会在一些名校里招少数名额的暑期工,斯坦福也不例外。“我是通过一个设在斯坦福校内的机构招聘的,这是个有着20年历史的老牌机构,它的职责就是帮助年轻的有色人种、少数族裔学生,也有机会进入到华尔街。这个机构每年都到学校做推介,做演讲,我报名后,有幸被录用了。”

在美国的大学系统里,暑期实习是其教育制度中不可忽视的一环。一方面,学生利用暑期工作的机会来了解公司的工作环境,为毕业后的正式工作奠定基础;另一方面,公司则用一个暑假的时间考验学生的实力来决定是否正式录取他们。因此,暑期实习对学生和公司双方都是一条非常重要的双向选择的渠道。

“当时去了一个名叫 Smith Barney 的小投行公司，对我来说，3 个月的暑期工作也是很独特的经历。后来 Smith Barney 被花旗集团收购了。”

Smith Barney 是当时华尔街一家小有名气的证券经纪公司。在这里，张帆第一次近距离地接触了证券分析师的工作。分析师在华尔街占有举足轻重的地位，他们每天要工作 12 个小时以上。他们既服务于机构投资者，为他们出具不同的股票投资分析报告，也服务于投资银行和交易员，为他们提供相关公司的投资研究。

“我记得 1996 年夏，互联网经济开始了，网景上市，掀起了一个小高潮。分析师们更是摇旗呐喊，为互联网经济鼓吹。”

暑期结束后回到学校就是大四了，张帆开始找工作，最后选择了著名投资银行高盛集团。

1997 年，张帆大学毕业后，来到位于中国香港的高盛亚洲，担任投资银行业务金融分析师。当时正值亚洲金融危机，香港同全球股市一样异常波动，危机四伏，但是深谙中国市场的高盛却逆市而上，大力扩展亚洲及中国的业务。张帆广泛参与了中国移动、中石油、和记黄埔、新加坡电信、PLDT（菲律宾）以及 OzEmail（澳大利亚）等亚太地区电信、媒体和高科技企业的并购和融资业务。

“在高盛的时候，我开始对投资产生特别大的兴趣，这是两年挺有意思的生活。那个时候我主要帮中国国有企业上市。期间最大的收获是：第一，财务在整个公司发展中，起着非常非常核心的作用。从硅谷的 Focus Graphics、暑期华尔街打工经历到高盛，这一番经历加深了这种认识。第二，一个良好的资本市场，对企业，经济、国家有着莫大的作用。”

同时，张帆也看到中国中小企业的确需要资本市场的帮助。

“从那时候起，我更对直接投资产生了兴趣。我发现中国经济蕴含的能量来自中小企业，中国那个时候，包括到现在为止，还没有几个值得称颂的国际品牌，但是我相信将来一定会有，所以我觉得未来这个过程将是非常令人兴奋的。”

改弦更张，读MBA转入VC

1999年，身在香港高盛亚洲的张帆，身临其境地看到了中国企业的爆发力。上海实业、中国石油等内地红筹股连番上市，即使在当时香港金融危机动荡时期，也掀起了一个又一个的市场高潮，股价受到市场极大的追捧，充分展示了中国经济巨大的发展潜力。然而这一切，在感同身受的张帆看来，只是冰山之一角。"这一系列的现象让我感觉到，中国经济正酝酿着下一步的变革和跳跃式的发展。"

不过在高盛，张帆接触和服务的几乎全是中国电信、中国石油这样的大客户，他很想接触一些创业企业和中小企业。

张帆又有了新的想法。"在任何一个新的环境里，一开始你的学习曲线都是比较陡的，慢慢地这个学习曲线就平了，以前的经历驾轻就熟了，我就发现，更多的东西需要去学，高盛的平台纵然非常出色，还是不能满足我。"

张帆选择了读MBA。"我只申请了斯坦福大学的MBA，有感于在这里读本科时感受到的其自身优势和地处硅谷的活力。"

1999年，张帆重新回到斯坦福大学。

按照通行的职业转换之路，选择读MBA，这是转换工作的开始。

机会不期而至。在斯坦福校园里，张帆与德丰杰（DFJ）创始人Tim Darper相识。

Tim Darper是美国创投界赫赫有名的人物，Draper家族在美国从事创业投资已是第三代，是创造硅谷神话的背后推动者。德丰杰（DFJ）投资基金就是由作为第三代家族成员的Tim Draper所创办，总部设于硅谷，是全球著名的大型风险投资公司，旗下共管理20亿美元的资本。在它20年的历史中，DFJ共投资超过200家创业公司。其中Hotmail、Overture和Skype，为Tim Darper赢得了世界声誉。Tim Darper早年也毕业于斯坦福的电子工程系，后在哈佛大学商学院获得MBA学位。

"硅谷是科技创新的源泉，斯坦福是硅谷的中心，在那个环境，经常参加一些活动，接触了比较多的VC，很自然地就和Tim认识了，这是一种缘分。Tim这个人非常有激情，非常活跃，对于高科技创新情有独钟。”

2000年，Tim Darper募集了一支全球基金——德丰杰全球创业投资基金（Draper Fisher Jurvetson ePlanet Ventures）。Tim把眼光开始投向了生机勃勃的亚洲，特别是中国，他希望加强亚洲团队以打造一个更好的平台。

2001年，29岁的张帆从斯坦福MBA毕业，加盟德丰杰。

进入德丰杰不久，张帆就感觉到自己很热爱VC这个行业。

2000年前后，已经有多家美国投资公司开始在中国开拓直接投资业务，他们多数的操作模式是：总部设在美国，中国不设机构，美国投资人一两个月飞一次中国进行投资活动，因此被称为“Flying VC”（飞行者VC）。熟悉中国市场并充分认可中国发展前景的张帆认为这种“飞行者VC”没有前途，他向Tim建议：他要亲自到中国来安营扎寨，开辟市场。

几个月后，张帆以德丰杰亚洲副总裁的身份回到北京。

“我建立了北京办公室，开始招兵买马，招了孙文海、张喆等人。孙文海那时刚从清华MBA毕业，就到我这儿来了。”

两年前的1999年，以互联网为代表的新经济异军突起，引领世界经济一片繁盛，中美情形皆同。到了2001年，美国的互联网产业在经历了泡沫持续一年多的破灭后开始复苏的时候，张帆代表德丰杰回到了北京，他遇到的新情况却是：中国的互联网产业却仍未走出泡沫期，新经济正在陷入低谷当中。作为中国新经济代表的新浪、搜狐和网易的股价均跌到了1美元左右，成千上万家互联网公司从人们的视线中消失，一些做早期投资的美国投资人也心灰意冷，纷纷打道回府。

张帆想起了自己回中国时乘坐的那趟航班上，只有不到1/3的乘客。

“那个时候看中国的风险投资市场，大家有一种心碎的感觉，当时VC见面，都有一种互相同情的感觉，见面经常开玩笑说‘你还在这儿干风险投资哪？’”

有人问张帆：“回国是否是一个聪明的举动？”

殊不知，张帆却觉得那是创业投资进入企业的好时机。“我回来时，非常坚定，中国还有上百年的高速发展，这点泡沫或者说冲动都不算什么！”

张帆到处出差，在全国各地跑，慢慢地了解市场环境，了解项目，跟许多企业家接触，了解新的行业。他常常看到一些创业团队，组建起一家家小公司，大家都挤在一起，有一张床，谁累了就休息一下，工作连轴转。“但是他们每个人的脸上都充满欢乐。”张帆觉得自己的判断是对的。

投资空中网，牛刀小试

2002年夏天的一天，张帆在香港偶遇老朋友杨宁和他的创业伙伴周云帆。

杨宁，北京人，中学时赴美留学，1994～1997年就读于密歇根大学电机工程系本科，1997～1999年就读于斯坦福大学电机工程专业研究生，张帆在斯坦福时就认识他并且成为朋友。后来，杨宁的创业故事，众所周知：1999年6月，杨宁和周云帆、陈一舟等人创办了ChinaRen网站，任首席技术执行官；ChinaRen风光一时，2000年遭遇互联网低潮，被迫卖给了搜狐。

杨宁对张帆说：“进入搜狐后，虽然是副总裁，但‘人在屋檐下，哪能不低头’，那段日子是十分苦闷而且沮丧的。”

张帆问他：“你为什么有这个想法？”

杨宁向张帆分析了中国互联网市场的现状和前景，他认为，无论是新浪还是搜狐等门户网站，虽然做得也不错，只是越来越大而已，然而发展速度却像一辆越来越慢的货车。

虽然几大门户很幸运地抓住了短信市场，从低谷中走了出来，但是对于身在搜狐的杨宁和周云帆他们来说，企业的未来在哪里，他们不知道。

继续创业的想法始终在心中激荡，通过多年对市场的观察和分析，杨、周二人敏锐感觉到了手机娱乐、无线互联内容服务的新商业机会，决定大胆尝试一个新行业——手机 SP（注：手机内容服务供应商），通过中国移动、联通的无线网络服务平台向用户提供手机铃声、图片、彩铃等增值内容。

他们看准了这个新的发展机会，认准了下一代的增值服务，包括像 WAP、彩信等一定会有发展前途。杨、周自信地认为："我们能看到这个机会，并且能比别人执行得好。"

杨宁和周云帆决定了：卖掉各自在搜狐拥有的 44 万股股票，放弃全部期权。此时搜狐的股价已从一年多前的 7 美元暴跌至 1 美元。交纳了注册空中网的 50 万美元后，两人已经山穷水尽。

2002 年 3 月，在北京后海一间平房里，杨宁和周云帆带着从搜狐出来的七八个人宣布成立新公司。基于他们的业务是无线互联网络的内容供应、增值服务，电子信息形式的节目内容在空中无形飞舞，因此他们为公司取名就叫"空中网"。杨宁在公司黑板上写下了"新浪、搜狐、网易、腾讯"四个互联网大鳄的名字，然后在后面加上"空中"两个大字，对团队成员说："我们以后是和他们齐名的公司！"

杨、周二人深知，要实现这个目标，融资是第一要务。但是，当时互联网公司股价还没有回升，中国创投界的元气还没有恢复，许多投资机构一听是互联网公司要融资，根本就没下文。

杨、周二人在投资机构云集的香港中环，展开"扫楼"行动，在一个个拜访投资机构，一次次被拒绝后，他们遇见了斯坦福校友张帆。

听了他们的故事，张帆觉得眼前的这两个小伙子，在经过几年时间历练后，变得更加成熟、稳重了，他们俩身上所表现出来的冷静、理智和敏锐，已经远远超出他们的年龄。张帆看他们的项目，觉得也不错。

张帆决定帮他们一把。

张帆把项目汇报给了 DFJ 美国投资委员会。

然而，同当时很多投资者一样，DFJ 合伙人对空中网"并不看好"。

张帆坚持自己的判断，两次跑到美国总部，力劝 DFJ 投资委员会。

张帆说："空中网项目满足最基本的两点：第一，它处在一个高增长的行业里，产业环境好，中国互联网市场发展潜力巨大，这是企业发展的先决条件；第二，杨宁、周云帆两个创业人一动一静、一张一弛，可谓最佳组合，具备核心竞争力。"

在美国的两个多星期里，张帆多次向投资委员会汇报，并呈递了一份投资报告，详细分析中国互联网市场的经验、案例和无线互联增值服务的产业前景等。在大量的数据与案例面前，美国投资委员会相信了张帆的阐述。

最后，DFJ 按照 600 万美元的估值向空中网投入 80 万美元，另外联合其它两家投资公司共出资 300 万美元，占 33% 的股份。

获得融资之后的杨、周二人很快给予了张帆等投资人一个满意的回报。

2004 年 7 月 9 日，空中网在美国 NASDAQ 挂牌上市，是中国企业从成立到 NASDAQ 上市所花时间最短的公司。

"到现在为止，不管是我个人还是其他的风险投资人，可能会很少看到能够在自己每一年的预算之后的执行过程中，把预算中的每一个数字都能够做到超出所有的盈利预期，而在日常花费方面，远远低于预算的这个数字，这正是杨、周二人的作法，他们的确是吸取了创建'ChinaRen'的过程中的一些经验教训。"

后来，德丰杰在这个项目上获得了高达 25 倍的投资回报。

投资分众，结识沈南鹏

2004 年初，张帆很偶然地遇到了专门开发楼宇电视广告的上海分众传媒公司的创始人江南春。

江南春，上海人，华东师大中文系毕业。此人在大三时，涉足广告代理业，成立永怡广告公司，自任总经理。到 2001 年，永怡收入达到了 1.5 亿人民币，江南春在上海广告界已经声名鹊起。到 2003 年已经在广告行业里摸爬滚打了 10 多年的江南春感同身受于传统媒介代理行业扎堆竞争的惨烈，他另辟蹊径，走“分众”之路，打起了楼宇电视广告的主意——就是在电梯里安上液晶电视屏，放电视广告——结果在几次试水之后，这个不起眼的生意竟然得到了广告商的热烈追捧！没过多久，他就得到了来自软银中国的第一笔50万美元投资。同时，他也发现身后几个竞争者追了上来，风头最劲的就是同是上海的聚众传媒公司，跟他做的是一模一样的生意。

这个“在电梯里或楼道里安几块电视广告屏”的商业模式，毫无技术可言，拼的就是谁的速度快谁就可能赢。因此重金开道、扫楼圈地就成为决定公司生死的不二法门。

50万美元眼看着烧不了几个月，江南春又开始了第二轮融资之旅……这期间，江南春“偶遇”德丰杰董事张帆，而张帆正是为投资而来。

张帆第一次和江南春见面，两人谈了约半个小时。张帆问他：“为什么让我投资你的公司，为什么我应该成为你的股东？”江南春展开他惯有的口才，侃侃而谈，激情四射，给张帆留下了不错的印象。

单说中国楼宇电视广告市场，从2002年到2003年，短短不到两年，风生水起，竞争者逐渐增多，排在行业头两名的是江南春领导的分众和虞锋领导的聚众，并且这两家同属上海的企业，互相之间竞争激烈，争先恐后，互不相让。两家公司业务模式相同，市场拓展方式又不尽相同，按市场份额，众分略胜于聚众。

对于VC来说，眼前的这个所谓的商业模式虽然是如此的简单明了，然而却是一个鲜明的创举。史无先例，外无似者，它是否是一个值得投资的商业模式呢？在这个行业里，到底谁是将来的胜出者呢，分众还是聚众？非此即彼，这一切都需要VC作出一个选择。

2004年初的头几个月里，张帆把目光更多的投向了江南春领导的分众传媒。

在张帆看来，VC投资的最终指向，实际上是人。从某种意义上，人是第一因素，项目有时反而并不那么重要。“在整个项目的论证阶段和观察执行阶段，江南春的领导力、对广告行业深刻的理解、对人才的态度、他本人的工作魄力、刻苦精神，都给我留下非常深刻的印象。”

张帆了解到，江南春喜欢与人聊天，经常谈到凌晨一两点才睡觉，但早上8点钟就要醒，常常因为休息不足醒不了，闹钟也不顶用，于是江南春就把自己的床移到窗口边，每当太阳升起照射到床上时，想不醒也不可能了……在众多传闻中，江南春就是这样一副拼命三郎式的创业者形象。

"一个企业在市场上超越其他人的任何一步，都是日常点滴积累的综合爆发。这些积累必须夜以继日、孜孜不倦地干出来。而带领这个企业的人，也一定是有耐心，不跟风，踏踏实实的。在我看来，这就是创业精神的精髓。"

张帆认准："在硅谷投资，超额回报往往是由创新的技术或商业模式推动的，但中国的很多机会是建立在满足对已有消费者服务需求上的，是应用推动的。这就是中国市场的特点。"

2004年4月，张帆代表DFJ加入到了由鼎晖创投、TDF以及中经合、麦顿国际投资等组成的共计1250万美元的联合投资队伍中。

根据分众传媒2003年的业绩，众投资者们一致认为，分众必须要快！"因为行业竞争壁垒不是很高，聚众在追赶你，其他的企业随时可以加进来，只有往前冲，才能把这个做好，所以我们就给他制订非常严格的、细化到每周每日的销售目标。"

张帆认为，不同行业，不同企业，作为投资人施加影响做判断的"点"是非常重要的，这也是一个好的投资人跟创业团队一起来把握的。

远远跑在前头的分众传媒，乘胜追击，又进行了第三轮的融资，融资额度高达3000万美元。

众人拾柴火焰高。2005年7月13日，分众传媒成功登陆美国NASDAQ股市，成为海外上市的中国广告传媒第一股，并以1.72亿美元募资额创造了当时的IPO纪录。

不必说，张帆代表DFJ投资分众，最后赢得了超过20倍的回报，同一起投资的鼎晖、中经合、TDF、麦顿等机构人士举杯同庆，体验了一场联合投资共赢的狂欢盛宴，更重要的是，对于张帆来说，在这次集体投资盛宴中，他结识了比他大三岁的沈南鹏，从此改变了两人的职业轨迹。

关于沈南鹏与分众的故事是这样的：

沈南鹏,1967年出生于浙江海宁,1989年毕业于上海交大数学系,同年赴美留学,1992年毕业于美国耶鲁大学MBA,同年进入花旗银行从事投资银行业务,两年之后,出任德意志银行的中国资本市场主管,1999年5月,与梁建章、季琦等伙伴共同出资200万元人民币创建携程网,先后得到IDG、凯雷等投资,创建了著名的携程模式。

2002年,沈南鹏和季琦等人又合伙创立经济型连锁酒店——如家。此后,携程于2003年9月在NASDAQ上市,重启了中国第一波互联网低潮后的海外上市的序幕。作为一名连续创业者,沈南鹏显示了非凡的功力。此后,一边做两个公司的创业者,一边开始尝试以个人身份投资创业项目,先后投资了手机游戏公司岩浆数码、金丰易居房产等。

至于和江南春的关系,拿沈南鹏自己的话来说,早在江南春创立分众之前,他们就已经是朋友了,因此对于江南春每天连续工作16~18个小时的热忱和投入早有了解。

后来,沈南鹏以个人投资者的身份投资了分众传媒,并且是分众唯一的个人投资者。

正是在投资分众传媒这个项目上，张帆和沈南鹏，两个年龄相仿、同为海归、都为分众项目而共鸣的年轻人得以相识。

一个是著名的创业者，携程模式和经济型连锁酒店如家的创始人，成功的个人投资者。

一个是投资界闻名的 DFJ 基金全球董事，因投资空中网而成名，被誉为少壮派 VC 的代表人物。

同气相求，惺惺相惜。

从 2003 年下半年，分众项目投资落定之后，张帆和沈南鹏两人开始谈未来的打算、中国创业投资的历史性机遇等话题，在很多问题上，俩人均不谋而合。

张帆告诉沈南鹏他曾经投资空中网的一段苦恼的经历。

还是在 2002 年，张帆主持投资空中网，经历了由于美国投资委员会对中国商业模式理解上的困难造成的艰难沟通的过程。尽管张帆凭借对于中国市场的信心和大量数据“舌战群儒”，通过无数次的电话会议，最终说服了美国总部投资，但由于美国人对 SP 行业理解上的困难，致使 DFJ 丧失了最佳的投资机会。

“我们当时原本可以在融资过程中扮演更主要的角色，DFJ 没有足够的机动灵活性来切实把握中国市场的脉搏并做出快速反应。”

随着本土投资经验的积累，张帆越来越认识到：那种投资决策在美国，不在本地，没有针对中国本土的基金，只是附属在全球基金之下，受制于落后的全球战略布局的投资基金管理机制，已经越来越不适应中国日新月异的经济变化和机会越来越多的投资格局。

“很长一段时间以来，我们这些在中国被称为 VC 的人其实大都不是真正的 VC，很多‘VC’的真实身份只不过是专业投资人士而已。”

张帆的苦恼也引起了沈南鹏的共鸣。

此前，先后创造了著名的携程模式并以个人名义成功投资了多家公司的沈南鹏深深感觉到：虽然自己被外界认为是一个“被证明过”的成功创业者和投资人，但是即使在这种背景下做个人投资者，也很难完全发挥自己的价值。从长期的职业发展来说,进行机构化运作是必然之举,这样才能最大限度地发挥自身价值。

沈南鹏认为,打造中国最好的创业投资品牌机构,这是一个很好的机遇。“中国很多行业都开始进入快速成长阶段,其中很多机会是在现在的美国所看不到的。中国有这么好的机会,中国这么好的企业在诞生,在发展,国外创业投资也在慢慢涌入,我们俩对于创建中国最好的投资品牌取得了共识。2005 年上半年,我们开始明显感觉到中国创业投资产业正在快速进入本地化时代。”

创立红杉中国,一发不可收

2005 年 6 月,张帆宣布辞去 DFJ 全球董事职务。

张帆开始和沈南鹏着手建立一个专注于中国的投资平台。“当时,既有自己融资的可能性,同时也有国际上大品牌 VC 想进入中国,想和我们进行合作。”

既然是建立一个独立决策的中国基金,摆在张、沈面前的是两种选择:一是建立一个完全独立品牌的基金,二是引进成熟品牌,共建中国基金。

对于第一种选择,似乎功成名就、战绩卓著的张沈二人也有充分的条件,但是他们还是最终决定和成熟品牌合作。在他们看来,在风险投资界,行业竞争体现在品牌上。品牌代表着过去的成功和经验,选择一个顶尖品牌的投资机构是成为最好的投资人的前提。想要实现个人价值的最大化,仅仅靠个人品牌显然还是不够的,因为个人投资者同机构投资者相比,前者无论是在资源还是项目运作经验上,都不能同后者相比。

他们共同认定:和成熟品牌合作的前提依然是项目决策权归中国团队。

为此他们展开了和多家国际顶级 VC 的接触。

比如他们和国际上著名的 TPG 谈过,并且谈得已经非常深入了,但是也许在创建专注于中国的基金以及投资决策上双方意见不尽相同,双方始终没能达成共识;直到他们另外遇到了红杉(Sequoia Capital)。

由于长期投资养成了极其务实的职业风格，张帆和沈南鹏一开始商量，只是想做一个更适合中国的投资平台，只不过要拥有投资决策权，并没有想要自己创立一只基金。这一切在遇到红杉之后，发生了改变。

2005 年 7 月，在美国召开的一次 VC 会议上，经朋友介绍，沈、张两人与红杉资本合伙人相识，一起聊中国的投资机会，双方“相见恨晚”。

畅聊之后，沈张两人顿时觉得与红杉合作，既可以学习如何管理和打造一个稳定持久、有生命力的、业绩卓越的投资平台，让中国的企业家不仅获得资金和本土投资家的帮助，又能得到红杉这个国际顶尖品牌多年的经验和全球网络的支持。“2005 年下半年，我们跟红杉合伙人认识后，就建立了很好的信任和认可，了解了他们三十多年来的文化，他们的投资哲学，对产业对企业投资的看法，打造一个基金品牌的构想。我跟南鹏，对这个事非常认可，当时，就坐到了一块。”

红杉的合伙人们对 33 岁的张帆与 37 岁的沈南鹏说，“你们身上所展现的，正是红杉这么多年所积累的 DNA。”

此后，张、沈二人又多次飞往美国红杉总部洽谈此事。

“但是我们坚持对项目的审批和决策必须留在国内，这是我们的一个先决条件，因为当地团队相对更了解项目的进展。这个，作为红杉来说，他们在跟我们接触之前，也认识到这一点，认可这一点。如果审批权在美国，他们也不是经常来，很难合作成功。这一点上，我们双方倒是没有花太多的时间。”

其实，对于红杉资本来说，他们长期以来也一直在寻找一支合适的中国团队。此前，红杉曾考虑过通过收购、合资、合作等多种方式进入中国。基于相同的理念，他们最终选择了张、沈二人团队。

2005 年 8 月 4 日，携程网总裁兼 CFO 沈南鹏宣布辞职。携程网的公告表示，“沈南鹏将和 Sequoia Capital 合作专注于中国市场的投资机会。”

8 月底，张帆和沈南鹏领导的红杉中国基金（Sequoia Capital China）成立。

与红杉的结盟，张沈二人无疑更加增强了对未来的信心和勇气。

Sequoia Capital（红杉资本）创始于 1972 年，共有 18 只基金，拥有超过

40亿美元总管理资本。它总共投资超过500家公司,130多家成功上市,100多个通过兼并收购成功退出。红杉资本在美国曾投资了苹果电脑、思科、甲骨文、雅虎和Google等一批著名科技公司,一度造就长达三十余年美国多家著名企业围绕红杉资本而建立的红杉现象。目前其投资的公司总市值超过NASDAQ市场总价值的10%。

"对于我们而言,如果有一两次IPO就算成功的话,我们也就不会选择跟红杉合作创建红杉资本中国基金了。"沈南鹏和张帆的共同目标是:如果未来10年在NASDAQ等交易所有100家市值超过10亿美元的中国公司上市的话,红杉中国的投资组合能够在其中占到一定的比例。

红杉中国基金,作为红杉基金中的一个,张帆和沈南鹏共同参与了红杉中国一期基金的融资。

"红杉中国作为红杉基金的一个子品牌去融资,红杉合伙人放了一点点,非常少,而北京团队的出资额超过了1%。"

LP们对中国很感兴趣。"他们以前对中国都比较谨慎,缺乏一些现实的可投的机会。看到红杉进入中国,他们信任的GP走出了这一步,他们都非常高兴。

"我和沈总去跟他们讲建立中国基金的故事,接受度都非常高。很快地就聚集了对我们的兴趣。一个多月,2亿美元的融资就结束了。"

红杉资本中国基金的LP主要是由红杉资本过去30年传统的LP构成。这些LP在美国VC领域经过30多年的投资,已经是这个领域中最负盛名的,对于中国,他们更有一种长远的眼光。LP具体包括两大类:第一类是各大学的校友捐赠基金。比如斯坦福、哥伦比亚、杜克、康乃尔等,囊括了美国几乎所有的著名大学。第二类是私人的基金会。包括美国三大知名基金会：洛克菲勒、卡耐基和福特基金会、有名的摩尔定律发明者——INTEL创始人——摩尔家族基金以及惠普的一个创始人基金。

这是一只相对独立的基金。

红杉中国管理公司（GP）由中国本土团队和红杉美国合伙人一起组成。唯一不同的是，对于中国的具体案子，红杉合伙人不参与，审批权完全在于中国本土团队。“红杉给予我们充分的信任。我们使用了红杉的品牌，而且我们还和瓦伦坦（Don Valentine）、莫瑞茨（Michael Moritz）、都利昂（Doug Leone）等红杉资本合伙人经常保持各种形式的交流和沟通。”

红杉中国团队很快从两个人增加到十几个人。“过去我是孤胆英雄，现在的团队有十几个同事，每一个同事都是一等一的高手，我们可以系统化地批量投资好项目。”

9月，就在红杉中国基金成立没多久，张帆就把第一笔资本投向了北京的亚洲互动传媒公司。这家公司成立于2004年7月，主营业务是通过互联网和有线电视提供电视节目信息指南并经营广告代理。不到2年后的2007年4月26日，亚洲互动传媒公司在日本东京证券交易所成功上市，成为首家在日本股票市场上市的中国内地企业。股价由发行价640日元步步走高，在短短6个交易日就实现股价翻番。5月8日，亚洲传媒收盘价达到1238日元。

“我的期望是第一个案子我们一定要‘开门红’！”在团队的共同努力下，张帆如愿以偿！

就在刚刚投资了亚洲互动传媒公司不久，又一家公司进入了张帆的投资之列。

清华缘，下注悠视网

2005年9月，红杉中国基金成立不久，一家财务顾问向张帆介绍了一家名叫悠视网的互联网视频公司。

这家财务顾问的人士向张帆介绍说，悠视网公司拥有自主知识产权的P2P技术和前端播放器技术，这个技术最大的特点是对于网络带宽的合理使用以及对骨干网带宽使用的优化，比起同类技术大大减少了带宽的巨大成本压力。

对 P2P 技术领域关注很久的张帆听后心里一动。

P2P（Peer To Peer，点对点）技术的出现导致互联网产业转向以数据流量较大的音视频内容传输为主，这种变化给新一代媒体的崛起提供了机会。

作为基于互联网的 P2P 技术起源于美国，但是它的完善并没有结束，P2P 技术实现了在公共网络上流媒体的传播，是当今互联网技术当中很有发展前景的方向。

张帆仔细观察该公司的名为 UUSEE 的客户端视频播放器及客户反馈。

就像其他的互联网技术一样，P2P 技术自诞生以来，在网民数字不断上升的中国市场得到了数以千万量级的测试应用，进一步催化了这个技术的成熟。2005 年以来，仅是在中国，介入这一领域的公司大约有 150 家，悠视网的 P2P 技术就是其中的佼佼者。

在实践中积累起来的 P2SP 技术使 UUSEE 经受住了考验。张帆了解到，UUSEE 的技术是全球领先的。虽然在美国也有很多公司正在做类似的事，但是他们还是很早期的，在技术、市场、用户体验方面远远赶不上悠视。这一点上，UUSEE 创新走在了世界的前面。

此时，悠视网的产品客户端下载量已经达到了数百万的量级，上升趋势非常明显，研发团队已经增加到数十个人，力量比较雄厚。

张帆决定马上和悠视网的创办人李竹见面。

“李竹，清华 84 级的学长，为人处世深具清华学生的踏实、低调、实干、不张扬。”

当清华 84 级的计算机系学生李竹 1989 年毕业时，李竹腾出的宿舍，住进去的恰好是同年入学的 1989 级的张帆。

16 年前，同为清华校友、擦肩而过的李竹和张帆，因为 16 年后的投融资，两个人才有了第一次见面的机会。

二人均有“相见恨晚”的感觉。

这一段旧事聊过之后，下面的聊天很快就变得行云流水一般顺畅。

1989 年毕业的李竹投身中关村的第一次创业潮，他和同学一起创立了一家软件公司，从事多媒体数据库软件开发。1996 年，李竹的软件公司被清华同方收购。IT 企业并购在当时还是个新鲜事，因此这件事还上了中央电视台的《经济半小时》。此后，李竹担任清华同方软件公司的总经理直到 2001 年。离开清华同方后，李竹跟几个伙伴以个人投资者的身份，专注于 IT 领域初创企业的投资、融资。他先后投资过握奇数据、德生科技等七八家企业，投资总额达几千万元人民币。

一直关注互联网技术开发的李竹于 2005 年开始开发 P2P 流媒体技术，他以 IT 圈里丰厚的人脉资源，很快拉起了一支 20 多人的研发队伍，包括作为共同创始人的 CTO 刘怀宇。“李竹几乎没费多少口舌。”悠视网的一位创业伙伴如此描述他们来悠视网时的情形，“李竹振臂一呼，我们大家就带着自己的团队聚集到了他的旗下。”这些人相信李竹是一个“知道怎么赚钱也知道怎么让别人赚钱的人”。

李竹告诉张帆，很多厂商的 P2P 技术开发主要集中在客户端方面，而实际上在开放的互联网上要保证传输的质量，服务器端也要做一些处理，悠视网的技术强项正是表现在这里。

李竹的技术团队在跟央视和很多地方电视台的合作过程中，经历了无数次系统宕机的教训，因此积累了很多大规模并发的 P2P 流媒体的经验。“这种经验融入技术里面便成了一种门槛。”

李竹还想再说点什么，但是张帆打断了李竹：“不用再说了，我都很清楚了。”

2005 年年底，张帆联合 SIG（Susquehanna International Group of Companies）对悠视网投资了 1000 万美元。

张帆的投资逻辑是：有着丰富的创业经验，创业经验丰富、低调务实的李竹与此时中国 Web 2.0 甚嚣尘上的浮躁、所谓的“80 后”创业聒噪，形成了强烈的反差。然而对张帆来说，“恰恰这个反差，增加了这个项目的吸引力。”

张帆很快意识到，视频直播这个技术、互联网视频这个行业，就需要这样一类人来踏踏实实地做，项目的成功要经过长期的积累，更需要耐心、成熟、稳重、全面的心态来把握。“互联网企业，一般人都认为是一夜暴富，其实大错特错，像百度，也是经过了多年的努力。同样，这个行业，涉及更复杂的领域。”

同时，在李竹的团队聚集了一批来自技术传输、网站运营、资深的媒体和电信背景的人才，也是张帆所看重的。

投资后没过多久，悠视网的发展便呈现出迅速发展的势头，业务量在不断上升，用户增加到几千万。产品版本不断升级，网民观看的体验更加流畅。

悠视网的当家产品 UUSEE 定位于网上视频直播服务。李竹说：“当其他人还在网上传播盗版内容的时候，我们已经知道这个行业里的关键成功要素是什么。”李竹把悠视网定位成一个音视频的聚合与分发平台，提供网络电视和相关的增值服务，“我们自己不做内容，这个定位也获得了内容提供商和电信运营商的认可。”

悠视网已经先后跟中央电视台、上海文广、北京电视台、湖南电视台、广东电视台、江苏电视台、辽宁电视台、华体网及香港地区的电视台等内容提供商采取分成或者买断的方式展开合作，极力扩大自己在版权方面的先发优势。悠视网很快就集结了 400 多个频道。

悠视网的核心竞争力是什么？

在张帆看来，悠视网的核心竞争力是给用户良好的视频服务，保证用户能够看到最好最新最流畅的视频节目，同时为内容提供商提供一个有保护的内容分发途径。在同类网站盗版盛行的恶劣风气之下，提供保护性的销售途径显得非常重要的。

李竹说，“因为进场的角度不同，企业的资源条件各异，决定了他们会用不同的方式去做事；另一方面，定位的不同也会导致在博弈过程中对不同事物的看法不同，因此决定某些因素的重要性排序也有先有后。如果谁先拿到决定性的因素，谁就可以跑得快一些，而悠视网的内容版权无疑就是一个决定性因素。”

“我们从一开始就认为盗版在音视频的传输上很难找到盈利的模式，

正版才是出路。广告主根本就不可能在盗版的频道上放广告，音视频传输一定是内容说话。

“我们的营利模式主要是广告和互动，在给网民提供免费内容的同时获得广告投放，同时设计互动业务，通过短信等方式互动来赢利，还有一部分是包月，我们会拿出一些好的内容，针对部分人群提供包月业务。”

2006年春节，悠视网跟央视合作，通过技术平台，将春节联欢晚会进行全球网上直播。

大年三十的那一天晚上，张帆同来自中国台湾、中国香港、日本、美国的网民一样，在家登录网络观看晚会，他同时也打开了电视，比较在两个终端上观看的不同体验。“网民可以通过短信来互动，效果非常好。”当天晚上，最高在线人数达到25万。

2006的世界杯期间，悠视接着在网上推出了世界杯直播节目和互动节目，同样取得了非常好的效果。

张帆说，悠视网的愿景是，通过独特的互联网技术，把更多的视频节目最大化的分发到不同的媒体终端上。这样,用户不论是在路上,在家里,不只看到几十个电视台,而是有更多的选择、随意和方便。

围绕着这个愿景,他们的着力点就在于开发新的技术,打造各种终端通道,进行跨媒体的运作。

2006年下半年,悠视和中国卫通合作,进入网吧市场,签约网吧达到上万家。“在网吧里网民可以观看视频节目,因为我们都是正版的授权的视频内容,这对于净化网吧里不良节目起了一个很好的作用。现在节目在网吧也非常受欢迎。”目前,视频通过互联网,对带宽的压力太大,通过卫星传输,这是一条相对成本低的途径。

悠视网良好的发展势头,又接着吸引了其他投资商进入。2007年3月,悠视网获得由德丰杰成长基金(DFJ Growth Fund)、美国著名风险投资机构高原资本(Highland Capital Partners)和思伟投资(Steamboat Ventures)三方投资者的共同投资,融资金额达2350万美元。此次融资是2007年中国网络视频行业最大规模的一次融资,第一轮的投资者红杉资本中国基金以及SIG也追加了新的投资。

快乐投资

应该说,以张帆和沈南鹏为首的红杉中国基金,自成立伊始,在中国市场这块创投处女地上,刮起了一场不大不小的“红杉旋风”!

与红杉美国的投资领域基本锁定在广义IT产业内不同,自2005年9月完成第一个投资项目亚洲传媒以来,红杉中国已经相继投资了近50家企业,投资范围涵盖科技、农业、保险、动漫、汽车等行业,其气势之盛,跨度之大,不得不让业内人士刮目相看!

其中,张帆主导投资了悠视网、奇虎网、大众点评网、51.COM、宏梦卡通、占座网等项目。

有投资人士笑称:“在投资领域,见了红杉中国,是要躲的!”

但是张帆不想躲!

“这是一个创建商业帝国的时代!”张帆兴奋地说。

的确，从宏观的历史角度来看，目前中国经济形成的快速腾飞的态势，与五六十年代的美国、六七十年代的日本、八九十年代的韩国的经历极其相似，庞大的消费市场正在形成，存在着大量的需求空白和商机，足够让中国的企业迅速成长，有机会创建自己的商业帝国。“人的一生是很难遇到这样的机会和浪潮的。”张帆感慨道。

2007年初，红杉中国宣布又成功募集两只新基金，由此红杉中国旗下管理的基金总额达到10亿美元的量级。“我们现在正在努力扩大基金规模，把这个平台打造得更坚实。马拉松这才第一步。”

对于张帆来说，投资激情背后到底是什么呢？

2006年底，他在与某大学学生座谈投资与创业话题时情不自禁地说道：“这么多年来我的个人风格没有任何改变。这是我热爱的事业。我在做自己感兴趣的事情，而且坚信只有踏踏实实才能获得回报，投资不是侥幸。

“投资各个行业的不同企业，也让我不断研究新领域、新行业，这是一个不断学习的过程。我每天都在与有智慧、有思想的人打交道，与他们进行交流，听他们讲创业的梦想和对未来的规划及展望，我从中受益匪浅，这也是我一直乐此不疲的原因。一个企业的成长并不是一帆风顺的，我们深入很多企业，充当他们的顾问、伙伴，帮助一个个企业渡过难关，提高核心竞争力，这个过程是非常值得回味的。

“我们抓的企业，期望是将来历史书上津津乐道的企业帝国，它们不会淹没在众多企业之中。PC时代的苹果，软件时代的甲骨文，网络时代的思科，互联网早期的雅虎，现在的Google。这些都是行业里最为顶尖辉煌的标志性企业，大多数人抓住了一家这样的企业，一批二流企业，财务上他们就很成功。但红杉要打造的是巨大的成功，我们是要系统性地创造行业佼佼者，打造突破性行业的标志性企业。我们投的每一家企业都具有和我们红杉一样的DNA。我们希望20年后回过头来看红杉中国的案例，就像现在红杉美国的案例一样——一个浪潮来临的时候，我们希望立于潮头浪尖。”

“我们像创业者一样辛勤耕耘，我们所运营的不是一个基金，而是一个企业，我们把自己当作‘创业者背后的创业者’。必须要有创业者的意识，我们投资进去不是当老板的，不是当股东指手画脚的，不是定期开董事会其他不管。我们把钱看做是我们提供的资源的一部分，投资是一个苦活、累活，任何优秀的风险投资人都是扑在企业上，成为企业的一分子。一家VC的基因是什么？是我们跟企业家每一天、每一个会议、每一个硬仗，摸爬滚打，流汗努力辛勤耕耘出来的，只有这样才能创造出骄人业绩。

“我创造了这么多财富，为自己，为其他人，它体现了我的激情，体现了我的能力，有用无用无所谓，但是这几十年你这样过了，应该很快乐，所以我自己总结出我自己的哲理……就是人生应该是充满激情，充满快乐地消磨掉每一天的时间，直到你死……你的价值是在消磨的过程中体现的，但是不管怎么样，你要充满激情，第一重要的是快乐；第二重要的是那个事你干得还不错，能创造点儿收入。其实不管干什么，对一个人来讲，最重要的是你要不断地找到自己喜欢干的事，这是最好的。”

注：本文未经张帆本人审阅。

◎ 爱打篮球，交游广泛，曾热衷摩托车、帆船等极限运动，也曾公开宣称“不投资海归”，引众人侧目。他就是美国中经合集团董事总经理，中国区首席代表张颖。

张颖：最本土的海归VC

2007年5月30日晚上9点，美国中经合集团董事总经理张颖像往常一样走进北京国贸附近的富力城会所，篮球场地上早已站了十多人，Harry、魏平、梁热、陈少晖，这些都是他的同事，还有来自分众传媒、爱康、全景传媒、3G门户、家居易站、图吧、新数通等公司的朋友们，这些公司都是张颖已经投资过的和正在投资的公司。这帮人既是工作上的合作伙伴，也是一群篮球运动爱好者。张颖和他们随意地打着招呼，自由组合，比赛开始了。

同事梁热说:“David(张颖的英文名字)打起球来像个拼命三郎,跑动、起跳、争抢,特别认真,不知疲倦。有一次他一膝盖顶在我大腿上,第二天早上我都起不了床了,给他打电话,我说你撞着我的大腿骨了,伤筋动骨100天,补偿我一个月假不过分吧。他回话,9点钟有重要会议,你小子快来!否则开除你球籍!”

张颖在自己的博客中写道:“篮球是当前我最热爱的运动……球友从最初的几个同事已经扩展到了三十多人,有VC圈内的好朋友,有融资顾问公司的朋友,有创业者,有朋友的朋友,有在球场认识的新朋友,还有老外朋友。特别高兴的是,我高中时在美国的一位同学现在中国工作,也加入到我们的队伍中,让我间或会有回到高中时代的感觉。篮球也是我高中时代的最爱,I love this game!”

张颖的高中时代是在美国度过的。他14岁时就随父母从上海全家移民到了美国,那年他上初二。

14岁移民美国

“我1973年出生在上海,父母都是上海知青,父亲在新疆军区医院当军医,母亲在山东泰安制药厂。”张颖出生以后就随母亲生活在泰安,直到6岁。1978年,父母终于结束了长期两地分居的日子,夫妻俩一起调到了安徽马鞍山钢铁厂工作。

“我小时候,人不笨,极其顽皮,很好动的那种。学习成绩一般在前三五名,不过我从来不想争取第一名。”

张颖是个活泼的孩子。无论是生活在泰安,还是迁居到马鞍山,他总是喜欢和城市里、附近农村里的小孩疯玩在一起。一般上海知青,都不希望自己的孩子跟当地的孩子混得太好。张颖父母在这方面却从来不阻止,没有一般上海人的那种地域、等级观念。“虽然他们是高级知识分子,我跟农村小孩玩得很野,但他们从来不干涉我,有时玩过火了,打架了,顶多事后教训我。”

父母的宽松有度,给了小张颖自然的成长环境。“我从小就隐隐约约有些平等、独立、自主的意识。”父母对小张颖是赏罚分明的：考试成绩好，作为奖励，就带他回上海玩。但是乐于在野地里玩的小张颖不喜欢上海。“一直到现在为止，我还是不太喜欢跟上流社会的人交往，不喜欢参加晚宴，不喜欢跟虚伪的有钱人打交道。这种感觉很强烈，从骨子里透出来。我情愿去跟好朋友——不是什么有钱人，哪怕你什么都不是——打打篮球，聊聊天。”

1987 年，张颖 14 岁，上初二。有一天，父母突然对张颖说：“咱们全家要到美国去了。”张颖爷爷的弟弟在美国定居，帮张颖全家办了移民手续。

“出国是父母的决定，他们也没有征求我的意见。”天性活泼的小张颖正是少年不识愁滋味的年纪，他想，出国就出国呗！他怎会懂得父母的良苦用心呢！

美国学生的课外生活

到了美国旧金山后，张颖家安在了旧金山日落区，这是一个中高档小区。可怜天下父母心，张颖的父母希望给孩子一个良好的成长环境，这就是张家出国定居最大的初衷。

来美国之前，张颖的父亲是内科医生，毕业于上海第二军医大学，母亲是制药工程师，清华大学化学专业高才生。然而到了美国之后，一切全变了。张父刚到旧金山第一天，安顿好一家三口后就去找工作。“那时，也没有现在宽松的外汇制度，全家只有 30 美元，还是香港的一个朋友借给我父亲的。因为英文不好，拿不到行医的执照，父亲先是在餐馆打工，母亲最初在制衣厂作裁缝，后来在超市当售货员。”

“在美国刚开始蛮痛苦的，被所有人欺负。老外、黑人、越南人，欺负最多的就是中国人。中国人明显地跟越南人不一样，越南是一个小国家，作为难民千辛万苦到了美国后，他们比较团结，而中国人就是一盘散沙。”张颖回忆起初到美国的生活片断。

刚到美国的淘气少年张颖，人生地不熟，没有朋友，特别郁闷。他的家离大海很近，所以到海边一个人垂钓成为他“消愁”的唯一方式。“游过太平洋,就是上海老家了。”坐在海边,他默默地想,虽然他从小就不喜欢上海。

“我们一家三口适应性都好。”过了一段郁闷期后,少年张颖特有的活泼天性完全撒开了,他很快就融入当地美国小孩、华裔小孩的圈子,努力学习英文和广东话,跟人家交流,一块玩。

中国初中生张颖到了美国后,先要进行高中入学考试,考试结果是他的英文极差,数学功课很好,所以总成绩还不错。张颖顺利进入了当地一家名叫林肯高中的公立学校(此学校名字与美国总统林肯无关——作者注)。“当时这所学校是最差的高中之一,而现在已经一跃成为旧金山最好的高中之一了。”多年以后,张颖笑言。

“那时很开心,不用考虑功课,反正总能上大学,这点跟国内完全不一样。高二下半期,一般你就知道要去哪所大学了。”高中最后一年,几乎全被“业余生活”——学业之外的生活所占领了:旷课,打篮球,打桌球,打麻将,钓鱼,烧烤。张颖和几个要好的同学、伙伴拼命地玩,“完全没有国内高考的压力。”

“在美国,可以随时买到枪、毒品、酒,很容易学坏,看你跟谁混在一起。我原来有一些小朋友,都是些质朴的孩子,后来就跟别人学坏了,做了些乱七八糟的事。”

有一个晚上,整天玩闹的张颖看到父母疲惫的神态,心头一动,好像明白了什么:为什么要来美国?父母那么辛苦为了什么?

第二天早上起床,他就想:爹妈那么辛苦,我以后一定多赚钱,让父母享受一些。高中生张颖开始理解父母的良苦用心了。

美国教育孩子的方式是要自食其力。小张颖也利用早晨上学前的一小时去送报纸,利用周末去餐馆端盘子,一个月能够赚200美元。“这并非生活所迫,而是一种生活方式。”

“美国最大的好处是培养了我的世界观,美国真得就像一个大炼炉,让你开眼界,认识好多朋友,这对个人以后的发展有特别大的优势。中国孩子并不比老外差,但是从小的教育方式以及环境制约没办法去认识各种各样的人。我的父母比较Open(开放),不限制我,让我从小可以接触很多人。”多年后,张颖回顾说。

职业经理人之路

1991年，张颖高中毕业，顺利升入家门口的加州旧金山大学。

进入大学，张颖尊重医生父亲的意愿，选择生物医学专业作为第一专业，“听从清华化学专业高才生母亲的心愿，选择化学作为第二个专业，虽然我对化学根本没兴趣”。

张颖一直不喜欢读书，他有一套自己的“学业平衡理论”：“我是坚信并坚持临阵磨枪，不快也光的人。只要一努力，我就可以考80多分，不会再花几倍的时间去考95分了。如果考90多分，就庆幸自己的命好，如果考到70分，会感觉绝望：怎么自己那么笨？我最喜欢拿A－，甲－。我智商不高也不低，我觉得自己情商还可以。”

旧金山大学学生张颖的四年学校生活是这样度过的：学校离家不远，吃住在家里，没有寝室生活、集体生活的回忆；和女朋友一起，每天上课、回家，循规蹈矩。

大学时代的业余生活仍然沿袭了高中时代的做法：钓鱼、打篮球、骑自行车、读书、看电视。当然，熟稔“学业平衡理论”的张颖决不会“让贪玩影响到毕业”。

1997年，张颖从旧金山大学毕业，获得了生物和化学两个本科学位，进入到UCSF/斯坦福医学院旧金山医学中心工作，这是当地很有名的一家科技公司，满足了父母的心愿。

1997年6月，美国加州州立大学旧金山分校毕业典礼

“我的工作是利用计算机软件来做基因研究，天天摆弄各种试剂，在试管里做实验，参与撰写了很多相关

的科技论文。虽然学到了很多东西而且也是一份很有趣很有挑战性的工作,但我总是觉得自己不太适合这里,因为我更喜欢和人打交道。”

Rey Banatao 和张颖是同一个实验小组的一位同事,他们也是很好的朋友。张颖经常到 Rey 家里玩,认识了他的父亲 Dado Banatao 先生。Dado 先生有时跟张颖聊起他的工作。张颖渐渐知道,Dado 先生可不是一般人物,他是一位著名的菲律宾裔的美国创业家、亿万富翁、半导体创业投资家。Dado 先生同张颖聊起他投资过的 S3、Chips&Technolopres、Marvell 等公司的故事,让生物医学工作者张颖感到新奇、刺激,他心想:“做投资这么有意思啊! 每天遇见那么多有趣的人,而且做得好还能赚那么多的钱。”

后来,对按部就班的医学研究工作日益感到疲倦的张颖开始更认真地思考自己的职业道路:“我的个性和特长决定了我不太可能成为科学家,我应该寻找更适合自己的行业和工作。”

在美国,本科生必须要在工作 2 年后才可以报考研究生。1998 年,张颖准备报考研究生。

报考哪个方向呢?

父母的期望还是像初衷那样,希望他能在医学方面继续深造。事实上当时摆在张颖面前的医学机会还是很不错的。第一个选择,他申请了 2 家医学院的硕士学位,需要 4 年另加 2 年实习,一年学费 3 万美元。第二个选择,他申请了 3 家硕博连读的医学院,毕业后授予双硕士学位,需要读 7 年。此类专业因为时间长,读的人很少,因此学费全免,另外每年还给学生 2 万美元,以示鼓励。第三个选择是张颖瞒着父母,偷偷申请报考了与哈佛、斯坦福商学院齐名的西北大学商学院生物/商学 MBA。这是一个专门为生物医学商业人士量身订制的 MBA,可以俗称为“生物 MBA”,只需要不到 2 年时间,一年学费 3 万美元,很合张颖的心思。

父母的期望自然是第二个选择,不花钱读个学位还赚钱,最后拿一个很牛的双硕士学位。

然而父母的期望没有实现。

这一天,张颖拿到了西北大学 MBA 的录取通知书后,兴冲冲地对父母说:“我想去学习商业。”他向父母说明了自己的性格和爱好等等不适合从医之类的话。当然，他也知道：总额超过 10 万美元的学费、住宿费、生活费，对于父母来说，也是一个不小的负担。最后父母还是很开明地支持了儿子的想法。后来，张颖通过学生贷款，顺利读完了西北大学的“生物MBA”。

多年后，功成名就的张颖向父亲坦白了当年的“内幕”：其实当年他报考的 6 所医学院的通知书都收到了，但是他把它们藏在他的床下，而对父母谎称说没有收到。父亲哈哈大笑，并没有怪他。“儿子喜欢什么就学什么吧。”

1999 年，张颖 MBA 毕业。当时正值美国互联网经济的兴盛时期，高科技企业层出不穷，上市神话一个接一个。张颖进入了华尔街最盛名的投资银行 Salomon(所罗门兄弟公司)，任投资银行经理。“我主要负责对互联网、软件、半导体和生命科学等领域的公司进行上市分析、重组和投资调查。父母对我的工作不是很理解，也不开心。我想我要用业绩来说服他们。”

后来，随着互联网经济的低潮，张颖所在的 Salomon 高科技投行部门业务一落千丈，被花旗银行收购，张颖继续留任，成为花旗银行下属的 Salomon Smith Barney 公司的投资经理。这期间张颖先后参与了 HP 公司的收购业务、IAsiaWorks、WEBMED、Garmin 等公司的 IPO 业务，业绩很不错，赢得了公司上司的赞许，父母也看在了眼里。

一年多后，一家猎头公司找到张颖：“你是否对荷兰银行感兴趣?”张颖希望更多的挑战，再加上更高的年薪，便离开花旗银行，于 2001 年参加了荷兰银行直接投资部(ABN AMRO CAPITAL)，任资深投资经理，主要负责寻找新的投资机会，帮助 IT、生命科学和网络公司制定并执行融资或兼并收购的计划。

然而来到荷兰银行后，待了 2 个月，一个案子也没做。“他们很保守，对高科技公司的投资一直在观望！效率太低了！”

2001 年初，荷兰银行解散直接投资部，给张颖两个选择：一是迁往欧洲创投部任职，一个是拿遣散费。“我想都没想，就决定拿遣散费离开，我觉得我是中国人，一个中国人去欧洲未必是擅长的，再说我在美国也挺好的，我的长远目标是中国。”

参加工作赚了不少钱的张颖，又喜欢上了摩托车、帆船等极限运动，他曾经与朋友合买了一条帆船。“我天生的性格就是喜欢冒险，喜欢尝试新事物。”

加入中经合，找到 VC 最爱

张颖开始通过自己的朋友圈子找新的机会。有一天，他听说美国中经合集团正在寻找一个医药方面的投资经理。“我正好有这个背景。”

荷兰银行办公楼的一路之隔，就是美国中经合集团（WI Happer Group）的总部。“中经合”由美籍华人、著名创业投资家刘宇环于 1993 年创立，虽然说在美国不是最顶尖的本土 VC，但是中经合在中国及亚洲市场做得非常好。张颖也早有耳闻，他很想尝试中经合医药行业投资经理的机会；另外，他从中经合身上感到了浓浓的中国情结，这也是让他难以忘怀的。

张颖并不认识中经合的人，他就给中经合发了一个求职 e-mail。没过几天，他被要求过去面试。

在中经合会议室里，中经合的一个主管问他：“David，你在简历中提到 Dado Banatao，你认识他？”

张颖说：“他是我的一个好朋友的父亲，我以前经常去他们家玩，他给我讲起过他投资的故事。”

第二天，张颖被安排和中经合创始人刘宇环先生见面，张颖详细地告诉他和 Dado 先生的缘分。刘宇环对张颖说：“我跟 Dado 也是多年的老朋友，认识十几年了。”

2001 年 2 月，张颖顺利加入中经合集团，任投资经理。

“后来，Dado 先生也知道我也做 VC 了，他的儿子 Rey 读了健康专业的博士，我们一直保持着联系。”张颖后来说起。

多年以后，别人问起张颖的这段经历，他总是诚恳地说：“找到自己想做的工作并不是一件容易的事，有可能这条路比较漫长、比较曲折。我自

美国中经合集团北京办公室全体成员

己也是工作了6年，从生物医学研究、MBA学习，到投资银行，才找到了自己最喜欢的创业投资工作。对我来说，这才是真正的开始。”

他北京的同事梁热说：“David通过自己在美国的实践，经历过多个工作，知道自己的兴趣点在哪儿。只有做过了，才知道。”

“这一点跟中国的大学生不一样。在中国的大学校里，很舒服，花钱大手大脚，花前月下，谈情说爱，没有什么社会实践，至于毕业工作，到时再说。David就不一样，他在美国上大学要去打工，一方面是为了赚一些钱，这是一种生活方式，另一方面主要是一种历练，一种对社会的感知。”梁热说。

“坚持自己的理念，努力地做自己想做的事情，总有一天会做到喜欢的工作，才会发现自己的真正优点，不要放弃。”就这样，张颖开始了在中经合的创业投资历程。

2001年，张颖加入中经合没有多久，美国互联网经济泡沫破灭，高科技资本市场陷入低迷。张颖参与投资了Celestry、视频压缩技术公司Divx等项目。后来，Celestry成功被并购退出，Divx于2006年9月成功上市，获得40多倍的回报。

有一天，张颖的上司黎曼对他说："David，你知道，中国市场开始好转了，我们在中国的业务需要加快进展。你是否对北京感兴趣？"

张颖知道，中经合早在1997年就进入中国市场了，在北京设立了办公室。由于中国市场不成熟，中经合的北京业务没有大的起色。

张颖自来到中经合近一年的时间里，工作刻苦，做事利落，业绩很好，深得上司及老板刘宇环的高度认可，自己也有如鱼得水的感觉。他想："中国，我已经有15年没有回去了，也不了解具体情况，我能怎么样？"张颖不是很愿意。

第二天，董事长刘宇环对张颖说："董事会分析认为，你工作能力、学习能力、适应能力都比较强，决定提升你为副总裁，负责北京办公室。先派你去北京，只需要待半年，不喜欢就回来。"张颖明白了董事长的意思。

"我其实不想回来，我在美国干得好好的，是他们逼我回来的。"张颖多年后，对朋友笑道。

2002年里，张颖开始了旧金山和北京之间的旅行。"这一年里，我回来过好多次，主要是探亲。"探亲是真，而借探亲的机会深入了解中国，也是真。

2002年底，张颖正式驻扎北京办公室。"我在公司附近的国贸蓝堡，买了一居室的小房子，先住着，如果感觉不好的话，好撤退。"张颖笑道。

第一个半年的实践，"感觉中美差别太大了，我什么都不懂。"张颖来到北京时，正是冬天，常年生活在旧金山温湿海洋性气候中的他很不适应。与北京干冷的冬天相呼应的还有中国投资市场的"寒冬"。张颖有时也出没在一些投融资会议里，半个人也不认识，他只好用英语表明他是个"海归"。如果他说汉语，根本没有人搭理他。

他向总部提出：我不喜欢，我要回美国。

总部很为难地答复他："再坚持半年。"

让"海归"张颖苦恼不解的是，以前他认为做VC就应该低调，而在北京，全变成像叫卖大白菜似的了。他原认为应该的，在北京，全变成不应该的了；以前他认为行之有效的路子，在北京，全变成"禁止通行"了。看来，他还没有学会入乡随俗。虽然他在中国长到14岁，但是毕竟在美国如鱼得水般地生活、工作、思考了15年，重新“入乡随俗”，难！

第二个半年过去了，他仍然向总部提出：我不喜欢，我要回美国。

总部仍然婉言劝他：“再试一下。”

张颖又迎来了2003年北京的冬天，这是他在北京度过的第二个冬天，也是中国互联网的第三个冬天。这个冬天，张颖感觉不是太冷。

11月的一天，张颖和同事左凌烨相约一起去爬箭扣长城。左凌烨是北京办公室最早的员工，他有恐高症，张颖陪着他，手脚并用往上爬。站在古老的长城之上，张颖长长吁了一口气：自从回国一年多来，创业环境不是很好，他和同事投了几个海归创业的项目感觉很失败。痛苦、压抑、不开心就是他一年来的“主旋律”。

“站在古长城上，感觉神清气爽！”他对左凌烨说：“我突然对工作有了一些新的感觉！”

有这样一个柳暗花明的历史故事：公元前240年的一天，为解决古希腊叙拉古赫农王的王冠含金量难题，大科学家阿基米德冥思苦想不得其解。一天，他去洗澡，当他坐进澡盆里时，看到水往外溢，同时感到身体被轻轻托起。他突然顿悟：可以用测定固体在水中排水量的办法来确定金冠的比重，从而检验王冠的含金量。他兴奋地跳出澡盆，连衣服都顾不上穿大喊着跑了出去：“找到了！找到了！”

从古长城上下来没多久，张颖的“新感觉”也在一块电梯间里的广告屏上“找到了”。

发现江南春

2003年11月，张颖去北京Soho现代城拜访客户，在电梯里他无意中发现了一块电视液晶屏广告。“这是一种新颖的多媒体广告，挺有意思！”职业的敏感使张颖意识到这是一个很有创意的商业模式。他凑上前去看液晶屏下边的LOGO：Focus Media分众传媒。他立即返回公司，决定研究一下该公司。

张颖的团队对当时中国市场从事这种新媒体业务的公司及市场进行了分析，排除了同类业务的框架传媒，将目光锁定行业第一名的上海分众传媒公司。

2003 年 12 月 9 日，同样是上海的携程旅行网打破了自 2001 年以来的中国互联网坚冰局面，一举登陆 NASDAQ，传统行业投资成为业内瞩目的焦点。

张颖感到，中国互联网的第二个春天就要到了！他加快了分众传媒项目的进展。

24 日下午，分众传媒的 CEO 江南春来到了中经合集团北京办公室，与张颖的投资团队聊了 3 个小时。

张颖了解到：作为创始人的江南春在媒体行业有超过 10 年的经验，江南春用自己的资金启动了这个项目并开拓了市场。3 个月前，软银中国为其投入 50 万美元，很快就“烧”完了，刚盈亏平衡，当年收入 300 万美金。市场竞争开始出现，扩大规模所需资金严重短缺。

当时分众商业化运作只有半年，张颖对分众传媒超常的发展速度和很强的销售能力及执行能力格外欣喜。第一次会议后，双方的感觉都很好。北京团队立即行动，向美国总部报告并积极进入尽职调查阶段。

值得一提的是，中经合分别在中国台湾、北京、新加坡及美国设立办公室，这样的组织结构使中经合对美国、中国台湾的新业务新技术发展及时掌握，因此对中国的新业务模式能够做出快速反应与比较，并能帮助中国公司提前分析并定位自己的发展方向，这一独特优势在分众传媒项目上发挥了至关重要的作用。

在与美国总部的沟通过程中，中经合发现美国也有同类商业模式的公司，如 Captivate Network 和 PRN(Premium Retail Network)，这些公司主要进入美国大卖场等领域，已经取得很大的成功。这些研究坚定了中经合的投资决心，对分众传媒的投资很快进入了决策阶段。

虽然接近春节，北京投资团队一刻也没耽误，以最快的速度进行了投资前的准备工作，但项目的批准还是遇到了阻力。中经合一直以来注重新技术企业创新投资，企业是否具有领先的技术是判断投资与否的重要标准，分众传媒是商业模式的创新，是新技术应用的创新，但在具体的技术开发及技术成果方面并不具备很强的优势。张颖和投资成员研究认为，这是中国特有的情况，需要公司在决策上有所突破，有所创新。

张颖立即决定：请中经合董事长刘宇环到北京来进行实际考察，以利尽快做出投资决策。

董事长刘宇环一到北京，从机场开始，张颖就对该项目的情况进行详细报告，特别强调中经合集团因有独特的技术知识及资源，可为公司未来发展提供附加价值。

刘宇环对项目有了进一步的认识，马上安排时间与分众传媒创始人江南春见面。性格开朗豪爽的董事长与诗人气质的创始人进行了坦诚愉快的沟通，双方惊喜的发现在很多理念上彼此竟不谋而合。面对面的沟通使刘董事长对公司的业务及管理团队有了深入的体会和了解，为最终决策投资打下了坚实的基础。

张颖和美国中经合集团董事长刘宇环的合影

接下来刘宇环又与分众传媒项目领头投资机构鼎晖投资进行了会谈，鼎晖合伙人充分肯定了中经合投资团队在分众传媒项目尽职调查中所起的作用，双方决定共同投资。

通过进一步的会面，其他投资方也了解到中经合集团本身的资源及能力可为投资项目增加更多价值，各投资机构在各方面的资源可以形成有效的互补，有利于投资项目的快速增长。2004 年春节前，中经合对分众传媒的投资基本确定。

4 月底，中经合联合鼎晖及其他投资者一起向分众传媒注资 1250 万美元。这是分众传媒的第二轮融资，正是这轮融资使分众迅速在全国的主要城市大规模扩展，为确立其在中国领先的市场地位打下坚实的基础，也为6个月以后更大一轮的投资创造了条件。

6月,中经合为分众介绍了Intel、家乐福等作为战略合作伙伴,这些合作伙伴对于分众的业务拓展起到了关键作用。例如,Intel由于与诸多电子产品制造商合作,在广告媒体的渠道选择上有重要影响,与分众传媒的合作迅速帮助分众扩大了客户群体。

为加强分众的管理能力,中经合集团帮助分众团队培养人才,聘请人才,特别是帮助分众寻找到了合适的财务总监。

在张颖的投资建议下,分众董事会认识到公司的发展必须与其他同类企业进行联合,兼并收购是分众快速发展的主要方向。2004年9月份,董事会首先确定的目标是与中国最早、也是最大的从事网络广告软件研发的好耶公司探讨合并可能性。中经合集团代表分众董事会对好耶公司进行尽职调查,提供了充分详细的报告。由于好耶公司认为两家公司均有独立上市的空间,决定独立上市。这项合并当时没有完成,不过为后来的第二次最终合并收购打下了良好的基础。

2005年7月13日,分众传媒在NASDAQ上市,当日股价一度上涨到20元,市值近10亿美元。从0到10亿美元,分众用了仅短短3年时间。

2006年2月底,分众传媒的股价更是一度超过50美元,公司市值超过20亿美元。从上市算起,半年内分众传媒的股价已上涨3倍,为投资者创造了超值的回报。中经合在分众传媒的投资回报超过20倍,赢利数千万美元。

如同雅虎、Amazon、Google之初,分众传媒无疑是一只令无数创业投资家激动和梦寐以求的猎物。分众的成功成为中经合众多投资中的一个典型案例,奠定了张颖在中国创业投资领域的地位。

然而,君子不掠人之美。张颖不止一次地在公开场合表示:“分众的成功,95%以上都是因为江南春跟他的团队,在真正的所有投资分众传媒的VC或者个人投资者里面,只有极少数的人发挥了一定的作用,比如说软银中国的于蔚(后创立维众创投),在后期是当时的天使投资者沈南鹏(现红杉中国基金创始合伙人),其他的,我觉得都是顺风车,它的成功完全取决于他们自己团队的销售能力,对市场的敏锐度,我们很有幸参与这个投资。”

目前，中经合并没有完全从分众传媒中退出，对分众传媒的支持与合作一直延续至今。早在投资初期，张颖和团队成员就已了解到美国同类公司已进入大卖场，因此一直在积极帮助分众制定进入大卖场的战略。2005年9月，分众决定进入大卖场市场，张颖介绍了全球最大的电脑显示器生产商AOC冠捷科技和分众认识，为分众提供PDP等离子电视，帮助企业掌握最新产品，并进一步降低分众的投资成本。

“不投资海归”风波

投资分众传媒的成功，让张颖更加坚定了钟情于投资江南春那样的本土团队。“本土团队一句英文都不会说也没关系！他们更了解市场，熟悉本土人情世故，更擅长团队作战。”

只有张颖内心知道，他得出的上述结论与其说是经验的总结，不如说是失败的教训。

早在2002年底，刚刚进入人生地不熟的庞大中国市场的“海归”张颖，最先青睐的自然是海归创业团队。

正如上文中谈到，回国一年多的时间，他发现中经合以前投了几个海归创业的项目，事实上最后却很失败。

这样一种实际结果，促使张颖总结案例失败原因，百思而求其解。别忘了，张颖自己也曾经是一名水土不服的“海归”。张颖从自身的经历中感同身受地认识到了中经合过去投资失败的偏差所在：“这真是葫芦僧判断葫芦案！”

张颖认识到：“一般而言，‘海归’团队更侧重于一种惯性的国际思维模式，这在国内很多时候很难行得通，海归通常不了解中国国情，执行力不够；海归对创业的期望值通常都太高了，不现实，有点好高骛远，而且从国外回来的人往往个人成本会比较高，不像本土团队那么踏实；虽然很多海归崇尚技术，但在管理、市场敏感度方面比较欠缺。因此，海归创业企业很难取得突破性的发展。”

至此，张颖算是给投资“海归创业”下了“禁止令”！

2006年12月初，在北京清科公司举办的一个VC论坛上，张颖就此发表了他的看法：“我们不投资海归，除非你回来4年以上。我们希望投资的早期公司是非常本土的创业团队，在以后的将来我们会慢慢加一些海归的管理团队，但最终的主导创业还是本土。”

张颖这几句坦诚率直的话，很快就在网上和其他媒体上以“不投资海归”的标题刊发出来，引起了很多“海归”和媒体的追问。

随后几天里，张颖的手机、电子邮箱、电话就接到了铺天盖地的短信、邮件：“你为什么不投资海归？”“你为什么这么说？”“你说话怎么这么冲？”

2006年12月22日，张颖在新浪访谈中这样回答道：“我觉得是这样子，自己坚信的东西那就表达出来，我们真的是这么做的，这是我们的投资理念。我觉得一个公司如果要成功，在某种程度上要有自己的风格，有自己想做敢做的事情，在中国要有10年以上的经验积累。我们觉得今天在这个端口上，从中经合或者再深一步从我个人的角度来说，本土的团队优势要远远比刚回来的海归要强。”

在一贯奉行沉默是金的VC圈，张颖的发言可以称之为“另类”。

2007年5月30日，“不投海归”的始作俑者张颖在自己的博客中写道：“用我们北京办公室同事的话来讲，我是有些‘语不惊人死不休’了。但这就是我的性格，在我看来，唯有真诚、直接的沟通和交流才是对创业者最大的尊重。”

然而张颖并非对“海归创业者”一律“封杀”。2006年9月，张颖投资了MAPBAR，这是一家电子地图服务提供商，创业者恰恰是海归，不过是“已经回国超过4年，经历过创业失败，并从失败中熟悉了中国市场”的海归。

MAPBAR的成功投资一例，让张颖稍稍修改了自己“不投资海归”的禁令。他在博客中写道：“我们现在更倾向于将这个标准微调为‘不投没有本土经验的海归’，我们要求海归创业者至少回国两三年以上，如果拥有本土的创业经验——无论成功或者失败——就更有说服力……尽量不让先入为主的心态影响自己的判断。中经合现在会以一种更加开放的心态面对所有有创业梦想的人，海归也好、土鳖也罢，你一定要是中国最熟悉自己这门生意的人。”

VC生活揭秘

在普通人眼中，VC为人处世低调，外表光鲜，派头十足，一举手一投足，上千万美元便出手了，显得神秘。事实如何呢？张颖的工作又是怎样的呢？

中经合投资经理梁热说：“有一次，大约晚上11点多了，我在MSN上看到David，我就问他，还不休息？他说早着呢，正在发e-mail。一会儿，他不见了。凌晨1点多，他又出现了，我问他，你怎么又回来了？他说11点多出去开了两个会，刚回来，再发几个e-mail。这是他很典型的一天。”

2007年5月30日，张颖非常老实、近乎流水账似的写了一篇博文，记录了他普通一天的工作和生活，详细刻画了一位海归VC“夜以继日”的心路历程。节录于此，可见一斑。

我的VC生活（有删节）

——记我的一天

2007年5月30日

7:00 起床

“一日之计在于晨”，但早晨对我来说是“痛苦”的。我是典型的夜猫子，凌晨一两点钟睡觉是对我生物钟的完美匹配（借此机会，也希望创业者多多理解，约我开会最好把会议时间往后拖一点，呵呵）。可今天早上9点钟有我们公司全球合伙人每周例行电话会议，必须8:50前赶到公司，在经历一番意志的磨炼之后，我7点多就挣扎着起了床。

大概看了一下今天的既定安排，当然，每天都可能会收到一些“临时紧急通知”，因此一天的安排基本上也处于一个动态的变化中。但有一个原则：我们已投资公司的事情永远是第一位的。如果不是特别紧急的事情，我也不会轻易改变日程。

9: 00am ~10: 30am 公司内部合伙人会议

我们美国、中国台湾和北京三个办公室每周都会开电话会议，讨论已经投资的公司的业务发展状况，有什么好消息或者遇到什么困难，中经合能否提供帮助等等。同时，不同的办公室会把各自看到的新的好项目和投资委员会分享，并征求合伙人的意见，看看是否需要跟进或者决定投资。中经合全球的团队有着各种不同的专业背景和资源，大家会开诚布公地阐述自己的观点，尽可能对项目是否适合在本阶段投资做出准确的判断。作为北京办公室的负责人，我感到特别愉快的一点是：美国和中国台湾团队对我们北京的团队非常信任，相信我们对中国本土创业者的了解和对中国市场的认识，尊重我们的决策。这使得我们确保可以投资那些我们真正看好的中国本土的优秀创业企业。我一直觉得，只有这种体制才能使一家国际化 VC 在中国取得长远的成功，我也一直为中经合拥有一个源自中国、扎根中国的投资团队感到自豪，对公司未来的发展充满信心。

10: 30am ~11: 30am A 公司的融资计划会议

接下来的会议是和我们投资的一家公司（暂称 A 公司）讨论他们下一轮融资的事情。我们投了 A 公司大概一年多的时间，前段时间刚刚完成了一个大的并购，在行业内已经具有较为明显的领先地位。

这个并购，前后大概花了半年的时间，我和同事参与了很多，我的一个同事几乎花了 1/3 的时间在这个事情上，因此少看了不少新项目。记得当时我们还专门开会讨论：是不是花的时间太多了？说实话，感觉稍有点儿多，但讨论结果是：一如既往。话说回来，A 公司对我们也帮了很多的忙，比如说，常有国外的同行或朋友想参观 A 公司，而不管接待过多少次，公司的同仁们总是以 120% 的热情给国外朋友耐心的讲解公司的发展历程，介绍中国的相关行业和市场状况以及和国外的区别，分析公司的发展前景，让我们的朋友满意而归。A 公司创始人以前有过成功的创业经历，而且到现在一直保持着那份执著的创业劲头。不止一次看到他的 e-mail 是凌晨 3 点钟发出来的，睡得比我还晚。上一次我们陪他去美国谈一些业务合作的时候，他居然在饭桌旁坐着睡着了，我同事还给他拍了这张经典的照片。值得欣慰的是，A公司和我们的辛苦没有白费，公司正在朝着既定的目标前进。

11：30am～12：30pm B公司“饭局”

中午的饭局是与一家跨国公司中国战略投资主要负责人和我们投资的另一家公司(暂称B公司)的老总边吃边探讨双方的战略合作。我与这两位已经是朋友了。做我们这一行的，有机会接触到各行各业的精英，因此也有机会结交很多朋友。

虽说是“饭局”，其实是在办公室叫的盒饭。我中午很少出去吃，怕浪费时间，而且吃对我来说不是很重要。有时候怕委屈朋友，会到我们公司楼下找个餐馆吃，好在朋友们也大都不在乎这个。

12：30pm～4：00pm 看新项目

下午有三个会。前面两个会是和两家不同的VC一起看项目。

第一个项目，创业者是几个年轻人，大学毕业时间不长，很有冲劲，商业模式也可行，不过公司要赢利可能需要点时间，属于相对早期的项目。我们两家VC都觉得不错。

第二个项目，是另一个VC介绍来的。我看了一下，觉得有很多问题。我把想法直接在会上提出来，可能需要对这个项目再多观察一段时间。

我们和几家VC关系很好，大家能够形成一种默契，经常会一起看项目。如果大家都看好，就一起投。我们过去投资的项目中，有好几家是和别的VC共同投资的。共同投资，创业企业可以同时分享两家甚至更多家VC的资源，发展也会相对更加顺利。但这里有个前提，就是共同投资的VC之间关系要融洽，观点要基本一致，否则反而可能会阻碍公司的发展。

我们每年看上千个项目，最后投资的只是几个，绝大部分项目不会投资，但我们试图和每一位见过的创业者成为朋友。毫无疑问，创业者在他们从事的领域中是专家，每次会议，我们都能够从创业者身上学到很多东西。我们也会从投资者的角度给创业者提出一些中肯的建议，比如有些创业者过分专注于技术，在商业模式上想的不够清楚；有的创业企业在团队的搭配上不合理，缺少懂市场或懂运营的人。即使是不投资，我们也会和很多创业者朋友保持着联系。很多时候，这些创业者会在半年或者一年之后带着新的想法再来找我们，有些还真的有突破。

下午第三个会也是和一名创业者见面。这个创业者之前和我同事联系了好长时间。我觉得这家公司的情况和我们的投资理念有些出入，但和我们已投资的公司可能会有业务上的互补，我们会介绍他们和我们已投资的公司认识。

4:00pm ~6:30pm e-mail 和思考时间

这个时间是处理 e-mail 的时间。差不多每天都有 100 多封 e-mail 要回复。我读写都比较快，习惯抓重点，实际上也没有太多时间去读一些长篇大论，这也是我们，包括其他很多 VC 为什么希望创业者在写商业计划书的时候要尽可能的简洁，最好能用几句话就说清楚要做的事和竞争优势所在。

除了写 e-mail，我也经常会利用空余时间静下心来理理思路，特别是对一些比较重要的事情。我觉得这种思考是很必要的。

7:30pm ~8:30pm 迟到的“晚宴”

晚饭约了一位朋友，也是为了我们已投资公司的业务拓展。本来约的 7 点，结果车子被“困”在路上，不到 5 公里的路程，用了将近 1 个小时，7 点 30 分才到。每逢这个时候，免不了要牢骚一通，但同时也在想，这里面会不会有创业的机会。

9:00pm ~11:00pm 打篮球

饭后，我们一起赶往公司附近一个健身俱乐部，我们公司每周会组织在这家俱乐部健身，运动项目可以自由选择，网球、羽毛球、乒乓球、台球、篮球都行。我最热爱的是篮球运动，虽然打得不算太好，但我却乐此不疲。因为在打篮球的过程中，可以体验团队默契的配合，感受“战友”们顽强的拼劲，置身全力竞争而又“fair play”的氛围，享受完全放松的心境，练就健康的体魄。

我们每次约定打球时都会通过e-mail或者短信通知，通常是谁有空谁来。最夸张的一次，一共来了30个人，我们只订了半场，还好另外半场没人，结果我们每个半场组三个队“四打四”都还要轮番上阵。

我们这帮球友水平还真不低，每次打的都挺激烈，虽然球场下是朋友，球场上可是每球必争，这也正是乐趣所在。现在篮球已经成了我生活中不可缺少的一部分，每次开会碰到爱好篮球的朋友，我都会邀请他加入我们的队伍。

24:00am ~2:00am 和两家已投资公司老总开会

打完两个小时的篮球，已经是晚上11点多，我回家冲了个澡，又出去和两位我们已投资公司的老总聊天，分析他们最近业务发展过程中碰到的一些问题。凌晨2点，是美国旧金山时间中午11点，我和美国办公室通了电话，讨论我们一家投资公司上市后的股票和运营状况。

2:00am ~9:00am 睡觉休息

一天的工作差不多结束了。有点儿困，也挺累，但是很开心，很有成就感。真的是很喜欢我的工作，也希望中经合能够在我们团队的共同努力下成为中国VC行业最好的品牌之一。

无论如何，要先好好睡一觉，明天准备9点钟起床。

在中经合北京办公室里有一张小沙发，张颖经常晚上就在那儿睡。“这是大家看不到的。大家都看到VC光鲜的外表，实际上谁累谁知道。VC，就是一份工作，很辛苦赚钱的工作，一点都不神秘，也不是什么大爷，也不是什么牛逼股东，创业者才真正牛逼。我们投钱是要赚钱的，我们靠什么赚钱？我们就是要靠创业者。”张颖说。

2006年，对于张颖来说是收获的一年。分众传媒项目成功退出，获利数千万美元。融资也取得历史性突破，年底，中经合第六只基金1.35亿美元募资完成。“该基金将有70%投资于中国市场，另外30%会考虑投资美国、欧洲等地区。”与上一只基金不同的是，张颖全面参与了基金的募集。该基金的LP主要包括美国知名大学基金、退休基金、中东地区的政府投资等,其战略投资者还包括西门子、IBM 和北电等世界知名的 IT 公司。战绩卓者的张颖在 LP 那里赢得了良好的口碑。到 2006 年底,该基金已经投资了 3G 门户网、爱康网、Verisilicon、家居易站、Mapbar、全景网等 6 家公司,“预计有几家公司在 2007 ~ 2008 年能够上市。”张颖说。

“土海归”的理想

张颖在自己的博客中写道:

“回想起来,我 5 年前来到中国的时候,几乎什么人都不认识。现在,光我手机上存储的名片就有几千个,包括政府部门、中国优秀民族企业、世界 500 强以及创业企业等各方面的朋友,其中不少朋友一直保持着很好的关系。在我们和每一个被投资企业共同成长的过程中,从政府部门对高新技术企业政策上的扶持,到跨国集团与创业企业在业务上的合作,无不包含了朋友们的支持。我的性格属于比较直的,说话办事都比较直接,容易得罪人。但我想,我之所以能有很多的朋友,很大程度上也正是因为我的坦诚,我始终认为,要把自己的想法表达出来,这样更容易沟通。

“刚来中经合的时候,可以一门心思地做投资,比较简单。现在作为中国区的负责人,除了投资,还要考虑融资、管理、团队的建设、公司的发展战略等很多事情。我经常把自己的事业也当成是一种创业,实际上确实有很多和创业者同样的挑战和体验。”

在 2005 年之前,中经合北京核心团队就只有张颖和左凌烨两个合伙人。“2005 年,熊伟铭、陈少晖来了,2006 年,万浩基、魏平、梁热加盟,2007 年,王青云、方元、胡海清加入团队。”至此,历时 2 年 10 个人的核心团队基本建设完成。这是一支年轻、激情、默契、向上的团队。

在张颖的同事和朋友们中间,你要问他们一个问题:David 是海归吗?他们会一时不知怎么回答。因为在朋友们的眼中,张颖既是一个海归,又不是海归。“需要他摆出海归资态时,他比谁都洋味十足,因为他毕竟在美国生活了 15 年,人生中最黄金的时光都在美国;说他不是海归,是他比很多海归都了解中国本土。”同事梁热说。

“我现在跟一个外国人聊天没问题，但是聊不深，为什么？文化差异。在这一点上，David 就做得好。他既了解美国文化，也了解中国文化。说真的，他去美国时才 14 岁，还是个孩子，没有在中国读高中和大学，了解中国文化是有限的，但是他回来后，很认真地去学习，去补课，了解得非常深。在某些方面，甚至比起我们这些在中国受过高等教育的、土生土长的人还了解得多。”梁热感慨地说。

张颖的学习沟通能力得到了同事们的一致称赞。“董事长刘宇环很喜欢 David，欣赏他沟通能力强、雷厉风行的工作方式。”梁热说：“我很佩服他的是，他真正开始了解中国，是从美国回来后，这么短的时间内，他学习得特别快。当然也走了很多弯路，一开始也没有信心，慢慢地就在投资中找到了信心，特别是分众传媒项目。”

在 VC 圈，有很多人认为，VC 是一个个人英雄式的工作，是一个单枪匹马的工作。但是在中经合北京团队里不是这样的。“我们是一个团队，David 经常很虚心地听取我们的意见，虽然他经验比我们丰富的多。我刚来时，做 MAPBAR 的尽职调查，我没什么经验，他却很耐心地听我说一些我认为的风险因素。他很尊重每个团队成员的意见，对人的优点和缺点都比较了解。对于每个案子，只有团队每个人都同意了，才会投，只要有一个不同意，都会坐下来讨论，继续研究。”梁热说。

张颖不喜欢自己手下的人很“拽”。“不管是投资项目，还是在吸收团队成员时，虽然经验、经历也重要，我们最看重人品。”去年张颖招聘分析师，进入面试的有几十人，要么是从投行来的，要么是咨询公司来的，很多人都觉得自己很牛。最后张颖挑了一个刚从南开大学毕业的学生。“我觉得他踏实、仔细，可以慢慢地去发掘。我不喜欢那种自己觉得很牛的人。”张颖说，这个“学生”就是梁热。

“David 不像有些海归那样，眼睛长在脑袋上，被宠坏了。David 结交了很多中国本土的朋友，这对于一个海归来说，非常难得。这一点，恰恰是在中国做创业投资必不可少的。你说你很有钱，我来投资你，两人搭讪说了很多，但都不是真心的朋友。一个海归必须本土化，一个海归如果不知道世态炎凉，不知道中国老百姓过怎样的生活、心里是怎么想的，怎么能跟人沟通？”梁热说：“他为什么能够跟中国本土的创业者关系特别好，这跟他在美国和在中国的经历是分不开的。因为他在美国，在中国，过的都是普通老百姓的生活。”

2007 年 5 月，北京团队一行人去中经合美国总部开会，张颖顺便邀请同事们到他家中做客。

出了旧金山飞机场，在机场附近一个小吃店吃早饭，旁边停着一辆很漂亮的摩托车。张颖对同事们说：“我大学时也有一辆这样的摩托车，那时经常飙摩托车，不喜欢开小汽车。”

一行人乘车行使在高速公路上。张颖突然看到有人在路上飙摩托车，超过 150 迈，指着远去的车影对同行的伙伴们说：“看，我以前就是这样子。”

有一次，张颖带同事们去一家美国餐馆吃饭，“David 对那些服务生很尊重，很客气，跟他们聊天什么的，因为他在美国的快餐店打过工，知道打工者的辛苦，他给小费很慷慨，这让我们很感动。”同事梁热说，“在中国，出去吃饭很少有人跟服务员沟通，一种普遍的心理是：我出钱我就

是大爷。”

张颖的家离海边很近，沿海边公路开车，拐上一个小坡就到了，一座很漂亮的别墅。

张颖家中的装修风格透出浓浓的中国特色。梁热指着一幅麋鹿的特写，问张颖的父亲：“叔叔，你这张画是从哪买的，真漂亮！”

张父：“不是买的，是我自己在黄石公园里拍摄的。”

在张颖家中，梁热与已经退休的60多岁的张父和快要退休的张母聊天，谈摄影、艺术、故土情怀、家庭趣事。

张父说：“虽然David在美国这么多年，高中、大学、工作，人生观价值观形成都是在美国，但是他还是有很深的中国情结，尊老爱幼。David在中国工作，不常回来，但是经常打电话，劝我们早点儿退休。”

听着张颖父母讲张颖过去的一些琐事，梁热感到：张颖也没什么背景，普通的知识分子家庭，靠的就是努力的拼搏，把握机会，才得以成功。

“晚上，我从来不会睡不着觉，再大的事情，即使几千万的单子，我也能倒头就睡。我觉得生意其实就是一场游戏，而家庭、友谊、朋友这些才是最重要的。”张颖说。

张颖心中还有一个未来的愿望，他曾对朋友说：“像我从中国到美国，从一个淘气孩子到今天做喜欢的工作，这种经历是很幸运的，我要专注做好今天的工作。再过5年或者10年退休以后，就去做慈善事业，比如做半营利性质的微型贷款，去帮助边远山区的村民。尽管有些人认为这不足为道，但总有一天他们会看到结果的。我要继续用自己的方式去做我自己喜欢的、有意义的事情！”

◉ 徐新的经历向人们证明，她做什么都是把好手。好手就该做那些最富有挑战性的事，于是她从中国银行营业部到普华永道会计师事务所，从香港百富勤到荷兰霸菱，先后造就三位中国富豪。创立今日资本，最辛苦时，一天跑了三个国家，新时代的巾帼英雄！

徐新：创投基因女传人

徐家的创投基因

1980 年初，重庆大足县，一户徐姓普通家庭。

这户人家的男主人是当地国营汽车制造厂的厂长，几乎每天晚上都有工人干部到徐厂长家来拜访，有人谈产品质量，有人谈技术，还有人是来要求分房子的。这时厂长十多岁的女儿就坐在边上听，当然听得有些还不太明白，等到来人一走，小女孩就赶紧去接着问父亲：什么是产品质量？为什么要分房子啊？企业怎么招人？那么多工人怎么管理？怎么把汽车卖出去？生意是怎么一回事？……

夜已经很深了，这时，女孩妈妈走过来提醒：已经半夜了，该睡觉了，明天还要上学呢！然而父亲谈兴正浓，女孩意犹未尽……

这是发生在二十多年前，20 世纪 80 年代末的重庆徐家每天晚上的场景。

这个女孩就是徐家的女儿徐新。

徐家这样的聊天场景，随着徐新高中毕业考上大学仍在继续……

几乎是与生俱来的对经商的兴趣，对创业的梦想和敢为人先、不服输的性格，影响着徐新的人生选择。以至于后来，有一个电视台的主持人问她：

"你从小就是一个很懂事、很早熟、成绩很好的学生吧？"

徐新说："没有，我正好相反。我小时候其实每次成绩都不好，小学成绩也挺一般的，我的好朋友都当班长，我什么长也没当过。小时候就喜欢玩，但关键的考试都能冲上去。小学考初中我拼命冲了一下就考了个第八名，那个很关键。因为我就读的那所从小学到中学的子弟学校，现在想来挺没有人性的，就是把所有的学生按成绩分成四个班，最好的学生全在一班。到了二班，已经大多都不读书了。经常是老师在上面讲课，学生在下面聊天、看小说，什么样的都有，就是不读书。这老师后来在黑板上写一行字——乌合之众，然后扬长而去。我所在的一班还比较好，一班就是几十个苗子吧，我在那边成绩也不是很好，经常逃课呀什么的，不是特别爱学习。"

……

伴随着平日里与父亲的聊天，转眼徐新就初中毕业该填报志愿了。当时徐新和同学们面临着同样的三种选择：第一是考高中，将来的目标是上大学；第二是考中专；第三就是考技校。徐新的大部分同学都填了技校和中专。"因为我们那个子弟学校。你知道那个质量也是挺一般的啦，就是说考上重点高中也不是那么容易。”然而，学习成绩并非优秀的徐新，却破天荒地填写了“高中”，在同学包括好朋友当中引来了一片嘲笑声：“哎哟，我们都很有自知之明，我们成绩不好，都不会去写高中的。”连徐新妈妈也很惊讶：“哎哟，你怎么填高中，你怎么不报技校啊，技校多好啊，每个月还能发 16 块 5。”

但是徐新的举动赢得了父亲的支持。为了考上理想的高中，父亲为徐新请来了几个家教，恶补以前经常逃课的物理、化学等几科，考试时徐新终于一下子冲了上去，考上了位于重庆的四川省重点高中——南开中学。

后来，徐新又从南开中学考入了南京大学。

从中国银行到香华永道

1987 年，徐新从南京大学外语系毕业后，被分配到北京的中国银行总行。

初到北京的徐新，当了营业部一名普通职员。在绝大多数人看来，这是一个人人羡慕的铁饭碗：每天做着登记、复印、盖章等轻松有序的工作。

如此刻板、几乎没有创意的工作，徐新努力把它做极致。从不迟到早退，工作特别认真对待，不到一年，争强好胜的徐新就从 3000 多人中脱颖而出，成为 3 名“三八红旗手”中的一位，之后又被提升为副科长。

1991 年，一个机会降临在了徐新面前。

这一年，中英两国政府计划联合培养一批注册会计师，中国政府准备从金融系统中挑选一些具备发展潜力的年轻人作为候选人去参加英国注册会计师考试，而中国银行总行把参加考试的机会给了徐新。从接到通知到参加考试，只有短短两个星期，徐新再一次拿出了高考的劲头，夜以继日地背诵会计书上的内容。虽然她没学过会计，但是她在大学时学的专业外语帮了她的忙，她幸运地以第二名的身份拿到了等待已久的机会，进入第二轮考试。

5 月，在南京黄埔饭店，徐新和许多来自银行和大学的候选人一起等待着来自全球知名会计师行的测试。如果这一轮的测试通过，他们就将被

送往香港，进入六大国际会计师事务所的其中一家，进行为期3年的工作实习，而如果在接下来的3年内能通过18门专业课程的考试，就将成为正式的英国注册会计师。

到外企工作，拿英国注册会计师证，就等于拿到了跨国公司通行证，未来的路既新鲜刺激又充满了挑战，这很符合徐新的胃口，关键就看接下来的测试关能否通过了……，当徐新走到专为考生准备的自助餐前的时候，她还不知道眼前自己从没见过的自助餐到底应该怎么“吃”。

最终徐新再一次地通过了测试，如愿以偿。于是，她前往香港，进入世界六大会计师事务所之一的普华永道公司开始为期3年的实习工作。

从北京到香港，徐新一下子进入到一种紧张快节奏的工作状态之中。

初到香港，满耳是听不懂的广东话，这对于徐新要做的、靠整天混在本地人当中才能完成的审计工作来说，无疑是个障碍。以前在中国银行准点下班的日子一去不返，取而代之的是每天加班到晚上10点，回到家还要自学18门专业课程，周末又忙着考试的紧张生活。每天的生活只剩下了忙碌的工作加考试。

逼急了，徐新用三个月的时间迅速学会了广东话。在普华，一开始的工作并非如意。

“90年代初，中国还没有现在这么强大。那些跨国公司客户也不愿意用中国人。”因此，徐新心里压力很大，但是徐新也不愿意放弃，“在那里，虽然你是少数，但你毕竟代表的是中国人。”机会终于来了，H股的推出给了徐新介入公司主流业务的机会。“中国人的发展，还是靠我们祖国。H

股的推出一下子使得我们如鱼得水，我们的语言占优势，我被聘请为总协调人，可以参与重大谈判，后来的进步就很快了。”

徐新如饥似渴地学习着她未知的国际会计规则，不停地看企业的财务状况，核对报表，寻找问题，并进行收购兼并的调研。这为她日后的投资选择打下了良好的基础。3年后，徐新通过所有18门专业课的考试，考取了英国注册会计师，结束了实习工作。

任职百富勤，投资娃哈哈

1994年底，普华永道的上司推荐徐新去百富勤公司的直接投资部。

百富勤，由香港财界名人杜辉廉和梁伯韬创办于1988年，曾经获得李嘉诚、胡应湘等多位华人大亨襄助，初期主要业务为商人银行和证券买卖，后来增设了直接投资部。

徐新参加了百富勤的面试。几个小时之后，百富勤打电话告诉徐新：录用通知已经发出，请不要再去其他公司面试了。

1995年，徐新进入当时香港最大的本土券商百富勤直接投资部，她从基层做起，没过多久，她便参与了对杭州娃哈哈公司的投资。

“1995年参与对娃哈哈的投资时，他们只做果奶。”当时中国还没人喝瓶装水。直觉告诉她，这个行业肯定有戏，所以她和团队决定投资。

百富勤的投资进入之后，宗庆后拿了3000万上瓶装水新项目，一下子上了三条水生产线，“把我们给的钱全部花光了。”

宗庆后的这个大动作很让人震惊，有人对宗庆后说：“你这样太冒险了，应该先上一条线看看，市场好再上。”

宗庆后说：“我感觉市场已经来了。”他要求销售团队赶快铺货，赶在竞争对手没有跟进之前铺下去。当时生产线尚未建好呢，但是宗庆后“娃哈哈纯净水即将上市”的广告已经铺天盖地地上了央视，天天播个不停。

宗庆后第二个超前动作又引起了别人的非议：“你产品还没出来，广告先出来，顾客想买买不到，怎么产生对品牌的渴望？”

殊不知，这正是宗庆后的过人之处。宗庆后的市场感觉很强烈，把握时机非常准，这是甩开竞争对手的重要一步。这相当于给经销商铺好渠道，等产品一上，便供不应求。

事实证明他的策略是对的，先声夺人，很快占领了瓶装水市场。

“资金可以解决很多问题，如打广告，建品牌，加快发展速度。”10年前对娃哈哈的那次成功的投资，徐新至今还津津乐道。

10年后，徐新的投资策略仍然坚持如昨，因为即便是在目前，在她看来，“很多行业都处于一个跑马圈地阶段，因此一定要眼光放远，圈地的速度越快，离成功就越近。但如果同时想做很多事情，却不注重加强品牌意识的话，就很可能会被淘汰。”

徐新在百富勤做直接投资，一干又是3年，直到百富勤出现了经营危机。

加盟霸菱投资，危难之处显身手

时间进入1998年1月，就在香港乃至整个亚洲的经济受到金融危机的冲击而陷入风雨飘摇的时候，徐新所在的“百富勤投资”突然被强制清盘。原来，这家创立10年就跻身《财富》杂志全球500强之列的融资机构，由于大量投资东南亚债券市场而深陷困境，被迫于1998年1月12日宣告破产。百富勤的破产给相当脆弱的香港市场造成了巨大冲击，香港恒生指数这天一度跌破8000点大关，市场极度恐慌。

百富勤直接投资部关闭后，徐新加盟霸菱投资集团，随后很快升任霸菱投资(亚洲)公司的中国区董事和总裁。

1998年初，亚洲金融风暴正在席卷东南亚和香港，对于刚刚加入霸菱投资的徐新来说，危机四伏。尽管她手上拥有一只霸菱亚洲投资基金，霸菱投资集团仅出了2500万美元，她既要用这有限的资金来寻找投资目标，还须帮助已投资的企业顺利渡过资金危机。基金自身的募资也需要徐新自己去筹集。周遭的投资者此时对亚洲躲闪尚嫌太慢，家家有本难念的经，又怎会轻易掏出钱来加入风险投资基金？

面对危机，徐新的策略是采取短平快的投资，以低价、快速取胜，形成小规模的实体“展示区”,待到先期的投资项目产生了数倍的增值之后,再拿到投资人面前当作范例。在后续的投资人看来,这远比投影在屏幕上的幻灯片更具有说服力,徐新的基金募集由此顺畅起来。

尽管排除了募资的障碍,但金融危机对企业的影响始终不可小觑。危机一到,香港的商业银行比如汇丰、渣打等纷纷收缩业务,并从企业手中将流动资金贷款抽回。这对于大都靠商业银行的流动资金贷款来生存的香港企业无疑是致命的一击。按照常理,这些企业都会在流动资金贷款到期后续借,以此不断进行滚动经营。现在银行资金回撤,依照香港法律,一旦有一家银行的钱企业到期不还,就会联动各家银行贷出的款项全部到期。“还一家的钱尚可勉强,但要一下子还清十家的钱对中小企业来说,就只有无奈地宣告破产了。”徐新的神经绷得很紧,她知道自己投资的企业也面临同样的困境。“企业家需要帮助。他需要我们在这个时候站在他们身边。”徐新拉着中联系统公司的总经理——她在这家公司身上投入了350万美元——去各家银行游说,她对各大银行不厌其烦地说:“这是家极有前途的企业,我们敢以股本投资,你们放贷还怕什么?”中联系统最终得到了商业银行的支持。而徐新的收益也是明显的,两年后霸菱投资以3500万美元出售了中联的股份,获得了高出投资额10倍的利润。

金融危机过后,徐新继续为投资企业提供增值服务。她花费了很多时间为所投资的企业寻找合适的管理人。比如中联系统的CFO、永和大王的CFO、COO以及北京地区的负责人,与此同时更加注意企业的实际经营,提醒企业家在市场不景气的时候,应当把有限的资金用在最赚钱的生意上。而当发觉所投资企业出现策略偏差的时候,徐新会毫不犹豫坚持自己的原则。

徐新同一时期还投资了永和大王、东莞志和模具公司等项目。

投资永和大王,让徐新再一次感受到了刚刚萌动的中国消费行业深不可测的巨大潜力。从1999年底到2004年,徐新代表霸菱对永和大王持续累计投资近1亿元人民币,直到2004年因为永和大王被菲律宾最大的快餐连锁集团快乐蜂(JFC. PH)收购而退出,霸菱获得了2倍多的收益。

投资网易，成就福布斯首富

投资网易，造就新一代首富，无疑是徐新的大手笔。

1999年，中国内地的互联网开始风起云涌，而美国互联网公司的上市神话早已引起了徐新的关注。徐新把目光投向内地的互联网行业。当时新兴的内地互联网公司可谓明星众多，新浪、搜狐、QQ、263、163等等，谁会是将来的互联网霸主呢？徐新盯住了当时并不很知名的163，而它的主人就是年仅29岁的浙江小伙丁磊。

徐新先给丁磊打了个电话，然后上门去找他。在广州一家狭小的办公室里，十几个小伙子闷在一个房间里写程序。搞技术的男孩子大都比较内向和害羞，这时一个清秀的大男孩大大方方地过来跟徐新握手："你好，我就是丁磊。"丁磊，真是好年轻啊！这是29岁的丁磊给徐新的第一印象，同时，这个照面让她从直觉上感到丁磊多少有点与众不同。

接下来，徐新主动问他一些问题："网易现在在行业内的情况怎样？"

"我们是第一啊，我是最好的。"丁磊毫不犹豫地回答道。

徐新并没有感觉到这个大男孩是在炫耀，他是真心实意觉得自己是最好的。这种自信让徐新非常喜欢，虽然，在这之前，徐新已经对这个行业摸了个底，网易应该是排第三的。她事后对朋友说起："我那时觉得他很有上进心，而不是吹牛——是有实质的自信。我觉得企业家有这种精神是很重要的，你有这么一个理想和雄心去做行业排头兵，我投的就是他这个自信。"

还有一个细节令徐新印象深刻，当她问及丁磊融资之后在经营上的打算，丁磊首先提到他会专门从事技术开发，而将公司的运营管理交给职业经理人。在她眼中这实属难得，是做大事的胸怀。

徐新很快了解到，当时处于创业起步期的丁磊面临着资本、管理、市场等多个难题，正准备把网易的控股权卖给台湾的奇摩公司。那个公司当时的规模是网易的10倍。

徐新说："丁磊啊，不要只看到眼下的这些差距，内地的市场比台湾大很多,他今天比你大10倍,说不定哪一天你会比他大10倍的。另外和我们合作,你还能继续控股,不必打工。"

这一番话如同"一张大饼",把年轻的丁磊吸引住了。

后来的进展比较顺利,一个多月后,徐新代表霸菱投资网易500万美元。

在徐新看来,除了自信,身为浙江人的丁磊的商业知觉、市场敏感度都成了她作为风险投资人看重的优点。丁磊还有一个突出的特点:专注。

"1999年我们刚投网易的时候,当年他的广告收入是200万美元,2004年做到1.8亿美元,我问丁磊,怎么收入差别这么大,他说每年增长70%~80%嘛。"丁磊告诉徐新,他开车到了很多二三流的城市,到那里感觉这个市场是有的,只是你要把它挖出来,要挖地三尺。我们网易的用户基本上都是15~25岁,都是独生子女,他们很孤独,非常渴望社交,他们社交的方式就是和朋友在一起玩,要么玩游戏,要么去唱卡拉OK,要么看电影,要么玩网络游戏。而网络游戏是价格最低,最能让人上瘾的,而且它不是一个人玩,有的时候七八十人同时在线玩一个游戏。于是网易就开始在沿海地区开拓市场,然后向内地挺进。

"丁磊天天跑到前线,花40%的时间和游戏者混在一起,所以对市场有感觉。这种创业者对消费者特别有市场直觉,这对企业成功很重要。"

徐新还举了个例子,上市前,丁磊对于员工报账的发票总要详细看时间,超过晚上7点的不报销,因为那时才是下班时间。

2000年6月30日,网易在美国纳斯达克成功上市。

"我们投的时候是5块钱一股,上市是15块,最高涨到了30块。后来互联网泡沫破了，股价就一落千丈，掉到六毛五。”

2001 年 7 月 23 日，网易公告称，公司已于 2001 年 7 月 19 日收到 NASDAQ 证券市场关于打算在 2001 年 7 月 27 日开市时对公司在 NASDAQ 国家市场上的美国存托股交易予以停牌的通知。在该通知中，NASDAQ 说由于网易未能以表格 20－F 的形式向 NASDAQ 和美国证券交易委员会呈报年度报表，因此违反了 NASDAQ 市场规则第 4310(c)(14)条的规定。

7 月 24 日，网易收盘价已经跌破 1 美元，为 0.82 美元，为一年以来的新低，随后的几天里，网易股价继续下跌。

这是创业者和投资者共同面对的最困难时刻。“那时你可以想象我的压力哦。”那段时间里，徐新遇到了很大的压力，“我们一直坚持。我们老板说，你怎么样花在这个公司那么多时间，还不如把它直接撇账了。但是我挺不甘心就这么放弃。有一天正好是丁磊过 30 岁生日，我们在香港请他吃海鲜。那天晚上，他跟我说，徐新啊，我一生只有两个梦想。一个是做中国最好的网络游戏公司，一个就是帮股东赚到钱。当时我听了这句话非常感动。我觉得丁磊对我们是非常有责任感的。那时候我就觉得，这个人是值得长期持有的。”

果然不出徐新所料，丁磊敏锐地抓住了中国内地短信市场的机会，很快就摆脱了市场的劣势和“退市”的风险，股价大举上扬。丁磊，最终成为中国内地的新一代首富。徐新，也被媒体赞誉为“站在首富背后的女人”。

2004 年，徐新从网易退出，收益达 8 倍之多。

个人投资中华英才网

1999 年，与丁磊一样走入徐新视野的，还有一个人，他便是中华英才网创始人张杰贤。

徐新关注网络招聘行业，最先“看中”的并不是中华英才网，而是排在它前面的另外两家实力很强的公司。

徐新问这两家公司：“谁是你们的竞争对手？”

两家公司异口同声："中华英才网"。

"哦，还有一个呢！"

徐新还以为中华英才网是一家规模比较大的公司呢，她去看了以后才发觉，当时的中华英才网包括张杰贤在内只有5个人，其中两个还是临时工，挤在一个小办公室里，同当时所有的互联网公司一样的场景。

徐新问张杰贤："你们有没有商务计划书啊？"

张杰贤憋了半天，说："我明天给你一份。"

"第二天，张杰贤就拿了两张纸的商务计划书给我，也不是什么很光鲜的PPT。"

当时，中华英才网的招聘业务都是免费的，网站生存仅靠猎头单一的业务支持。网站规模也很小，基本上没有收入模式。在和张杰贤前前后后沟通了一个月后，徐新决定投资中华英才网。

"我为什么还是决定要投，有两个原因，一个，我觉得那个生意模式挺好，它克服了其他互联网企业具有的先天不足。譬如说电子商务毛利只有30%～40%，但是你还得搬东西搬来搬去，一会要搞物流，一会要搞仓储。搞物流和仓储都不是新经济人的长项，那是老经济人的长项。第二个，它跟门户网站相比又有一个好处，就是门户网站还要制造内容，养一大帮编辑，还要即时性，这个成本也是很高的。中华英才网呢，它内容不用制作，用户只要把简历放上去就是内容，招聘单位把招聘的内容写上去就是内容。它是互动的，良性循环。"

"创始人张杰贤的商业感觉特别好，公司的股权结构也特别简单，行业的发展前景非常好。人的一辈子，除了寻找生命中的另外一半，找工作应该就是最重要的吧。"

中华英才网的前景虽然很好，由于网站没有收入模式，风险太大，霸菱不肯投资。最后，徐新以个人的身份投资了500万人民币，并做公司董事长。

在徐新看来，无论是丁磊还是张杰贤，都是一个团队的代表，选择了正确的团队领导者，可以说就是完成了80%的工作。选择团队，你首先要知道"谁是最重要的人"。一般会花费3～6个月进行尽职调查，要详细考察企业家的性格，包括魅力、缺点和重大决策错误，而且对团队、员工、供应商、竞争对手等各个方面进行多次面试。

从1999年投资中华英才网开始，徐新和中华英才网克服了种种困难走了过来。

在此过程中，中华英才网先后换了两任CEO。第一任是姚伟民，他的履历很漂亮，典型的职业经理人。徐新问他："来这里当CEO，创始人张杰贤怎么办？"姚伟民说："留着他，我们一起做。"一开始他们俩没有什么问题，大家的心态非常好。后来过了一段时间他们的关系开始有一些问题了，就是谁是老板的问题。最后业绩也不好，姚伟民于是离职走了。

这件事让徐新想："完全是姚伟民的问题吗？我觉得一方面他有一个适应的过程，另一方面他也没有真正的权力。"

第二次聘任CEO，徐新找到了张建国。原华为人力资源部总经理的张建国此时刚从美国学习人力资源归国不久，徐新问他同样的问题——你是要创始人留着还是离开？张建国说："不要。"此话正切合徐新的意图，她觉得张建国颇有经验。

张建国不是学习了美国的人力资源管理么？徐新特意请张建国为中华英才网提供一项管理咨询服务，作为双方了解的前奏。事后，徐新觉得这一招是她的得意之举。

徐新邀请张建国担任中华英才网的CEO，她告诉张建国："这是非常好的舞台，但首先你要把你的身家放进来。"张建国问："放多少？"徐新比划了一下说："你的身家大概是这个数，把1/3放进来。"张建国果真是把房子卖掉了入股。

徐新说："第二，你要把自己的公司退掉，第三，工资不能拿太高，但是我会给你15%的股份。"

当时中华英才网在业界已经做得很不错，如果100分为满分，当时中华英才网已经走到六七十分了，"我给他15%的股份必须说服其他股东，最后，他们相信我的判断，就让出了15%。"徐新说。

"对于高管的待遇，我不太认同只给期权，给工资，也要他自己投钱，并且要跟业绩挂钩。"这是徐新的经验。

徐新曾一度发现中华英才网北京的每单销售金额逐步下降,新的客户开发速度不够快,产品同质化严重。徐新建议销售人员去麦当劳看一下,尽管麦当劳里卖的都是汉堡包,但不都叫汉堡包,每个产品是有名称的,在产品上做了品牌,冠名了之后,就有竞争优势了。“我们现在的产品就缺少品牌,招聘网站上的会员都被称之为‘月会员’、‘季会员’、‘年会员’,那就没有差别。产品差异化,给产品冠名,做不同的内容,这才是核心功能的体现。另一方面,广告跟上,把系统做大。现在的‘招聘宝’,就加上了各个地区的工资查询功能。其实,这些都是在生活中汲取经验,并在细节上进行创新。”

“有些很能干的人,在一些竞争非常严酷的行业里面,传统的家电行业,竞争非常激烈。华为、海尔、长虹的销售总监非常聪明,销售能力和管理能力也很出色,但是因为行业竞争激烈,他们做得很辛苦,却不能充分发挥他们应有的价值。如果放在互联网行业,他们可以创造更加惊人的业绩。”在中华英才网的销售方面,徐新很明智果断地引入了华为的销售团队。中华英才网最初每年业绩增长速度始终在30% ~40%徘徊,而引入华为的销售团队后,第二年业绩增长速度就超过100%。

徐新的经验是,如果创始人现在可以当CEO,将来不能当CEO的话,最好还是不要投这个公司,因为换掉创始人是件很难的事情,风险很大。“我们在中华英才网试过,网易也试过,第一次不成功,第二次再试成功了,其实风险很大,我们希望这个人最好能从头做到尾。”

徐氏投资秘诀

徐新在多个场合阐述了自己的投资观。

中小企业的人才,靠什么吸引他们?钱、舞台、还是股权?在这一点上,徐新非常看好组织的力量,“它能使平凡的人做出不平凡的事。所谓的‘组织’便是一种制度。比如中华英才网,自从建立制度之后,成长速度达到150%,制度在其中起到了巨大的威力。组织架构、绩效考核、企业文化都和收入挂钩。比如做零售卖同一样东西,为什么战绩却相差悬殊,这中间绩效考核很重要。每天开一次会，和一个月、一个季度开一次会相比，效果就完全不同。只有不断刺激他，才会成长得快。

“我们首先要帮助企业家建立系统和文化，帮他们去找人。比如去找财务的人，一开始因为公司小的时候，人家不肯来，不愿意给他打工，但是我们先给他画一个大饼，可以上市啊什么的，因为我们做了很多成功的企业，所以就有说服力。以前花了很多精力帮中华英才网找人，当时只有5个人，当时有人问你为什么要到中华英才网来啊，我们这么一个小公司。我说我们是最好的公司，所以我们要请最好的人啊，一开始他请不动，所以我去请，如果请不动的话，还要花一些精力去说服人家，在一个公司只有10个人的时候，你怎么画一个大饼在天上，让他相信这个饼是够得着的呢？这是我们的长项，我们经常做这样的事情。

“第一是帮他们招人，第二是帮他们建立企业的制度和文化。很多小企业刚成立公司，根本不知道什么制度，他还想不到这些，我们见过很多。我说你一开始小的时候一定要建立制度和文化，花一点精力，建立了制度你的企业就有可成长性了，就建立在基础之上了。什么是制度？比如说股权就是制度，股权怎么分配，新来的员工怎么办？新老员工怎么办？如果你把这些东西都搞清楚，他的能量就会自动释放出来，你不用花很多精力，他自己就会拼命工作了。

“还有是企业的文化，为什么做得好的企业都是靠文化在管理，而不是靠个人在管理？这有它一定道理的。

“另外一点是帮企业专心、专注做好一件事。我一直跟企业家讲，你再能干，你不吃不喝也不可能每件事都做到第一名的，你只能集中精力只把一件事做到第一。你看网易的丁磊和盛大陈天桥的企业就知道了，专心是非常重要的。

"第三是帮助企业家打造永续经营的企业。这个话说起来容易，做起来其实很难的，中间有很多人有困难就退出了，有的人赚1000万就算了，他的理想不是很大。其实你要看到企业家小的时候有非常大的理想，也是要有眼光的，因为我在投他们的时候，他们都很小，也要对他们的人进行判断，我们要帮助他，如果他有这个理想我们要帮助他打造一个持续经营的企业。"

2005年4月19日，中华英才网与全球最大的网上招聘服务供应商MONSTER（巨兽）在人民大会堂举行了战略合作签约仪式，巨兽投资7500万美元收购中华英才网45%股份。谈到中华英才网与MONSTER的战略合作，徐新异常地自豪："MONSTER很早就有进入中国市场的计划，因为中国市场具有最大的潜力。MONSTER最终确定了中华英才网，在于中华英才网的管理团队和整个团队的执行能力。"

作为中华英才网的初始投资者和董事会主席，徐新要将其作为一辈子的事业来经营。从她1999年进入中华英才网，网站每年增长的速度都超过100%，员工数量也已从最初的5名发展到了近1400名。徐新意图将中华英才网打造成像狼一样具有敏锐的嗅觉，和有永不放弃精神的团队。她说："有MONSTRE这样的战略投资者和战略合作者，可以使中华英才网发展得更快。MONSTRE是全球最大的网络招聘企业，已经在26个国家有自己的分支机构，它能够给中华英才网带来先进的产品和服务理念，以及更为成熟的管理经验。另一方面我们还可以独立去上市，这一点我觉得我们谈的是相当好的。有一个巨人把肩膀伸过来，你能不站上去吗？"

徐新非常看重投资中的"复利威力（The Power of Compounding）"。"对于复利方式增长的投资，随着时间的增长，它的收益增长速度会加快。持有时间越长，增长速度越快。我1999年投资中华英才网，持有其股份已超过8年，虽然已有800倍的收益，但我仍打算继续持有。其实，了解一个企业和企业家很难，当你真正了解并看好后，没有理由从当中退出来再进入一个不了解的企业。”

今日投资基金独立

2004年6月，徐新宣布将退出荷兰霸菱集团。

2004年正值中国创投市场复苏并迎来一个新的高潮，徐新认为这是创业的大好时机，她最终决定建立一个全新的专注于中国市场的创投平台。

2005年1月正式离开霸菱集团。

当时摆在徐新面前的路有两条：一是与一些国际知名VC建立品牌合作，这样可以轻松获得投资；二是创建自己独立的品牌，但融资过程也许将要艰难得多。但徐新非常认同“做基金的最高境界就是独立”，最终在她心中，独立的念头压倒了一切。“如果我们走第一条路，想独立至少也得7年之后，与其那样为什么不直奔目标呢？”

2005年9月，她与多年的工作伙伴温保马共同发起了计划规模超过2亿美元的今日资本投资基金。

来自英联投资（Actis）的温保马，是位拥有10年投资经验的老将，其积极大胆的风格恰好能与保守稳妥的徐新互为补充。“我们共同的理念就是把今日资本做到基业常青，也一直坚信品牌的力量，希望把今日资本做成一个品牌，更希望能带给LP持续的利益。”

2005年11月，徐新和伙伴们一起踏上了融资之路，频繁地穿梭于欧美亚大陆，平均下来每天要进行三四场演讲加答辩，每次都要花费一两个小时。徐新印象最深的是有一次在一天之内跑了三个国家，到最后一场演讲的时候累得都快要失去了激情。

对于LP（有限合伙人，创业投资基金真正的出资人）来说，今日资本团队过去的业绩，以及团队成员之间的默契程度都是其考虑的条件。更重要的是，作为创始人的徐新必须在短短一两个钟头之内取得他们的信任。“演讲的时候，你也不知道究竟是对你点头的LP还是面无表情的LP最终会承诺给钱。”

为了赢得尽可能多的LP的认可和支持，徐新甚至在各类会议论坛中间的休息时段，也不忘拿着名单四处寻找 LP 们的踪迹，就像创业者拿着商业计划书满场子找 VC 一样。

“创业是一件很艰辛但非常光荣的事情，是证明自己的最好方法，所以我觉得每个人一生中都应该至少给自己一次创业的机会和经历。”创立今日资本正是徐新给了自己这样的机会。“中国的市场规模足够大，对创投业来说是个绝好的机会，所以我们想打造一个完全本土的资本品牌，专注于中国的市场和创业者，这也是我的一个创业梦想。”

2006 年 1 月，今日资本融到了 7000 万美元的第一期资金。到 2006 年 10 月为止，今日资本共融到了规模为 2.8 亿美元的第一只基金——今日资本中国成长基金（Capital Today China Growth Fund）。今日资本中国成长基金的构成非常多元化，承诺资本（Commitment Capital）主要来源于英国政府投资基金（CDC）、国际金融公司（IFC）、Partners Group、陶氏化学退休基金、宝马家族基金等欧美亚的政府基金、养老基金及家族基金。

至此，今日资本正式建立，总部在上海，其宗旨是为中国企业提供成长资本。

重拳出击

今日投资的成立是 2005 年中国 VC 独立运动中的两面旗帜中的一面（另一面旗帜是阎焱领导的赛富基金），而它的主角却是巾帼不让须眉的徐新，因此引起业界的更加关注。

“以前在中国做风险投资的钱绝大多数是外国的风险投资基金，原来 GP（管基金的人）和 LP（投资基金的人）全部都是外国人，中国人都是跑腿的，说了不算。所以中国人在外国风险投资机构里做的项目，百分之八九十被外国人给枪毙掉了，感觉不爽，也赚不到什么钱。我们今日资本成立的一个重大意义，就是作为一个中国人，外国人的钱由我们说了算，就是说至少 GP 是我们中国人，自己拥有，自己说了算，投资委员会就是我们自己，这个意义非常重大，独立是非常重要的。”

在度过了整个 2006 年的募资之旅之后，2007 年初，随着第一期募资

今日资本团队全家福

的成功，徐新独立投资运动，终于出手了。

第一季度，徐新连续向新闻界通报了10个投资案子，真可谓重拳在手，出手不凡。

2007年4月16日，今日资本联同General Catalyst Partners共计向网络视频服务提供商土豆网投资1800万美元，其中今日投600万美元。此外，韩国KTB风险投资基金也参与了本轮融资。同时，前两轮的投资者寰慧投资、集富亚洲基金以及IDG VC也参与了本轮融资。

“您也看好了Web 2.0网站？”有人这样问徐新。

“我们觉得视频分享行业应该出现一两个大的公司，土豆希望较大。我们知道它所有的风险：政策风险、盗版风险、没有收入，我们还是决定投了。一个常识就是，如果你要有较高收益，10倍以上的回报，只有高风险才有高回报，所以你要组合起来，少量的基金投几个这样高风险的前瞻企业，即使亏了我们也亏得起，但是一旦做出来就是十倍的回报，这就值了。正如很多年前，我个人投资中华英才网一样。机会会慢慢出现，我当然充满信心。”

在与土豆网的创始人王微沟通之后，徐新认为，王微做媒体感觉非常不错，不到3个月，此投资案便确定下来。

京东多媒体，是徐新投资的另一个案例。

2007年8月28日，北京中国大饭店，“360buy京东商城携手今日资本共谋B2C天下”融资签约新闻发布会在此召开，今日资本总裁徐新与360buy京东商城总裁刘强东在会上共同签署了融资协议。中国B2C市场最大的3C网购专业平台360buy京东商城（www.360buy.com）正式获得今日资本的1000万美元投资。

在签约会上，徐新坦诚地述说了她和京东商城刘强东先生的“投缘”。

徐新说：“投资京东，是一个必然。因为今日资本一直想投资一个数码产品的零售商，我们先从线下开始看起，看过中关村的大卖场、零售商、渠道商，有的管得好，有的管得不好，无论管理得好与不好，辛苦一年没钱赚。年终下来一盘点，光存货就把他们害苦了。但是市场需求是存在的，为什么这些人没有钱赚呢？这就是说，他们的渠道有问题。数码产品，三周卖不出去，就砸在手上了。所以，我们就寻求新的渠道，这样顺藤摸瓜，就找到了京东。”

徐新在没有和京东创始人刘强东见面之前，就听到了一个关于京东的一个数字：自公司创建以来，一分钱广告没花，每个月的销售额，就比上个月——而不是上一年——增长10%。“当你看到这种现象时，你一定要扑过去，把它抓住。”徐新高兴地说道。

2006年10月的一天晚上，徐新和年仅32岁的刘强东在长富宫饭店见了面。刘强东打开了准备好的PPT，徐新在上面看到了一句话：“只有第一，没有第二。”此时此刻，刘强东争做行业第一的野心已经抓住了徐新投资的信心。

刘强东，中国人民大学毕业，大三时，他自学计算机编程，一度成为人民大学最有钱的学生，也是该校第一个买手机的学生。此人因为狂迷写程序，把女朋友都谈丢了。毕业后应聘一家日本公司，受到了系统的制度化的企业管理训练。后来，刘强东自己开公司，在中关村代理某刻录机品牌，做到了全国第一。2003年遭遇SARS，受此影响，遂转型开始做电子商务，在网上卖光盘、刻录机及电子产品，开展B2C业务。

刘强东说："我们的价格不是最低的，我们主要是靠与客户的互动来吸引他们。大家在BBS上面发帖子，谈自己的产品体验，这是我不用付费的。如果付费，那么性质就变了。"一开始就是在各大论坛上广为发帖，仅凭着口碑，营业额迅速达到上千万。

双方一直聊到了后半夜2点多，很是投机。徐新建议，第二天双方在上海签署合作框架协议。

一开始谈到融资额，刘强东说只需要200万美元，但是徐新认为，200万美元远远不够，并且她说钱少了她不会投。徐新非常看好京东商城的商业前景，"给钱就给足，起点不同，结果就不同，有足够的钱，就能比别的企业跑得更快。"这是徐新一贯的投资风格。

"我们2007年初给他提供过桥贷款，3个月提供了4次，最后注资1000万美元。"

在融资签约会上，徐新说："去年10月份见到刘总时，每月的销售额是700万～800万人民币，今年8月已经到了4000万人民币，这些都是在没有花一分钱广告的情况下发生的。而今天也是第一次发布这么大的新闻发布会。

"现在我们的1000万美元还没有发挥威力，我们还是做基础，做得更好一些。

"在资本威力没有发挥的情况下，就发展的这么好，说明他们的模式是抓住了顾客的某一根神经，这个模式是非常好的。下一步就是要发力，树立行业第一品牌。

“为什么渠道的颠覆会产生如此大的威力？所谓创新，不仅仅是指产品和技术的创新，还有一种是渠道的创新。市场的需求已经存在了，不需要你教育了。

“京东的核心价值在哪里？为什么顾客喜欢在京东买东西？第一是价格实惠。去年一单是420元，今年已经涨到900元。因为京东做到了直销，价格低，京东把铺货及库存的销售成本，统统打包让给了消费者。

“除了价格实惠外，京东的售后服务也是很好的。因为都是正品、标准化的产品。几年前说电子商务在中国做不起来，一是没有信用，大家都不愿意在网上交易，二是付款得不到解决，三是物流是个障碍。今天，这三个障碍都已经突破了，电子商务时代已经来临了。所以我们不仅投资了京东，也投资了网上卖钻石的电子商务公司。京东的客户多是26岁到35岁之间，白领男性居多。他们很忙，没有时间去逛商场，他们更习惯在网上买东西，用户的质量非常好，京东的成长速度很快。

“另外，京东做到了‘量顾客’，就是进行详细的用户购买需求分析，这一点，只有互联网才能做到。

“今日资本进入之后，进一步制定了绩效考核制度和企业文化制度。有的员工凌晨4点激动得睡不着觉，还在想：‘还能为公司做什么事情？’一个伟大的企业，除了一个好的生意模式，还要有一个好的团队，一个好的企业文化，让员工觉得帮这个公司做事情，除了钱，还会非常有成就感。京东下半年，销售达3个亿没问题，明年就10个亿了。”

真功夫快餐是徐新另外一个“掌上明珠”，可圈可点。

徐新说：“我们一直想投资零售业。说起这个案子，也挺有意思的。”

2006年5月，徐新和一位同事雇了一辆人力三轮车，每人手持一笔一本，坐定后，对三轮车师傅说：“您就拉着我们沿着马路、大街小巷，像逛街一样走吧，走累了为止。”

三轮车从北京天安门出发，穿大街，走小巷。徐新和同事约好，各把道路一边，把沿途所有的门脸一一记下：餐饮小吃店、建材五金店、超市、理发美容店、服饰小店、银行储蓄所……整整5个多小时，徐新和同事记了满满一本子。

类似的行动，徐新和同事在上海同样作了一次。

徐新这样“扫大街”要做什么呢？

徐新说：“最后我们根据统计数量，大街小巷的商业门脸按多少排序就出来了：第一是餐馆，第二是服装店，第三是理发店，第四是银行储蓄所。让我惊讶的是没想到银行会这么多。”

这四大消费零售行业非常鲜明的凸显出来。徐新分析，数量多，说明市场需求大。餐馆，可以做到标准化规模化，很有投资价值，而服装店、理发店等很难标准化，徐新最后圈定餐饮业作为投资方向。

徐新对餐饮业是有感觉的，2000 年到 2004 年，她代表霸菱投资永和大王的成功经历给予了她丰富的体验。“餐饮业三句话可以概括：辛苦行业赚辛苦钱，要靠管理取胜，要靠标准化做大。”徐新了解到，在过去的这些年中，餐馆行业一般开到 5～6 家很赚钱，但是到了 20 家以上就亏损，为什么？规模大了，管理跟不上，服务跟不上，顾客就不来了，一个很简单的道理和规律。深圳一家生意很火的餐馆老板对徐新说：“我们的食品花样多，规模一大就走样了，就失去特色了。所以我们不敢做大规模，不敢开很多的店。”

徐新再次看好了餐饮业，一个叫“真功夫”的中式快餐店落入了徐新的投资视线之内。

1994 年 4 月，23 岁的东莞人蔡达标和他的小舅子潘宇海凑了 8 万元，在家乡东莞长安镇开了一家叫做“168”的快餐店。为什么叫“168”？长安镇坐落在从东莞到香港的交通要道上，繁忙的货运卡车每天车水马龙，他们的“168”就是专门服务于南来北往的卡车司机，意为“一路发”。“168”主打产品就是蒸饭、蒸汤为特色的蒸制食品，花样不多，口味很好，还吸引了附近社区的居民，影响越来越大。

徐新说：我们为什么投真功夫这个项目？一是可以标准化。真功夫一共就 8 个固定花色品种，加上 2 个变化的，不过 10 个。徐新问创始人蔡达标：“你的花色品种这么少，顾客会不会吃烦？”蔡达标告诉徐新：“我们不需要每个人天天都来吃，一个月来两三次我就很高兴了。”徐新一听很满意。真功夫的食品加工全部工业化,每个菜品 20 分钟左右就能做好,不需要厨师,任何人培训几分钟就会,既不受情绪的影响,也不用看操作人员的脸色,保证了品质一致。

"你看老板叫'蔡达标',顾名思义,这个人天生就是要做中式快餐的标准化。"

二是规模化。我们看这个项目时,他们俩创始人没有任何外来投资,全部是自有资金自我滚动发展,已经做了近 200 家店了,并且企业从来没有分过红,这既说明确实是很赚钱,另一方面,也说明了企业创始股东对前景信心十足。

三是选址系统化。真功夫这几年来没有关过店,开一个火一个,这得益于它在选址方面的系统化运作。

真功夫的扎实而快速成长从其名字上可见一斑。它的品牌先后经历了三次"名字之变"。第一次,正如前述"168"的由来,他们是希望自己的目标顾客——过往司机们一路发,没承想,自己的快餐店也一路发得不可收拾!最后的规模都超过了附近的肯德基。于是蔡达标想到了开连锁店,把"168"改成了"双种子",希望他和他的小舅子两人像种子一样,到处发芽开花结果。不过,当他们把店从东莞开到广州后发现,房租、人工贵了,成本提高了,顾客反而少了,并没有出现在老家东莞那样顾客盈门的场面。他们的分析结果是,问题就出在名字上:"双种子"太土了!让都市人一下子想到的是'卖化肥种子的,不像是餐馆的名字。'怎么办?蔡达标就请来了策划大师叶茂中,重新进行企业的 IC 设计。从理念、店名到外在的形象,整个策划费是 400 万元人民币,要知道,"双种子"的一碗汤也不过是十几元人民币,这 400 万人民币得卖出多少份汤才能赚回来!蔡达标毫不犹豫地就支付了,这叫策划人叶茂中也非常地吃惊:这蔡老板的确是很有魄力,有胸怀,有海量,有志向!叶茂中自己也很感动,在策划过程中非常地尽心尽力。

两个月之后,一个以李小龙形象为公司 LOGO 的新形象面世了,名字改为"真功夫",菜品更换大包装,分量更足,价格上调,走中高档快餐之路。

徐新说，在真功夫总部办公室墙上，贴着“中式快餐的第一品牌”10年计划：上面写着“××年，超过肯德基”，“××年，打败肯德基”的企业发展誓师计划。消息传到肯德基，让“肯德基上校”也把它视为对手，凡与物业签约都有言在先：坚决不与真功夫作邻居。

蔡达标很会用人，公司核心管理层都是创业多年的伙伴，非常稳定。蔡达标在中欧商学院学回MBA后，讲给全体员工听，边学边做，进行公司流程再造，“投资回报率太高了！”

2007年9月份，蔡达标又亲自跑到日本丰田公司，学习丰田标准化。

正是一个“蒸”字加一个“人”字，吸引了徐新的巨额资本上门。

“‘搞餐饮，就得靠熬’，当年麦当劳70家店、肯德基50家店、永和大王60家店时才赢利。”徐新现在每每谈起来她7年前投资的永和大王，对人说，“当年，我们把永和大王从十几家店，发展到60家开始赢利，结果到了80家就卖了。可惜卖得太早了，没有熬住。”这一次，徐新吸取了永和大王的教训，她一定要熬得住，不赚个心花怒放不会松手。她预计，到2010年，真功夫将达到1000家店，成为中国首屈一指的中式快餐店。

徐新说：“现在好的投资项目，VC间竞争非常激烈，我们行动必须要快，主动扑上去。”

徐新投资的北京德青源鸡蛋就是这样一个从别人嘴中“巧夺”来的项目。

通过行业研究，徐新找到了德青源，此时，德青源马上就要跟他们谈了好几个月的某VC签约了。但是某VC搞不明白的是，最后跟德青源签约的竟然是今日资本徐新！

到底是徐新的什么“巧处”，最终吸引了德青源的签字笔落在了今日资本的协议上呢？

徐新说：“今日资本坚持帮企业做三件事，第一绩效考核，第二企业文化，第三行业品牌。”事实上，这三件事，就是徐新投资企业的三件法宝。

想当年，当徐新投资运营中华英才网时，就曾经发现，中华英才网的营业额在增加了30%以后，很长时间都没有增长，这让她很是纳闷。研究发现：管理上出了问题。她通过分析海尔、华为等著名企业的成功经验才明白:绩效考核是成功企业的不二法门。“绩效考核太重要了,有没有真的是天壤之别,实施得好与不好真是差之千里。比如说,对于销售人员,一天开一次晨会和一周开一次例会,每天考核和每周考核的效果差别,那大了去了。比如说,对于市场人员,不仅要考核你的标准动作,一天打几次电话,一月搞几次活动,还要考核结果如何。在中华英才网,不仅营销一线人员要考核,HR 人员也要考核。对于 HR 人员来说,考核的标准不仅仅是要‘找到人’,而是要‘找对人’,如果一位员工干完三个月就走了,这就说明了没有找对人,HR 人员要负责任。”自从实施了绩效考核后,中华英才网的营业额从 30% 提高到了 80%,在此基础上,他们又实施了企业文化建设,品牌广告推广,结果,这一数字很快从 80%,翻番到了 160%,企业员工也增加到了 1600 人。

徐新通过中华英才网的亲身实践,彻底领教了这三个法宝的价值,从此她投资哪个企业就贯彻实施这三大法宝,可以说是百发百中。

德青源也不例外,徐氏三大法宝正中企业发展的核心价值所在。德青源创始人钟凯民对徐新说:“别的 VC 都是问我什么时候上市,而只有今日资本问我,什么时候成为行业第一品牌。所以,我愿意和你们合作。”

创业从娃娃抓起

回到 2005 年底,王利芬,中央电视台著作制片人,带着一个“赢在中国”的创业励志节目设想找到了徐新。

此时,“赢在中国”还只是一个设想,既没有样片也没有团队,什么都没有。但是徐新一听“励志”跟“创业”这四个字,就觉得这个节目非常好,便毫不犹豫的赞助了 1000 万人民币。

后来,在央视“赢在中国”演播现场,作为“赢在中国”评委的徐新在与创业者座谈时说:“我们之所以要赞助这项活动,是因为我们觉得这个时代非常需要励志跟创业这样一群人。在座的我看了一下,都很年轻,三四十岁,有的二十多岁。我觉得现在这个时代是非常幸运的一个时代,为什么这样讲呢?因为整个国家的经济发展,很多行业都在兴起,给我们的创业者创造了一个机会。如果你是在欧洲、美国甚至包括台湾和香港等国家和地区，那里已经很成熟了，大的行业全部由大的垄断机构占据着，你小公司跟他竞争是非常困难的，因为那个行业已经成熟，被人家垄断了。而中国还不一样，中国很多行业都是新的行业，中国中产阶级的形成带来了很多新的行业，如果你在这个时候能够抓住一个很好的生意的模式，能够集中精力，拼命去做，那你的机会跟大公司是一样的。就是在一个新兴行业产生的时候，小公司比大公司低，在起跑线上大家是一样的，不输给他，另外是小公司灵活，跑得快，大公司要半天才能反应过来。这是我们生活在这个时代幸运的一个原因，时势造英雄，首先要有时势，才会有英雄。第二点，我觉得是创业的精神。中国人骨子里还是想自己当老板的，看看台湾跟香港就知道了，很多小老板……"

徐新动情地说："中国现在有很多优秀的人才都在打工，没有勇气去创业，害怕失败。我想对他们说，当你年迈的时候，回顾自己的一生，也许会遗憾当初没有给自己一次创业的机会。其实，人的一生很短暂，为什么不放手一搏？失败又怎样？大不了再找份工作，打工的机会有的是。

"我衷心希望，有创业激情的你，能抓住这一时代的机会。我们今日资本集团携手中央电视台'赢在中国'节目，正是为成千上万有创业想法的人提供了一个绝好的契机。

"我们今日资本集团，只有一个心愿和目标，就是帮助企业家实现梦想，打造成功的中国企业。和你们一起承担风险、共享收益。

"也许，下一个丁磊就是你！"

极力鼓吹创业的徐新自身何尝不是一个身体力行的创业者呢？

还想起文章开头的那一幕吗？徐家父女关于创业的聊天并没有随着老一代创业者的退休而停止，徐新父亲退休以后，宝刀未老，痴心未改，又在家中做二次创业的尝试。

徐新的丈夫李松也有过两次创业经历， 是无线增值服务商广州讯龙，第二次则是 96333 中国交友集团。当然，夫妻二人不曾忘记这个创业家庭所遭遇过的一些困境：尤其是在互联网泡沫期间，徐新投资的中华英才网也遇到了极大的困难，那段时间两个人回到家里常常相对无言，各想各的心事,盘算着明天怎么给员工发工资……

此时此刻,徐新不免想起创业之前的那些闲暇日子:一年去两三次欧洲旅游,周末和朋友谈天说地……这一切都一去不复返了!

今日资本成立之后,徐新全家搬到了上海,但徐新和李松都只能在周末才回去一次。在每周一与团队成员的"碰头会"结束之后,徐新就开始做起了"空中飞人"。

徐新,也是两个幼小孩子的母亲。

"很多女性都不愿意付出这种代价,尤其是有家有口的,谁也不想整天出差抛开家庭不管。"目前正值今日资本的初创期,徐新也辛苦异常。"我想可能两三年以后,等到我们的团队成熟了,一切都上了轨道就会好起来的。那时对家庭的照顾也会多一些。"

提起儿子,徐新一脸甜蜜。"我跟儿子待在一起的时间虽然不长,但我们母子关系仍然非常亲密,因为我总能让他们非常开心。"

徐新对于两个儿子充满了期待,希望他们能成长为创业型的人才。"其实将来他们自己没准儿希望做科学家,或者做个厨师到法国去生活,不会受我们控制。"但徐新仍然相信,孩子生在这样一个创业气氛浓厚的家庭中,一定会受到熏陶。

徐新已经情不自禁地为两个幼儿准备好了"创业基金",为他们每人提供三次创业的本钱。"一次创业是否成功,两年时间就可以验证。就算三次都失败了,到时他们也不过 28 岁,再选择给别人打工也还来得及。"

这的的确确是一个典型的创业家庭。

◉ 从少年顽主到排球健将，从下乡知青到飞机制造工程师，从北大到普林斯顿，从世界银行经济学家到中国创业投资界独立自主第一人，从中海油到盛大，他就是赛富亚洲基金首席合伙人阎焱。

阎焱：挑起独立大旗

“完美时空下周就要上市了。你知道，具体情况现在不能说，只能等到上市以后。”

2007 年 7 月 22 日半夜 1 点，坐在位于北京东方广场早已打烊的星巴克咖啡厅外面的坐椅上，早已哈欠连连的赛富亚洲基金首席合伙人阎焱摇摇头。

不过阎焱胸有成竹的是：此时他的团队正在美国紧张有序地进行上市前的路演，“一切都在按计划运行。”果然，这一切在四天后的 7 月 26 日得到了完美呈现：赛富投资的北京完美时空公司登陆美国 NASDAQ，开盘价 17.5 美元，最终报收于 20.40 美元，涨幅为 27.5%，1.88 亿美元的融资金额打破了当年盛大融资1.5亿美元的纪录。

从“盛大神话”,到“完美神话”,令局外人津津乐道,更何况亲手缔造者?然而阎焱却说:“一切都是按照投资计划来的,我一点都不激动。”颇有“谈笑间,樯橹灰飞烟灭”的意味。

眼前的阎焱——当今中国创投界无可争辩的头号强势人物,习惯性地把双脚抬起放在面前的坐椅上,让你隐隐约约感到:这个人在巨额财富前如此平静的修养非一日之功!

从少年顽主到排球健将

1957年,阎焱出生在安徽安庆一个军人家庭。“我父亲是河北省南下的老干部,母亲是安徽贵池人,部队文工团文艺兵。”1962年,与同龄儿童相比,5岁的阎焱比较早从幼儿园直接进入实验小学。

阎焱家兄弟五人,他排行老四,还有一个小他8岁的弟弟。少年阎焱是当年家属院里最大的“顽主”,“小时候,我几乎天天逃学、打架,家里家外都吵死了!”在那个崇尚革命和工作激情的年代里,一心扑在工作上的父母面对5个男孩,想顾都顾不过来,基本上采取了“大撒把”的教育方式。“父母都不怎么管我,我母亲看到我就烦,巴不得早早找个机会把我赶出去。”

大凡好惹是生非且父母又疏于管教的男孩有两类,一类逐渐走入歧途;一类自我萌芽,茁壮成长,不用扬鞭自奋蹄。阎焱正属于后者。“好多人都会不由自主地谈到父母对自己成长的影响,实事求是地讲,我没有那么强烈的感觉。我觉得他们对我的影响就是不限制我,也没有给我什么教育,让我比较自由发展。”

父母对孩子的放任自流,培养了阎焱从小独立自主、爱好思考、学习向上的意识。别看他天天逃课,却不厌学,在学习上表现出了天资过人的一面,学习成绩很好,很受小学班主任老师的喜欢。“毕业后的几十年来,每次回安庆老家我都去看望他。2007年春节,我买了一台48英寸的平板电视送给他,他特别开心!”

1966年，那场举世瞩目的文化大革命开始了。“文革”是什么东西？对于10多岁的少年阎焱来说，当然可以不管。

“我们学校附近有个图书馆，我们几个小伙伴经常从破损的窗户翻进去偷书、找书看。躲在里面，一看就是一天，像中国古代的四大名著、外国文学中的《安娜·卡列尼娜》、《战争与和平》、《红与黑》、《罪与罚》、《牛虻》等等。《牛虻》对我影响挺深。书中描写那个牛虻视死如归的场面，对当时的我冲击力是很大的。”

《牛虻》是英国传奇女作家艾捷尔·丽莲·伏尼契于1897年出版的小说作品，成为享誉世界、影响几代人的文学名著。书中描写的是意大利上流社会的叛逆者、进步青年牛虻追求真理，不屈不挠，为了崇高信仰而英勇献身的革命经历。

夕阳从破损的玻璃窗和残缺不全的书架间透过来，打在浑身沾满了蜘蛛网和尘土的少年阎焱身上，他正如饥似渴地读着《牛虻》，在小说的结尾处，他读到了牛虻遗书中的一段话：

“我没想到他们这么快就重新动用审讯和处决的手段。我知道如果你们这些留下来的人团结起来，就会给他们猛烈的反击，你们将会实现为之奋斗的宏伟大业。至于我，对待死亡将会怀着轻松的心情，走进院子，就像是一个放假回家的孩童。我已经完成了我这一份工作，死刑就是我已经彻底完成了这份工作的证明。他们杀了我，因为他们害怕我，我心何求？”

“一个人为了信仰可以放弃一切。至今想想，冲击力还是很大的。”30年后的阎焱感慨地回忆道。

“天天打架”练就了少年阎焱健壮的体格、争强好胜的性格和对体育的狂热。1973年8月，身高不到一米七的高中学生阎焱迷上了排球。他刻苦极了！一步步地被选拔进入了安徽省青少年队，任主力二传手，后来还当上了排球队长。

“练排球，对我影响挺大。1974年我们到湖南常德参加全国青少年排球比赛。训练是很苦的，早上5点起床训练，一天下来累得爬不起来……”

看书很杂的少年阎焱脑海里会经常闪现法国作家司汤达在《红与黑》中描写的那个蔑视权贵，敢于抗争，渴望通过自我奋斗，实现自我价值的主人公于连。

“很小的时候,我就想离开安庆。我记得特清楚,从我懂事时就特渴望离开,那个地方太小了!”

作为安徽省专业排球主力队员的阎焱经常随队外出训练、比赛,除了到过省会合肥外,还去过湖南、江西、浙江、上海……也算是暂时满足了“离开”安庆的愿望。

泥土里的迷惘和苦闷

时间到了1975年,已经打了两年排球、并且参加过全国比赛小有成就的运动员阎焱高中毕业了。当时文攻武斗的文革酣战正在进行中,谈何就业?摆在他面前似乎只有“打而优则教”,成为一个排球教练。但是阎焱对此并不感兴趣,他的渴望是:上大学,到“更广阔的天地里”去!而要实现这一憧憬和愿望,插队成为唯一的通行道路。

阎焱的三个哥哥早已经上山下乡插队去了不同的地方,家里只剩下了他和年纪尚小的弟弟。

1月份,阎焱放弃了成为一名人人羡慕的排球教练的机会,同很多“有志青年”一样选择了上山下乡。他来到了距离安庆不算太远的安徽省潜山县一个小公社,当了一名普通农民。当然,他也许与别人不同的一点是,他心里还有个“小秘密”:“因为‘文革’时大学主要是录取工农兵学员,到了农村希望能够推荐上大学。”

在公社林场附近的一座土坯房子里,阎焱和另外三个安庆知青、四个上海知青被安置住在一起,还有当地的几个农民,共十几个人,开始了他“面朝黄土背朝天”的农民生活。

农民生活原来这么苦!米、菜、肉、油等非常缺乏!每天早出晚归,下地种工分,一天才赚二毛七分钱!这是从小生活在比较优裕的城市高干家庭中的阎焱所没有想到的。

“我在高中当排球运动员时,早饭供应牛奶,一个月还发几十元补贴,那时已经不得了了,很受优待。”

天黑了，阎焱干完一天农活躺在床上，抬眼看到了蚊帐上因为房顶漏雨而浸出的一片痕渍，他紧紧盯着，饶有兴趣地看着，越看越像一幅水墨山水画，云烟氤氲的样子。大自然的造化太神奇了！在初中时学过美术的阎焱心里赞叹不已……

"喂！你的锅巴怎么分得比我们都多！我们吃什么呀！""我的怎么多了?！神经病！"门外两个知青因为锅巴分配不均的争吵声打断了阎焱的思绪。这种争吵，几乎每天都在发生，阎焱都听烦了。他打开了枕边的小收音机，把天线拉出来，找了半天才找到一个能听清的声音……

他不由地想起了上个月他去潜山县城的情景：

插队快三个月了，阎焱第一次外出到县城。

阎焱遵照父亲的意思去县城看望一位老朋友，确切地说，是潜山县前任县长，阎焱父亲当年一块南下的战友。想当初，阎焱选择到潜山插队，"也指望他能照顾一下"。

离开了低矮的知青小屋和一望无际的农田，直奔县城的阎焱感觉很欢快，身上像长了翅膀，不由地加快了脚步。他先是步行了十多里路，才碰巧遇上了一辆开往县城的拖拉机。开拖拉机的农民大叔心肠挺好，让他搭了便车。

在前县长家里，阎焱持晚辈礼，恭敬地同前县长夫妇叙旧，阎焱说起了想上大学的事。然而眼前的这位"老叔"早已卸任在家，完全是一幅不问世事的样子。"她的老婆很厉害，让你感觉到你只是一个小农民，必须有求于她的味道。"天性自尊的阎焱哪受得了如此世态炎凉的冷遇，他很快就离开了这位县长的家，从此再也没有踏入此门！

阎焱住在县城里一位工人朋友的宿舍里，"蹭吃蹭住，当时也没有钱，住不起旅店。我记得是在朋友单位食堂里吃的米饭，有菜有肉，到现在想起来还觉得特别的香。没事的时候，就上大街东张西望，走走看看。"

潜山县城之行，让农民阎焱深刻感受到了城乡生活的极大反差，社会等级的巨大差别。"这一次，让我知道了什么叫人的地位的不平等。我是在城市长大，到了农村以后，才想到要在农村当一辈子农民了，突然间，你会觉得城市的户口、城市的身份须仰视才见，这种变化是特别强烈的。我以前不知道什么叫世态炎凉。”阎焱后来总结说。

回到知青小屋后，阎焱觉得“上大学”这件事越来越不靠谱了：全县数十万知青，每年只有几个名额，怎么可能落到你的头上呢？

阎焱脑海里仍然还混响着公社干部、知青干部在知青大会上的慷慨陈词：同学们，希望你们扎根农村，在战天斗地的革命熔炉中茁壮成长……

同屋子里的一位上海知青幽幽地说：“我可不想在这里扎根，可怜的老爸还在上海等我回去养老呢……就是让我回上海扫大街我也乐意啊！”

阎焱想：我要到哪里去？我的未来在哪里呢？当农民？不，我还是想上大学！

有一次，阎焱听到周围的知青在悄悄地议论着一件事：有一位上海知青为了上调回城，买了一块海鸥牌手表，暗地里送给知青干部。对于这种见不得人的事，阎焱是很不屑的。

阎焱本来就是根红苗壮的上进青年，他利用一切业余时间读书和锻炼身体，通读了他当初从家中带来的部分毛选和马恩著作。农村里书少得可怜，他能够搜到的书全部都看完了，后来他又借回家探亲从家里带回了一部分书也全部看完了，有些甚至都翻烂了。曾是省排球队长、对体育事业有过突出贡献的阎焱身上有着一般知青没有的光环，再加上他从不居功自傲，为人正直仗义，农活成绩也很突出。入党、争当先进知青，是当时进步青年政治上要求进步的具体表现和途径。阎焱也不例外，他积极要求入党，很快成为知青当中的佼佼者，不久就成为知青党支部重点发展的入党积极分子。

这一天，工作组就阎焱入党一事召开民主评议会，听取大家的意见。在会上，平时和阎焱关系最好一个知青突然跳起来说：“阎焱经常收听敌台！”本来就要顺利通过民主评议了，这一下子可炸了锅！大家的神经顿时紧张起来！“你要知道，在那个年代说某人收听敌台，可是一个巨大的政治罪名！”阎焱事后得知后，自己也很意外和震惊：“以前听说过的‘只有好朋友才会出卖自己！’我万万也想不到这事真得发生在自己头上！”

其实知青们都知道，阎焱自己有一个很小的收音机，只能收听一两个台。如果要听当时的敌台比如美国之音，要接上相当长的天线才成。实际上，阎焱没有那么长的天线。此事后来经过了一番调查后确认：收听敌台一说纯属诬蔑！“那时上调回城、上大学的机会很少，是稀缺资源。如果我被发展入党，那就是先进知青，将来我上调、回城、上大学的机会就比他们大多了。”阎焱至今感慨不已。

油灯下，阎焱奋笔疾书，向远方的朋友倾诉心中的甘苦：

“你也看到了，发生在我自己身上的这件事，已经足够把人性中恶的一面，展现得淋漓尽致了吧？就从他们这些十七八岁的所谓知识青年，被人寄以无穷希望的未来建设者的身上，我充分感觉到了人世间的卑鄙和丑陋。事已至此，虽无可挽回，我们哥几个也狠狠地教训了那个臭小子一顿……当然，像这种为了争抢有限名额，暗地里打冷枪、甚至大打出手、头破血流的事，举望天下，应该是数不胜数吧……看来，我已经命该如此，注定一辈子要在此当一个农民了。

“再说点其他高兴的事吧。昨天，我们几个哥们把村大队长家里的狗引到庄稼地里给宰了，烤着吃了。嘿，真他妈的又肥又香啊！哈哈！”

很多年后，阎焱说起这段往事，仍然是感慨万千，欷歔不已！“很多从那个时代过来的人一般都会认为这段经历是人生的一笔财富，说花多少钱也换不来……我并不这么看。所谓精神上的财富，也是一种主观看法，我觉得有些夸张了！如果时光倒流，让我再重过一遍的话，我一定不愿意过这样的生活。那时，我更多的是苦闷和茫然！”

“天之骄子”一飞冲天

时间到了1977年，这一年，在中国的教育史上发生了一件大事，那就是时任国务院总理的邓小平恢复了中国高考。

“当年，大家都在传说邓小平要恢复高考，全国人民都很关注这事。那时农村里没有报纸，看不到，唯一的信息渠道就是村里的大广播喇叭，从那里面听到了这个消息。太好了！全体知青都很高兴，早盼着这一天了。以前工农兵学员上大学，暗箱操作，靠关系。现在好了，考试面前人人平等。”

“我向来对考试充满信心。”阎焱于是开始找书复习，“从家里找来一些旧书来看，当时离考试时间还有不到半年时间。”

这年夏天，安徽省潜山县高考在县中学举行。“考试前我挺开心的，考试过程也比较顺。”从考场出来，阎焱蛮有信心，觉得自己肯定能上大学。

很快分数就下来了：阎焱考了安徽省文科总分第二名！“作文、政治考得好，我会背啊！数学、物理考得也很好，只有化学考得不好。因为高中时我打排球去了，化学课没怎么上。但是总分很好。”

分数下来后，就是报志愿了。

报什么呢？说句实在话，当时的农民阎焱真的并不知道自己想要什么！阎焱颇有些踌躇。

“因为我文科考得好。”所以阎焱想报北大的文科。“中学时，我看过一本叫做《大学春秋》的小说，是写1950年的北大生活的，作者名字忘记了，哎呀，那种大学生活让我向往的不得了，其中有一句：‘雁飞塞北……’，30年了依然记得特清楚。”

但是“1977年北大文科不在安徽招生，只有考古专业，我对考古一点兴趣都没有，不可能去读考古的。”还有其他大学的文科专业如中文，阎焱也放弃了。“我觉得自己的中文挺好的，去大学学什么中文呢？”

阎焱其实心里还有一个愿望：想考电影导演。“我小时候是个电影迷，非常想当电影导演，我想我会是一个非常优秀的导演，我富有想象力，为什么呢？第一，电影让你实现你的梦想，电影就是一个追梦的地方。第二，就是实现你的权力欲。导演指挥你做什么，你就做什么。这个电影梦从我16岁时上中学时就开始了，什么主角啦、配角啦、分镜头啦、机位啦……全想过。”结果那一年也没有相关专业招生，阎焱第二个志愿也落空了。“北京电影学院是1978年9月才开始招生的。如果当时北京电影学院导演系招生，我肯定就报了。”

退而求其次，阎焱的第二爱好是当飞行员。阎焱从小对飞机非常着迷，总是把钱省下来去买一本叫做《航空知识》的杂志，一直买到“文革”期间该刊停刊为止，攒了满满一屋子，一期也没少。看着杂志上的各种型号的飞机，阎焱梦想着像美国莱特兄弟那样驾驶着飞机冲上蓝天，神气极了！

第一志愿他填了南京航空学院的飞机专业。他本想第一个填中国科技大学的同类专业，“中国科技大学”可比南京航空学院神气多了！但是他想起了他几年前当运动员在合肥集训时，曾经参观过中国科技大学，见到的却是一个破破烂烂的样子。阎焱犹豫再三，还是把它写在了南京航院后面……

大约过了一个多月，南京航空学院的录取通知书直接寄到了阎焱安庆家中。

阎焱考上大学了！阎焱当飞行员了！消息很快传到阎焱所在的公社，这个消息一传十，十传百，阎焱从一个普普通通的农民变成了一个人人羡慕的大学生，并且是真正的“天之骄子”——“大学生”加“飞行员”！

更让人惊讶的是，阎焱的二哥和三哥都同时考上大学了！这可是一个绝对轰动的消息。“我家所在的地委大院里1977年就我们一家出了三个大学生。不过，我三哥因为是以中专的学历考上的，按照当年的政策，不让上。多年后，他直接考取了北大研究生。”

1978年2月，阎焱到南京航空学院报到。不过，来到以后他才弄明白了：他所报考的飞机制造专业将来不是当飞行员的，而是造战斗机的。“当时心里凉了一半。”“天之骄子”阎焱当时真有“折戟一半”的感觉，虽然从“开”飞机到“造”飞机，只是一字之别，但是他对“造”飞机实在不感兴趣。

当其他同学精心钻研飞机制造技术的时候，阎焱把大量的时间埋头于阅读“伤痕文学”、思考人生和社会……

那个时候，中国人开始了反思文革的所谓思想大解放运动。“太应该反思了！”这正好对百无聊赖的阎焱的胃口。阎焱以前在给朋友的信中隐隐地表达了他对文革的极大不满：“自屈原以来，在群氓的时代，做一个世人皆醉我独醒的人是一件痛苦不堪的事情……”

1978年开始，中国走上了改革开放的发展道路，各项事业百废待兴，其中体育运动也是从上到下掀起了高潮。“发展体育运动，增强人民体质”的标语，写满了南航运动场四周的围墙，这无疑激活了阎焱身体内潜伏已久的运动细胞，“在南航，能量没处发泄。”于是阎焱又把高中时候的老本行——排球捡了起来。

阎焱的排球是专业出身，技术高超，组织能力又强，很快当上了排球队长。从 1978 年到 1980 年,“南航男子排球队”代表学校连续三年夺得江苏省高校桂冠。

阎焱和队友们斗志高昂,决意拿下“四连冠”,为自己的大学生涯画下完美的句号。

第四年,是最关键的一年,也是出最终成果的一年,冠军队将代表江苏省参加全国大学生比赛。阎焱和队友们瞄准这个目标,志在必夺,“非我莫属!”。

一路上横冲直撞,过关斩将,不料,最后的决赛之前的一场争夺中,阎焱的右手骨折了!这绝对是一个十足的坏消息!作为队长的阎焱在场上一直担当二传手的重要角色,如果他缺席,必输无疑!阎焱咬咬牙,打了三针封闭上场了……然而最后还是二比三输给了南京邮电学院,与冠军失之交臂!

排球最他的最爱啊!打到最后却“棋差一招”。“那次失败对我打击特别大,一周没有去上课,感觉整个世界灰了一半。”阎焱后来说。

阎焱还创造过一个奇迹——在一次省级运动会上,意外摘取了江苏省跳远冠军。在这之前,他可从来没有练习过跳远!这是怎么回事呢?

阎焱想了想,这样对同学们解释:

3 年前我在农村插队时,从农村到城里,没钱坐不起公共汽车,我们经常扒拖拉机,就像是铁道游击队扒火车那样子。我速度很快,“嗖”地就上去了。司机有时发现了我,就停车朝我嚷嚷,我一看,赶紧跳下来就跑开了。司机再一开,我又跳上去了,司机也没办法了……看到拖拉机要拐弯了,就赶紧跳下来……

“我想,我的跳远功夫就是长期扒拖拉机而练就的。”

同学们听了哈哈大笑起来。

后来,毕业实习了,阎焱和同学们去了西安飞机制造厂,他在那里借了一身飞行员的行头,拍了一组飞行员照片,算是过了一把当飞行员的瘾。

四年大学时光很快就在跑跑跳跳中度过了。

1982 年 8 月,毕业后的阎焱被分配到了中国三机部下属的合肥一家专造战斗机的军工厂。“在这个军工厂,担当技术员的都是以前的工农兵学员，水平普遍很差。作为恢复高考后的首届大学毕业生，我担任了三年的主管工程师。”

别了，飞行员！

在工作中，“天之骄子”阎焱发现作为主管工程师也没什么权力，工厂领导的水平还不如他。“军工厂控制太严，管理落后，儿子接老子班，一代接一代，积重难返。”这种毫无自由毫无创意的工作环境让阎焱感到很难受。

他在心里暗暗地想：怎样才能改变这种落后局面呢？答案就是：我应该当官，管理他们。“怎样才能当官呢？大家都说北京大学毕业生出来就当官。那我就考北大吧。考哪个专业最容易当官呢？那就是社会学系。”

阎焱打定了报考北大社会学专业的主意，向厂里领导申请，但是阎焱的考研要求被否决！

阎焱直接跑到北京三机部，向主管部门询问：“我想考北大社会学专业，为什么不让？”

“按照部里的规定，你只能考跟飞机有关的专业。”

“我对造飞机不感兴趣，我必须考北大社会学专业。”

如此反复请求、沟通，三机部有关领导最后总算松口了。“不过，你只能考一次。”

等阎焱回到厂里，被告知：“最近工作很忙，你不能休假复习，也不能请假。”

阎焱明白了：他们这是在想方设法阻挠自己考试呢！

于是，阎焱只能一边忙于工作，有时还意外地被要求加班，一边抽空复习功课。

几乎全厂人都认为阎焱肯定考不上。

阎焱决不会放弃，他们哪里知道阎焱的底子：阎焱天生是个考试高手。在大学四年里，每次考试前两周，他都是临时抱佛脚，开几晚夜车，最后也能考得不错。有一年，南航搞了一个面向全校的综合知识考试，第一名正是阎焱！在大学四年里，阎焱博览群书，分明就是一个杂家，积累了丰富的全科知识……

“最后，也没复习多长时间。一共考六门，我数学本来就很好，历史和政治背背就完了，外语、社会学专业知识，还有综合知识考试，都是没法复习的，主要靠平时的积累。”

结果那一年，在几乎所有人都认为“阎焱肯定考不上”的流言中，阎焱考了北京大学社会学硕士专业全国总分第一名！

“当然，我也做好了准备，如果考不上，我就离开三机部的工厂。”

在众人的惊讶、赞叹和佩服中，1983 年，阎焱如愿以偿地离开了工厂，成为当时中国社会学的泰斗并且还是全国人大副委员长费孝通的研究生。

“其实，费老只给我们上了一节课，我没什么印象。他身兼国家要职，工作繁忙。”阎焱后来说。

阎焱到了北大后得知：原以为读了社会学，就可以当官。根本就不是这么回事！不过，这一次没有让他泄气。让他聊以安慰并且让他惊喜地是：在北大他遇上了一群全中国最聪明的人。这让他无需拿社会学专业当一回事，从此，他就和这群“全中国最聪明的人”啸聚在一起，不必受专业之约束，不必受班级之局限，到处串课，找喜欢听的课来听，“大家整天考虑得就是国家和民族的命运，每个人都是当总理的料，没人认为自己是当部长的料。”阎焱如此描述当年的北大。

这就是北大，确切地说，这就是 20 世纪 80 年代的北大。

社会学专业研究生阎焱变成了一个校园社会活动家，后来，他竞选上了北大研究生学生会常务副主席兼秘书长，带领同学们搞社会调查，开展体育比赛，组织舞会，不亦乐乎！

1985 年，在当时国务院体改委的支持下，阎焱牵头组织了一个社会经济调查活动。“我组织了四位同学，有社会学的，有经济学的，主题就是经济体制改革调查。我们跑了不少地方，访问了不少企业，非常有意思。后来写了一个很厚的调查报告交给了国务院，在报告中，我们提到了价格双轨制改革，改革国有企业的福利制度等内容。”

很多年以后，阎焱总结说道：“我的人生冲击力最大是在北大，我觉得北大真正使我明白了很多东西。北大的那种文风，那种天将降大任的使命感，是跟我以前学工程完全没有经历过的。”

就是通过这一次实际调查活动，阎焱的兴趣从社会学转向了经济学。“社会学专业，没什么可研究的，而经济学倒是既可以发挥我理科优势又可用于政策分析。”

阎焱那一届研究生班，只有四个人，“现在他们三个，一个在美国，一个在日本，一个在加拿大，大都在做生意，没人搞社会学研究。”

在研究生班上有一位来自美国普林斯顿大学的访问学者，Roger Michiner 教授，他主讲西方社会学理论。他很欣赏阎焱的才干。

有一次，Michiner 对阎焱说：“你应该去美国读书，我可以帮你写推荐信。”

阎焱说：“那好啊，只要你给我写推荐信。”

此时的阎焱早已把此前抱有的毕业后当官的幼稚想法抛到爪哇国去了，他也意识到了自己的性格不适合官场，他很快接受了 Roger Michiner 教授的建议。

随后，阎焱轻松拿下了托福考试，就像他以前所有的考试一样，取得了 607 的高分。

不久，阎焱收到了美国普林斯顿大学的录取通知书，普林斯顿给了阎焱四年的全额奖学金，包括生活费在内。

放弃学术，加盟 AIF 基金

1986 年 8 月，中国留学生阎焱飞到了普林斯顿，开始了留学生活。

“我到美国的第一天晚上，就住在 Michiner 教授家里，他的家就在普林斯顿。Michiner 教授待我非常好，在普林斯顿，他仍然是我的专业教授。我毕业多年以后，他也离开了普林斯顿大学。我们的友谊一直到现在。”

初入普林斯顿大学，阎焱读的仍是社会学，半年后，他就转到该校威尔逊国际学院学习国际政治经济学。这是一个与中国大学专业同名但内容完全不一样的学科，涉及宏观经济、国际关系、政治学、社会伦理学等内容。

"美国的学校跟中国不一样,随便你转专业,没有人管你。"

刚到普林斯顿,阎焱有意识地选择住进美国一家普通家庭里,"其实我就想换一个环境,逼着自己不用中文,从思维上改换英文。"这户人家是老夫妇俩,老头儿是一位和气的房地产商人,太太是英文语言学硕士。阎焱用周末时间给他们家打扫院子、剪草坪等劳动换取免费住宿的权利。

"美国是个非常开放的移民国家,这是一个很自由的社会。只要你不拿自己当外人,在美国没人拿你当外人。因为自由,美国集中了全世界最美好的和最丑陋的东西于一身。在国内老有人管你,到美国没有人管了,你爱干什么就干什么。在这里,完全看你的能力,只要你能证明自己,美国社会一定会给你机会。总体来讲这是一个法制社会,一个能人尽其才的地方。"

阎焱在美国很快如鱼得水。"我记忆力好,因此特会考试,语言关过得也快一些,等到做梦时都是用英语思维就大功告成了。"在花费了 10 个月消灭哑巴英语后,阎焱告别了那对老夫妇,搬到学校宿舍。

不久,阎焱花了 600 美元买了一辆二手车,跑遍了美国常青藤盟校的哈佛大学、斯坦福大学、宾州法尼亚大学、布朗大学等 8 所大学。驱车慢行在美国各大校园里的小路上,阎焱四处观望。"我主要是体验一下美国大学的氛围,美国的大学个个建设得都非常漂亮。不像中国的大学,一个个丑得要死。北大还好点。"阎焱走过美国的名校之后,仍然觉得北大的学风是世界上最好的,她的那种民主自由的传统不输于任何一所美国大学。

攻读国际政治经济的阎焱很快成为威尔逊国际学院的高材生,1989 年 8 月,因为数学考得好,他以该院史上最高分通过了博士资格考试,获得了硕士学位。"这个专业是硕博连读的,你只要考过博士资格考试,就给你一个硕士学位。"

获得了硕士学位后,没还等到博士毕业的阎焱顺利考入了位于华盛顿的世界银行总部。"我进入世行,第一顿饭是老吴(吴尚志,鼎晖投资基金创始人)请我吃的。他是第一个进入世行的中国留学生。"

1990 年底,圆满结束普林斯顿学业并获得博士学位的阎焱正式进入了世界银行,成了一名经济学家。"净是研究一些在我看来特没意思的课题，比如研究艾滋病与生育率的影响，我用高斯分布作了一个数学模型，世行到现在还在用呢。"这个工作薪金丰厚，每年十几万美元，还不用交税，有很好的福利，但是阎焱并不满足。弥漫在世界银行内的官僚气息让阎焱很不舒服，"这里生活太安逸了，不可能做大事。世界银行是我从事的工作中最差的，特没意思，在那儿多呆一天都觉得是白白消耗生命。"

1992年，阎焱拿到绿卡后不久，他辞去世界银行的职位，加盟位于华盛顿的哈德逊研究所(HUDSON INSTITUTE)，成为该机构第一位来自中国内地的成员。

哈德逊研究所是美国几大知名"思想库"之一，隶属美国共和党，规模比较大，有200多人。在这里，阎焱研究美国对北亚和中国的外交政策。"我一直对美国的对华外交政策研究很感兴趣，所以当出现这样一个对我胃口的机会时，我就顺理成章去哈德逊了。那个时候，我一直想着做学问。"

在哈德逊，负责研究北亚的阎焱经常回中国访问。"那时基本上一年有两次吧，到中国社科院美国所、北京战略学会等机构，跟他们聊聊。"

一个跟阎焱同一个办公室、关系很熟的同事奎尔，后来官至老布什政府的副总统。"1993年，我曾经和他一起回中国访问。"

1994年初，阎焱完成了一本英文著作，名字叫《北亚的战略均衡》，论述美苏冷战以后的世界军事局势对北亚地区的战略影响。"这本书花了我差不多一年的时间，书评还是后来接任基辛格任美国总统安全顾问的布列金斯基先生写的。"但是专著出版以后，反应寥寥，这样的结果让阎焱很郁闷！

1994年年底的一天，阎焱接到了一个电话，是他的老朋友唐纳德·罗斯打来的。

唐纳德·罗斯,原是阎焱在世界银行的老板。当年阎焱突然向他辞职时,他一肚子不高兴,这对他的工作是一个突然的打断,他当然不愿意阎焱走。但是当他了解到阎焱所去的哈德逊研究所的薪水只有世行的1/3时,他就知道了阎焱的离开不是为了钱,而是为了自己的兴趣,他表示理解和佩服。从此,他们俩人的友谊一直保持着。

这次,罗斯打电话告诉阎焱,他也离开世行了,正在筹备自己的投资基金。"像我们这类人不会把世行作为一个终身事业来做的。"

唐纳德·罗斯告诉阎焱自己最新的进展:"现在我和AIG(美国国际集团,早在1919年在中国上海成立了友邦保险而为中国所熟知),还有GIC(新加坡政府投资公司)一起成立了AIF(Asia Infrastructure Fund)。"

阎焱说:"很好!祝贺你!"

唐纳德·罗斯说:"现在,你知道,亚洲新兴市场商机逐渐增多,特别是中国。我们提出了一个口号:回到亚洲,打回中国老家去!哈哈!你有兴趣么,老朋友,和我一起来做吧,回到亚洲,打回中国老家去!我们现在需要你。"

阎焱听到"打回中国老家去!",在电话这边乐得哈哈大笑!

阎焱想起了三年前的一件往事:1990年,当时他还在世行时,他作为在美的十大中国内地杰出学者访问中国台湾。这也是中国内地学者历史上第一次访问台湾。原来普林斯顿的校友、来自中国台湾的一个同学请他吃饭。"还在普林斯顿当学生时,考试的时候这个同学老抄我的。那天我去他的办公室时,发现他的办公室有半个篮球场大,给我震得都傻了。"这位同学请阎焱在豪华宴会厅里吃饭,一个大厅就他们两人。通过聊天阎焱了解到,他这个"小抄"同学,毕业回到台湾后,打理家族企业,主要做保险和银行业,做得非常成功。

阎焱想:"他这么傻的人都这么有钱,如果换了我,肯定比他做得好。"也许从那时起,阎焱开始对做生意有了新的想法。

在哈德逊,自从自己的研究专著出版反响寥落之后,阎焱经常想起鲁迅的那句话:一首诗绝不会吓跑孙传芳,一炮就把他打跑了!阎焱觉得,相当多的时候,自己辛苦写出的所谓文章、专著,真的不过是"一首小诗"而已！屁大的动静没有！倒不如商业上的摧枯拉朽来得明显和痛快！

阎焱很高兴，他接受了老朋友罗斯的邀请。

阎焱了解到，AIF 目前的主要股东是 AIG 和 GIC，基金规模约 11 亿美元，其中 AIG 投入 4 亿多美元，GIC 投入 6 亿多美元，唐纳德·罗斯是创始合伙人。正如它的名字含义，将来的投资以亚洲地区、重点以中国为主。

阎焱绝没想到自己这么快就做起了生意。不过这倒也符合他喜欢接触新鲜事物、喜欢挑战的性格。

有一天阎焱躺在床上想，"世界上最好的事就是花钱，并且是花别人的钱，而且是花大钱。哦，做投资就是这样的感觉。这世界上还有什么比这更有挑战性呢？"

初入 AIF 基金，阎焱作为董事，负责中国地区和通讯方面的全球投资业务。他每天都能学习新的知识，见到新的有能力的人。AIF 焕然一新的工作，充满着无穷的挑战，让他兴奋不已，实现了他"希望每一天都是新的一天"的理想，"这正是我想要的，很爽。"

投资中海油而成名

1994 年底，阎焱正式加盟 AIG 旗下的 AIF 基金（Asia Infrastructure Fund），以北亚和大中国区董事总经理的身份回到中国。

阎焱的办公室仍然在华盛顿，在中国没有设办公室，一开始，阎焱几乎每隔一个月飞一次中国，阎焱当起了"空中飞人"，以至于当他夹着皮包游走在中国内地时，经常被人误认为是"皮包公司"。却不知这个"皮包公司"是一个同福特基金那样的到处"捐钱"的慈善基金。

1994 年的中国内地，对于"基金"一词，人们还非常陌生，分不清它的类别和作用。

阎焱像个传道士一样，只能先从基金"ABC"给他接触的人讲起：AIF 基金不同于福特基金……当时在中国投资，"就像在过一条黝黑的隧道，前面一片漆黑，什么也看不见，只能凭着感觉往前摸索。直到中国加入 WTO，尽管还没有完全走出隧道，但至少前面的亮光清晰可见了。"

AIF 的定位是投资基础设施，如通信、电厂和道路，阎焱最早的投资项目就是高速公路。

阎焱参与操作的第一个项目是国内一家名为“路劲”的公司，AIF 投了 7000 多万美元，1996 年这家公司在香港主板成功上市，AIF 以 60% 收益率成功退出。

当时建设高速公路的回报很高，基金除上市退出之外，就是设站收费，利润在 20% 以上。后来，一些当地政府看到修路也能赚钱就在路上加设收费站，修路的收益率迅速被分流，跌到百分之六七。

然而当时对于阎焱来说，最大的风险还不是被分一杯羹，而是“政策性风险”。

1996 年，阎焱与加拿大贝尔公司一起对联通山东 GSM 网进行了几千万美元的投资。令阎焱怎么也没想到的是，在投资合同尘埃落定后，政府介入强令阎焱退出。阎焱明白了：他遇上了经济学上提到的那个术语“国家风险”了。这糟糕的经历着实让他吃了一堑长了一智。

类似的投资经历对早期在中国内地进行直接投资的外国基金来说都不陌生，很多外国基金，尤其是派黄头发蓝眼睛的人来中国内地进行投资的，大都血本无归，付出了昂贵的学费。

AIG 基金的幸运在于有中信、中国银行这样的股东兼顾问，而阎焱在工厂、世行的工作经历使他熟悉合作伙伴的心态，熟悉中国国情，所以阎焱在中国的投资还是赚到了钱。

“刚入行时，我们做得很累啊。比如建财务模型，不像现在用电脑，当时计算机还没有普及，也没有相关软件。我是拿几张大纸拼起来趴在地上，又写又画，一旦错了，再重新来过。既繁琐又复杂，整夜不能睡觉。可以说是经过了最严格的训练，一步一步得来的。现在看来，功夫没有白费，它训练你看问题会很准。现在回想起来，大学本科四年的理工科底子对做投资很有好处，尤其对做数量分析非常有利。”

阎焱最为得意的案例则是对中国海洋石油总公司（以下简称：中海油）的投资。

1999 年 10 月，美国股市低潮，市场很不景气，中海油遭遇了在香港和纽约交易所上市未成的失败。这年年底，中海油的承销商中银国际找到了阎焱。中银国际的控股股东中国银行同时也是 AIF 的股东，所以双方有这个缘分。“我们就开始接触了，那是他们最困难的时候。当时有些风言风语，市场条件也不好，大家认为这个公司一定有什么问题。但是我对这个项目非常有信心。”

第一次讨论时，AIF 投资委员会没有通过这个项目。

阎焱直接找时任 AIF 投资顾问委员会主席的基辛格博士说：“在美国，一个公司如果拥有整个美国海域的石油独家开采权和勘探权，该值多少钱？”

“美国人了解中国都是半瓶子醋，他们都是从宏观上了解地多。我说，至少是 10 倍于中海油股份的定价。”

比较熟悉中国国情的基辛格博士一听就明白了。等到第二次讨论这个项目时，投资委员会都投了支持票。

2000 年 4 月，阎焱和时任中海油董事长兼 CEO 卫留成、执行总裁傅成玉在深圳的一个高尔夫球场初次见面。

“中海油以卫留成为代表的专业化管理团队，熟悉国际企业运作惯例，这是我所见过的国内最具开放意识的国有企业。我对他们的商业模式也很认同。”

“我以前没有接触过卫留成，他的高尔夫打得也不错，我对他们的印象非常好，觉得他们非常务实，人品也非常好。”一场球打下来，包括价格在内的重要条款全定下来了。

“我们投了 2 亿美元，45 天之后这个项目就完成了。”

3 个月之后，原来和中海油谈判陷入僵局的李嘉诚基金也跟进投资进来。

“我和李嘉诚也交流过，他后来投了 1 亿美元，价格应该比我们高 20% 左右吧。”阎焱此次投资中海油的果敢和眼光，吸引了香港首富李超人的迅速跟进。这一次被人抢了先机，让李超人认识到阎焱着实厉害！5 年后，当阎焱募集自己的基金时，他也打破从来不投资别人基金的惯例，乐享其成地做了阎焱的基金的 LP（有限合伙人）。

一年后的2001年2月，中海油在纽约成功上市，仅一年半，AIF的投资成功退出，获利一倍多。

加盟软银亚洲，投资盛大再轰动

2001年初，随着中海油成功上市，阎焱的投资传奇很快在业内以多个版本流传开来。

2月，一家猎头公司找到了阎焱。

原来，2001年2月，全球顶尖的美国网络技术厂商思科公司斥资10.5亿美元，与投资网络而出名的日本软银公司共同成立了软银亚洲信息基础投资基金（SOFTBANK Asia Infrastructure Fund），业务以亚洲地区为重点，辐射全球。从2月份开始，软银和思科委托多家跨国猎头公司在全球范围内为它的新基金物色堪当重任的掌门人。他们开设的门槛很高：掌管过10亿美元以上的基金，亚洲人。

这些猎头公司在全球的运营基金里筛选了一遍，符合条件的也不超过3位，而阎焱就是这寥寥几人中的一个。阎焱，这时已经在掌管28亿美元基金的AIF工作了7年，以投资中海油、新世界基建等多个成功案例而闻名业界，总投资额超过10亿美元，成为AIF基金最年轻的全球合伙人。

思考了数日，阎焱接受了猎头公司的邀请。

下面是阎焱与一位朋友的对话：

“做得这么好为什么还要离开？”

“我是个永远不能安于现状的人，当我可以清晰地看到我的未来时就会想换个更有挑战性的工作。而且，在AIF做投资非常复杂，机制不好，AIG、新加坡政府投资公司（GIC）和AIF基金管理公司三方都有否决权。我每做一个决定都要经受重重折磨，投中海油时投资委员会第一次就不同意，我甚至愿意把自己的钱放进去投他们也不同意，后来经过无数遍的沟通他们才终于做出明智的选择。对我来说，做得越多，痛苦越多。”

“这么说，在AIF由于不掌握决策权一直令你感到比较压抑？”

“一方面是这样，从另一方面来说AIG毕竟给我提供了一个施展的平台，喜悦还是要大于烦恼的。我只是一直很痛恨这种官僚做派，明明很简单明晰的事情为什么要人为地复杂化而给自己制造障碍呢？本质上来说我是个非常渴望自由的人。”

“没有人否认这伙资本家的聪明，他们为什么还要搞这么复杂的模式？”

“因为 AIF 基金里，AIG 投入 4 亿多美元，GIC 投入 6 亿多美元，两者加起来就是 10 亿美元。不给他们权力是不行的。对于创始人唐纳德·罗斯来说，这是客观妥协的结果，否则他募集不到钱成立不了基金。”

“你，这可是第二次炒唐纳德·罗斯先生的鱿鱼了，他说什么了么？”

“没有。当然，对于我的再次离开，他依然是非常理解和尊重的。罗斯，现在也已经快 60 岁了，他仍然工作在投资第一线。我们的深厚友谊并没有我的离开而受到损害。”4 年之后，当阎焱独立创建自己的基金时，年过六旬的唐纳德·罗斯也把 AIG 的名字写在了阎焱基金的 LP 名册里。此是后话，暂且不提。

2 月的一天，在猎头公司的安排下，阎焱在香港面见了软银美国主管合伙人 Gary Rieschel，Gary Rieschel 在 IT 领域拥有超过 25 年的运营和投资经验。1996 年，他在美国创建了 Softbank 风险投资机构，掌握近 20 亿美元的基金，是投资界赫赫有名的人物之一。

“后来，我又去美国见他。我们谈得一直非常顺利和融洽，他很欣赏我的经历和见解。哦，他这人非常好，我们互相欣赏，至今保持着很好的私人友谊。Gary Rieschel 后来也建立了自己的基金，在 2005 年初举家迁到中国上海，他的妻子是香港人。”

2001 年 10 月，凭借对 10 亿美元以上基金的丰富管理经验和服务大中国区的亚洲背景，阎焱在十几名候选人中脱颖而出，走马上任当年亚洲最大的风险投资基金——软银亚洲信息基础投资基金 CEO，成为全权管理海外风险基金全球业务的第一个也是当年为止唯一一个做到 CEO 职位的中国内地人。

“我上任之前，最后去东京见老孙（孙正义，日本软银创始人），跟他见面是个很快乐的事，他不跟你谈什么基金，他津津有味地跟你谈他的宽带业务。”

软银亚洲信息基础投资基金(Softbank Asia Infrastructure Fund ,SAIF)一期基金规模是4亿美元,“我是基金的总裁,我们管理团队在公司里有一些股份,但是我们的股份不大,软银是控股的。”

阎焱上任伊始的首要工作就是招兵买马。“当时,孙正义有一个软银中国,2000年成立的,业务开展得一般,孙正义想把软银中国的人员全部转给我,他们人很多,我不同意。我说,我只要我想要的人。”

阎炎首先挑选了羊东,羊东学金融出身,在美林、花旗都做过,投资经验比较丰富。

接着选了周东蕾,第三个是周志雄。“其实开始我没选周志雄。他听到我选了羊东后,飞到香港找我,我一看,这人行啊,毛遂自荐,那就留下来吧。”

“接着我把黄晶生拉进来,他是我多年的一个老朋友,他此前在美国也做过投资。”

阎焱率领林和平等人坐镇香港,统领全亚洲投资事务。黄晶生,羊东、周东蕾、周志雄、王京川等5个人镇守北京,加上韩国、印度团队,共计20人。至此,亚洲团队建制完毕。

“2001年成立时就已经是11月了,主要是团队建设,磨合,基本上没有做案子,只投了300万美元的第一个案子,现在还在运营,没有退出。”

2002年整一年阎焱团队全都在看案子,一个案子也没有投。

而阎焱在忙着看案子的同时,最主要的一个要务是花时间说服孙正义等投资委员会成员改变只投早期项目的惯例,改投中晚期项目。“那个时期,我到处飞来飞去。我得花时间花精力去说服他们,SAIF一定要改投以中晚期为主的案子。”不管怎么说,经过近一年的努力,阎焱的愿望基本上落实了。

2003年开始了,经过2001年和2002年的团队磨合、投资调整和项目酝酿,SAIF该到了发力的时候了!

这一年一开始,他们在亚洲的韩国、印度、中国市场开始频频出手投了10多个案子,而中国市场就如期敲定了深圳博康数码科技、摩比天线技术

(深圳)公司等三个项目,然后他们开始集中精力对关注已久的盛大网络项目发起了攻关。

2002年4月的一天,阎焱的一位普林斯顿的同学将一个项目推荐给阎焱,这个项目就是盛大网络。

此前,阎焱的团队已经用5个月时间考察了世界各地在线游戏的发展,并充分认可了它的市场。

在当时,韩国的网游是世界领先的,阎焱团队看了两个韩国的网游公司,其中有一家阎焱都准备投了,但是后来由于韩国的政策变化,导致这个项目夭折。

“在看盛大之前我们对这个行业非常熟,我们知道这个行业的发展趋势和它的增长的潜力有多大。”

盛大项目的出现让阎焱眼前一亮。2002年这一年,盛大发展很快,当年的净利润有2000万美元。

“我跟陈天桥(盛大公司创始人)见面聊起了过去的经历,当年盛大最早曾被中华网收购,后来中华网因为自身管理上的问题给盛大的发展造成了极大的阻碍,最后陈天桥只好又把盛大买回来自己运营。”谈到中华网这一段经历时,陈天桥对中华网当时的管理弊病深恶痛绝,也引起了阎焱的共鸣。原来,还在AIG时,阎焱曾经通过他投资的香港新世界基建公司向中华网累计投资了8000万美元,所以,对于中华网的管理弊病他也十分了解。“那么我们在这一点上比较投机,再一个我们对他的业务模型非常了解。网游这个商业模式当时在全世界来讲很少有人知道,商业模式比较新。”

“当时令我们印象最深的是他的销售网络和管理。陈天桥是个非常不错的管理人,在当时他告诉我,在每一个时间点上,有多少人同时在线,他的哪台服务器承载量是多大?他都一目了然。他们客户服务的曲线波动做得非常细致,客服中心的管理很有效率,交接班都像军队似的,做到这点非常了不起。所以说,我们投盛大,并不是投他的游戏本身,而是他的分享网络。我记得很清楚,当时新浪、网易、搜狐三家加起来,全国的服务器大概有600台,盛大当时已经有800台,远远超过它们三家门户的总和。

这就是盛大的厉害之处。"

盛大公司聘请了汇丰银行做融资顾问,融资额度为2000万美元。在SAIF之前,已经有数十家基金看过盛大项目,最后进入最终谈判的就剩下SAIF和由汇丰领投的投资组合。

2002年秋,就在软银亚洲决定投资之时,盛大正面临着一场法律纠纷:盛大和当时公司唯一的网游产品《传奇》的出租方、韩国Actoz公司之间爆发了"私服事件"的诉讼。起因在于Actoz服务器源代码泄露,导致私架《传奇》服务器的现象盛行,盛大因此拒向Actoz支付分成费,Actoz为此发出律师函,单方面宣布终止跟盛大的合作。当时,盛大90%的收入都依赖于《传奇》,因此其业务面临巨大的危机。

事实上,在软银亚洲之前,很多风险投资基金已经考察过盛大,都因为这场跨国法律诉讼的官司而没有投资,软银亚洲投资委员会在第一次投票时也否决了这个项目。他们的理由也是因为这场官司的不确定性和对于商业模式的理解不同。但是,阎焱看好盛大,他逐个游说其他的4位投资委员会成员,并表示愿意个人放钱跟基金一起投,显示了他对盛大项目的十足信心。

"我们请了美国、韩国的律师,作了很详尽的法律方面的尽职调查,认为韩国公司违约在先,赢不了这一单官司,所以我们很有信心。

"风波之中,盛大管理层的决断表现出了很强的危机处理能力。我们看中的不仅是项目,不仅是公司,更重要的是经营公司的人。以我们多年的投资经验,投资失败的原因95%甚至99%都是因为投错了人,而不是投错了项目本身。因此我们在选择受资对象时用40%的时间来考察这个公司的商业模式及赢利模式,用超过一半的时间来考察受资公司的团队。"

在阎焱的努力争取下,投资委员会全票通过了对于盛大项目的认可。

2002年9月阎焱和陈天桥的谈判开始。11月签署了投资意向书。

12月,阎焱团队飞抵韩国,会同软银亚洲韩国团队一起,参与了盛大与韩国Actoz公司法庭外和解的调停。"基金不仅是提供资金,还包括帮助企业进行法律上的重组,比如把原来盛大家族式企业转化成国际化现代企业,引入职业经理人,建立和完善财务、人事等管理机制,比如把陈天桥哥哥的企业剥离出去。另外，甚至寻找销售渠道，全方位扶持企业成长。”

2003 年 3 月，在上海盛大公司总部，阎焱和陈天桥签署了投资协议：软银亚洲向盛大网络(Shanda Networks)投资 4000 万美元。阎焱握着陈天桥的手说：“争取 3 年内成为 10 亿美元的公司。”

这笔迄今为止中国互联网企业中单笔融资额最大、出让股份最少的风险投资案的出现，立刻引起业界和媒体的广泛关注。而当时正值资本市场萎靡不振，整个 IT 业的投资萧瑟一片，网络游戏则更像漫漫黄沙中的一粒碎石，盛大其时恰逢官司缠身前途未卜，而阎焱引之为珠玉。

阎焱的高明体现于，在一个刚刚显露出爆炸性增长潜力的行业中力捧盛大，使之在资本的高台上加速成长，从而迅速占领更大的市场，实现资本赢利，正如当年软银的孙正义投资雅虎一般。

事实胜于猜测和臆想。注入 4000 万美元的盛大网络如虎添翼，发展迅猛，效益显著，利润迅速攀升，并于 2004 年 5 月 13 日在美国 NASDAQ 成功上市。同原来预计的上市时间相比，大为缩短至 14 个月。公司的股票由上市时每股 11 美元高涨至每股 32 美元，最高市值超过了 22 亿美元，远远超过了中国互联网三杰——新浪、网易和搜狐，成为当年中国概念股龙头。

盛大上市后，阎焱和陈天桥在公司是否上马机顶盒业务战略上发生了分歧。

陈天桥极力要上机顶盒业务，“而我们是不主张这一业务的。而希望它能够加强开发能力，因为当时盛大开发网络游戏的能力并不是很强。这涉及对业务的判断，每个人都有自己的观点，很难说谁对谁错。在这个问题上我们达不成一致的意见，所以我们选择退出。”

作为创业投资基金，按照一般规律，上市以后度过了 6 个月的锁定期后，就可以退出了。

“2004 年 11 月的一天，我是准备第二天退出了，结果当天晚上 10 点钟接到公司电话，公司突然发了一个 2.8 亿的债，这出乎我们的意料！”

第二天，受发债影响，盛大股票价格下跌了很多。

“我是公司董事，结果我们不得不推迟我们的退出。直到 2005 年

1 月。”

“很不巧的是，我们退出的当天，有一家中国很大的上市公司发布了一个预盈公告，然而实际上没有达到它公布的数字，引起股价下跌，结果带动了当天整体股价下跌。好多人都误认为是我们退出盛大时带来的结果，实际上不是我们的事。”

这一天，阎焱顺利退出，股价高达 40 美元，收回 5.6 亿美元，只一年多的时间，赢利高达 16 倍，创造了新的网络投资神话！

羽翼丰满，成为 VC 独立第一人

软银赛富第一期基金从 2001 年开始，到了 2004 年底，阎焱和他的团们就全部投资完毕。4 年内投资 28 家企业，先后退出 8 家。其中，获利最丰的项目便是“盛大网络”了。

盛大成功之后，阎焱和几个团队成员商量，决定独立设立自己的基金。他们的想法是如此的清晰和强烈！

首期软银亚洲基金的规模为 4.04 亿美元，思科当时作为唯一的 LP（Limited Partner，有限合伙人）出资 4 亿美元，软银则作为 GP（General Partner，普通合伙人）提供品牌和管理。在软银亚洲，阎焱虽然是投资委员会成员，却也只有一票的投资权，没有最终决策权。“对盛大的投资差一点胎死腹中。一次两次还能忍受，但是长期下去肯定不行。”

“作为一个职业投资管理人的最高境界当然是自己能够独立融资、决策、管理和获益。”阎焱的独立想法，首先得到了思科的大力支持。2004 年底，在思科的支持下，阎焱与软银孙正义进行谈判，最后，双方均作出了部分妥协：新基金的名字依然保留 SAIF 的称号，尊重品牌历史，允许软银投资 5000 万美元（而其他的除思科以外的 10 多家 LP 最多只有 3000 万美元）。

谈判之后，阎焱带领周志雄、羊东等人独立设立了第二只基金——赛富亚洲基金，阎焱出任基金管理公司首席合伙人、最大股东，同时管理公司所有合伙人都既是 GP，又是 LP，并且管理原有的软银亚洲基金和新设立

的赛富亚洲投资基金以及与天津创业投资有限公司合资成立的赛富成长创业投资基金2亿元人民币。

仅仅花费了6个月的时间，赛富基金Ⅱ就轻松募集了6.43亿美元，其中思科一家为2.5亿美元。“思科对我支持最大。”

在阎焱的眼里，最好的基金是大学基金，其次是一些大家族的基金，最差的是企业基金。对于一些人所认为的最适宜充当财务投资者的养老金等社会保障基金，阎焱是“一分钱没要”，原因在于这些基金的限制和要求比较多，比如要求像公众公司那样披露投资计划，而这些都是阎焱所不能接受的。

根据阎焱对基金的排序，以他为首的团队最后把赛富基金的规模定格在了6.43亿美元。其中80%的基金来源于美国，15%来自欧洲，其他5%来自亚洲，除了上文提到的思科、软银、AIG基金、李嘉诚家族基金外，承诺给这只创投史上最大的由中国人独立管理的国际性基金的还有：普林斯顿大学(母校)基金、摩根大通、卡耐基梅隆基金、洛克菲勒基金会、欧洲最大的家族基金和最大的退休基金以及中国香港的曹光标等知名家族基金。

“6个月,募集6.43亿,我总共飞了两次美国,欧洲和亚洲的基金都是他们找上门来的。”

何为基金独立?这对于中国VC及大多数人来说是个问题。“所谓基金独立,主要有三个方面,缺一不可:第一,资金募集来源要独立;第二,投资决策要独立;第三,GP基金管理公司要独立,100%的股份和投票权是管理团队自己的,没有外资股份。”

所以按照这个标准,目前在国内所有的自有品牌和共享品牌的中国VC机构中,只有阎焱领导的赛富基金II、III及后来徐新创建的今日资本是真正意义上的中国独立VC。

那么作为中国的第一个独立VC团队,在投资管理上有何特点呢?“我们在管理上基本上实行民主集中制,所有的团队成员,全亚洲团队成员30多人,包括秘书在内,都享有管理公司股份。我们现在共有8个合伙人,包括我在内,在投资决策上,一人一票,我们未必全票通过,原则上少数服从多数。”

赛富亚洲基金的诞生标志着活跃在中国的境外创投基金中的管理团队开始脱离原有的外资平台,独立进行融资并运作。这是中国创投业10多年来具有划时代意义的事件,而率先揭开“VC独立运动”序幕的阎焱,也标志性地在中国的创投江湖中确立了自己的领袖位置。

由此,以新的面貌出现的阎焱率领投资团队继盛大神话之后,继续上演了“完美神话”:2006年9月投资800万美元占股份36%的北京完美时空游戏公司于2007年7月26日在NASDAQ上市,市值接近10亿美元。这一切还不到1年,SAIF的投资增值就达到了50倍,远远胜过了当年的盛大神话!

投资如水,顺水行舟

“2003年9月,当时我们已经投资了盛大网络。在戴相龙市长的倡导下，天津市政府主动找到了我们，共同募集成立赛富中国成长基金。"

经过近两年的时间，到 2004 年底，在经过了商务部、科技部和国家工商行政管理总局的三堂会审之后，中国第一支非法人制（人民币）基金通过特批成立。基金规模 2 亿人民币，赛富和天津市政府各出一半现金，完全交与赛富作主投资，既没有投资行业限制也没有投资区域限制。这是中国政府在私募投资领域第一次把自己的资金交给外资机构来管理。

"目前，该基金已经投资了四五个项目，进展非常好。这个基金钱不多，只是一种探索性质，然而你会很快发现，许多类似人民币基金开始摹仿创立。我们算是带了一个好头。"

2007 年 3 月，赛富亚洲基金三期募集完毕，资金总额高达 11 亿美元，用时 3 个月。"至此，我们管理的基金总额达到 22 亿美元，这是当前世界上最大的一只专注于亚洲的创业投资基金。这一期基金中，已经与软银没有任何关系了。赛富三期基金投资基本会跟二期一样，大概 90% 投成长期，10% 投早期，在投资领域上基本没什么限制，什么都可以投。75% 左右的资金将投向中国，20% 投向印度，剩下的 5% ~8% 则投向韩国。单笔投资规模一般在 1000 万 ~6000 万美元之间，个别案例也可以达到上亿美元。"

这是阎焱树立的新高度，仍然同刚开始投资一样，他并非刻意为之，一切都是水到渠成。"投资一开始就是要有悟性的。我投资，不是老想着赚钱，更多的是一种征服，一种挑战。"

还记得曾经是钻研社会学和政治经济学的研究员阎焱么？

"搞研究写文章能在多大程度上改变这个社会？"

"我觉得现在的工作就很好，直接投资带来了人们生活质量的直接改善。"阎焱说。

注：本文未经阎焱本人审阅。

◉ 怀着记者之梦飞出岳麓书院，得VC商机，成为“中国引入高科技产业风险基金第一人”。功成名就之际，不忘回报母校，捐资数百万成立奖学金。他就是美国IDG全球副总裁，亚太区总裁，IDGVC亚太基金创投合伙人——熊晓鸽。

熊晓鸽：中国创投界的“信鸽”

中国有一句成语叫“顾名思义”，当你看到“熊晓鸽”这个名字时，你一定会想到“鸽子”、“信鸽”这样一种吉祥鸟。中国人起名是很有讲究的，是啊，我们顾名思义一下，就可以猜测到熊晓鸽的父母在给儿子起名字时的寄托、祝愿和希望。

父母的拳拳挚爱和殷殷期待，很快成了日后熊晓鸽“衔信而飞”的梦想。

战地记者梦

1977 年，中国恢复了高考制度，从而改变了被耽误的一代中国人的命运。湘潭钢铁厂的 1 级钳工熊晓鸽成为幸运儿之一，凭勤奋好学考入了离家 50 公里远的湖南大学(以下简称湖大)。中国历史上著名的岳麓书院就坐落在湖南大学校内，这里人杰地灵，“唯有楚材，于斯为盛”，学风炽热，传统文化与现代教育在此交汇盛行，是江南有名的教育殿堂。

“我的小学就在家附近的学校上的，初中是在湘潭五中。”1966 年文革开始后，熊晓鸽刚上小学，身为湘潭钢铁厂干部的父亲受到了不公平的冲击，社会上动荡不安，怕受坏人欺负，他不让熊晓鸽出门，“就在家里看书，我还经常去工厂图书馆，图书管理员洪爷爷帮我借书看，如《平原枪声》、《敌后武工队》等当时流行的小说。

“父亲厂里有一位电工范叔叔，他技术好，是 7 级电工，电工中最高级的，很了不起，我很佩服的，经常上他家玩，他教我装配矿石收音机，知道了二极管、三极管，对电器逐渐产生兴趣。”

1973 年，从湘潭钢铁厂附属子弟中学高中毕业后，熊晓鸽进了湘潭钢铁厂当了一名电工，一干就是 3 年，直到恢复高考。

从小喜欢摆弄收音机、晶体管等各种电器的电工熊晓鸽本来报考的是湖大工业自控专业，“后来，学校挑选一批有一定英语基础、中文能力强的学生来学习英语专业，我就这样被老师选中。”

1978 年 8 月，熊晓鸽正上大一，这时湖大来了几位“特殊”的英语口语外教。“那年刚刚改革开放，湖南岳阳某国企买了美国的大型设备，美国专家带着家属来到湖南安装调试，家属们没事干，湖大请她们来学校教口语。每周一至周五上课，周末坐火车回去。教了我们一年，这时她们丈夫的工作也结束了，就要一起回美国了。湖大外事办提出，应该请湖南日报记者来采访，写篇文章表扬一下家属外教们的贡献。大概记者比较忙，对学校老师说，就找你们的学生自己写吧，所以找到了我。”

熊晓鸽爱写文章也是由来已久，小有名气。“一般小孩不太喜欢写作

在湖南大学时的熊晓鸽，对未来充满向往

文，我从小喜欢看书，中学时特别喜欢语文。很幸运，我的初中、高中语文老师都特别好，所以那时候培养了喜欢写作文的兴趣。我的作文经常被老师当作范文在班上念，还参加湘潭市的作文比赛。"

接下了学校布置的任务后，没过多久，一篇题为《来自太平洋彼岸的友谊》，署名"熊晓鸽"的文章登上了《湖南日报》的头版，还配了一张照片。

文章上了省报头版！这消息在湖大和美国工程师太太们中间，引起了不小的轰动，晓鸽的父母也很自豪。

"还得了7元稿费。当时学校给我的助学金一个月才10块钱。而写一篇小文章，好像没怎么费力，就一下子挣了7元钱，既得名又得利，多好啊！就喜欢上记者了。"

这篇文章的发表真正触发了熊晓鸽的记者梦，确切地说是：战地记者梦。

湖南是中国著名的革命老区，老军人老革命老英雄众多，熊晓鸽的父亲就是其中的一位。"父亲原是解放军第十五军45师的，这是一支英雄部队，后来参加抗美援朝。父亲和黄继光是一个师的战友，一起参加过上甘岭战役，战争给父亲腿上留下了伤残，后来转业到湘潭钢铁厂当了干部。”

英雄父亲可没少给少年熊晓鸽讲各类战斗故事，这也是中国20世纪70年代大部分男孩子们的精神食粮，熊晓鸽当然有条件“吃小灶”。另外，在“文革”中受到不公平待遇的父亲为了儿子不受欺负，还请了一个会武术的师傅教儿子练武，从而锻炼了熊晓鸽坚强的体魄。

20世纪70年代末，中国进入了和平发展的年代。要想当战地记者，就只有到战火纷飞的中东去，就得学好英语。怀抱“战地记者梦”的熊晓鸽努力阅读有关中东战事的英文时事新闻，“当时对新华社的几个驻联合国记者十分崇拜，像彭迪、钱行啊，他们的国际评论写得特别好。”

1981年，本科就要毕业了，熊晓鸽平日里受到学校里北京同学的影响，“他们总是向我描绘北京的生活如何好、方便，层次那个高啊，见识多极了！”晓鸽觉得还是大城市好啊，很想分配到北京，到新华社当战地记者。他一面等待分配北京的工作，一面也报考中国社会科学院的新闻研究生。

“我开始自学新闻理论、新闻史等专业课程，看范长江的《中国西北角》等新闻名作，全靠自学，考研究生时，这些课我都拿了80多分，我觉得新闻挺容易学的。”1981年大学毕业的熊晓鸽信心十足地报考研究生，不料在政治科目上失手，第一次考研失败。

毕业分配了，熊晓鸽如愿以偿地来到了北京，进入机械工业部下属研究生部及干部管理学院做英语教师，后来又做过部里的翻译。

北京的工作、生活的确“如同学所说”，让来自湖南的熊晓鸽开阔了眼界，繁忙工作之余，熊晓鸽依然没有忘记自己的战地记者梦。从1982到1984两年时间里，他没有回湖南老家探亲，利用一切业余时间为再次考研作准备。他跑到北师大补习政治课，继续复习其他课目。

1984年他终于以全国统考总分第三名的成绩，顺利考上了中国社科院研究生院新闻系英语采编专业。“我们那个班实际上是由新华社和中国日报社出钱办的，属于对口培养。”

梦想实现指日可待，晓鸽高兴极了！跑到大连，找已经考到中科院大连物理化学研究所的大学同学玩了一通。他住在同学那里，巧遇同住一个宿舍的同学周全，周全于1981年从中国科技大学考入该所。熊晓鸽畅玩了十多天，从此和周全结下了浓厚而长久的友谊，一直到今天。

在中国社科院的新闻研究生班上，被梦想初步实现而激励的熊晓鸽学习刻苦，写作勤奋，在《中国日报》上发表了数十篇英文文章。

熊晓鸽的才学受到了班上几位美国外教的欣赏。“其中有一位来自美国哥伦比亚大学新闻学院的外教告诉我，你应该到美国去留学。”但是，熊晓鸽并没有在意，他一心只想进新华社做驻外记者。研究生的第二年，他同时被安排到新华社国际部中东非洲组实习，他感觉战地记者梦近在咫尺了！

美国教授对熊晓鸽说：“你还是挺有潜力的，但如果不去美国学习一下，你成不了最好的新闻记者。”

熊晓鸽不解也不相信：“为什么？”

教授说：“你应该多看看国外的同行怎么写的。我觉得中国记者写作新闻的角度还不够准确，深度也有待提高。”

逐渐地，熊晓鸽在学习和工作中慢慢也领悟到了美国教授的高见，他有些触动。“当时中国刚开放不久，很多国外的新闻理念进来了，我们知道好，但是不知道好在哪里？同时，也不知道哪儿不好。”

20世纪80年代初，新中国第一波出国潮开始兴起，北京更是领风气之先。

一天，他接到了在大连结识的周全发自美国新泽西的来信说：“晓鸽，你太应该来美国留学了，不然你会后悔的。”周全已于1985年3月考入了美国Rutgers大学攻读博士学位，“我在大连认识周全时，他正在申请去美国留学，我还帮他修改过申请信呢。”

与此同时，一位美国朋友对熊晓鸽说：“我可以提供担保赞助你。”

熊晓鸽心动了，他接受了美国恩师和美国朋友的意见。

这位来自美国哥伦比亚大学新闻学院的恩师在美国有很高的知名度，他为熊晓鸽写了一封推荐信，连同熊晓鸽在《中国日报》发表的数篇优秀英语文章寄到美国，不久，他收到了波士顿大学的录取通知书。

8个月拿到硕士证书

熊晓鸽成功地申请到了波士顿大学的奖学金，专业是大众传播学硕士学位。

当熊晓鸽拿着签证走出签证处门口时，他想起了老英雄父亲。

对于熊晓鸽的出国，“老战地英雄”不明白儿子的选择。在老英雄看来，考取了硕士研究生，将来分配到新华社工作，已足以让人羡慕了！为什么要到美国去？

熊晓鸽心里顿时涌上一阵莫名的恐慌：是啊，我为什么要去呢？

当他乘上飞往纽约的飞机时，身上只有38美元，那是他全部的生活费，以后会怎么样，他自己也不知道。

这是熊晓鸽第一次坐飞机，他感觉飞机晃晃悠悠的，身体晃晃悠悠的，心里也晃晃悠悠的：憧憬、兴奋、压力、未知……交织在一起。

1986年8月23日晚，大雨滂沱之中，飞机降落在纽约肯尼迪机场。熊晓鸽走下飞机，美国赞助人Bob Trumbull和儿子将他接到康纳底克州的家中。暂时安顿下后，熊晓鸽马上给周全打电话。

熊晓鸽：“周全，我来了！刚下飞机……”

周全：“太好了！你钱够花么？我先借给你1000美元吧。”

熊晓鸽：“这么多钱！我什么时候还得起啊？”

周全：“没事，你需要的，你也还得起的。”

熊晓鸽：“你在新泽西，怎么把钱给我？”

周全：“我表哥也在波士顿大学读书，和你同一所学校，我会让他交给你。”

熊晓鸽：“太好了！哥们，那就谢了！”

第二天，熊晓鸽前往波士顿大学注册，报到。在学校的布告栏上，他一眼看见James Thomson Jr教授正招聘“中国与越南革命报导”课程的助教，立刻上门毛遂自荐。Thomson教授一看，面前的这位中国学生英语流利，在国内既当过英语教师又学过新闻，谈吐不俗且胆识过人，不禁满意地一笑。

熊晓鸽就此顺利得到了这个助教的职位，月薪 375 美元。

下午熊晓鸽与四个中国同学一起在学校附近找了一处一室一厅的公寓，房间里空空如也，连床也没有，还是那位 Thomson 教授帮忙介绍，从附近的教堂里找来一些床垫子，四个人就在地上打地铺。

搬完家后，熊晓鸽发现住所附近有一家自行车店贴着招聘广告，就跑过去跟店老板说："你不是要招人吗？我会装配自行车。"店主很高兴。"看我是中国人，就给我一辆中国产的自行车，我一看是台湾产的。我花了 2 个小时装完了一辆，他骑着试了一下，夸奖说：'装得不错！'"

熊晓鸽如愿地又从自行车店主那儿得到了另一份工作：装配自行车，7 美元一小时，每天下午下课后工作。

命运女神如此青睐！太 lucky 了！

熊晓鸽高兴地给周全打电话："周全，我今天已经找到两份工作了，用不了多久，我就可以把钱还给你了。"

周全很吃惊："刚来美国第一天，就找到了两份工作！晓鸽，你太棒了！"

熊晓鸽接着给担保人打电话："你不用再为我付账单了，我已经找到两份工作了。"担保人朋友在电话那头乐得哈哈大笑！

从此，中国留学生熊晓鸽每天下午下了课，就一溜小跑到自行车店忙乎起来。

相对中国的月薪制，美国是小时薪，熊晓鸽第一次体会到了争分夺秒、时间就是生活费的滋味！他如同上紧了发条的闹钟，赶个不停，真想把一分钟掰成两半用！时间的感觉总是比过去少，比别人少。助教工作一周要占用 20 小时，周末要帮教授修改学生卷子，忙得晓鸽团团转，学习异常紧张繁忙。只坚持了一个多月，他不得不放弃自行车行的工作。

对熊晓鸽来说，与其他学生不同的是，波大只给了他一年的奖学金。晓鸽清楚地记得入学时那位教授说："Hugo，你必须今年读完你的全部课程，要不然明年就没有奖学金了。"这就意味着他必须在一年的时间里，确切地说，是 8 个月的时间内，通过别人 4 个学期的课程。如此繁重的学习任务，其时间的紧张可想而知！

事实上，熊晓鸽在规定的时间里修完了2年的硕士课程，“这没有什么可骄傲的，不努力我就拿不到奖学金，我就没有钱支付学费和生活费。这些都逼着我不得不拼命学习。”

然而你如果认为熊晓鸽是个只会努力读书的“书呆子”，你就错了！

1987年的中国春节，一场中国留学生新年晚会在MIT的Kresge礼堂隆重开幕了，中国驻美国大使馆的部分官员连同波士顿地区的中国留学生共计数百人一起参与联欢，规模庞大，盛况空前，博得了中国使馆及留学生们的普遍称赞。

这台新年晚会的主要组织者之一就是熊晓鸽。

熊晓鸽的文艺活动是从儿时学小提琴和二胡开始的。在湖南大学时，他既是各种文艺演出的热心参与者，时不时高歌一曲，多次拔得头筹，又是班级和系校文艺演出的组织者。来到美国以后，虽然学习、工作、生活压力加大了很多，熊晓鸽天性乐观的文艺细胞没有被打磨掉。每逢佳节倍思亲，从1987年的春节晚会开始，每年的中秋节和春节，熊晓鸽总会满腔热情地协助中国大使馆和中国留学生中心，张罗一些文艺活动，最让他自豪的是1988年组织海外留学生为中国大兴安岭森林大火赈灾义演。“我把当时在波士顿的大腕明星傅海静、高曼华、朱明瑛等请到了现场。这场演出赚了2万多美元，全交给中国大使馆了，使馆奖励我100美元。”

学习、打工、社会活动……熊晓鸽忙与累并快乐着，很快8个月就过去了。

“我感觉8个月来，几乎没有睡过一次整觉。在美国读硕士学位也同样需要写毕业论文，或者写6篇在杂志上发表的文章才可以拿到学位，这是真正的毕业。当然，仅仅读完学分也可以毕业，但是在毕业典礼上你拿到的装毕业证书的卷筒里面是空的，没有毕业证书。除非你以后再补交论文。”

“我想以后也许没有时间再补了，所以就拼命地把学分读完，最后两个月把论文也写完了。”

8个月后，熊晓鸽和两年前入学的同学一起参加毕业典礼，包括周全的表哥也在同一天毕业，熊晓鸽的美国朋友、赞助人Bob Trumbull也一同参加了毕业典礼。

Bob Trumbull说：“Hugo，打开卷筒看看，毕业证书在里面么？”

熊晓鸽打开证书:“在,不过我照片上的眼睛都是肿的。”

当记者遇上 VC

1987 年 5 月,熊晓鸽以优秀成绩拿到了波士顿大学大众传播学专业的硕士学位,又获得了一年的奖学金,继续跟 Thomson 教授攻读有关经济、国际关系方面的博士学位。

1987 年 5 月,拿到波士顿大学新闻及传播学硕士学位

Thomson 教授同时也在波士顿另外一所名叫弗莱彻法律与外交学院教课,这所学院由塔弗茨大学与哈佛大学合办,以培养美国外交界精英而闻名。

不久,Thomson 教授推荐熊晓鸽申请到了这所学院的全额奖学金。这个奖学金比波士顿大学的高多了,还包括生活费,专业方面也比波士顿大学竞争力强,这自然就吸引了生活压力比较大的熊晓鸽。他很快转到弗莱彻法律与外交学院,攻读国际经济与商业管理博士学位,内容包括经济、管理、外交、国际关系等方面的课程。

1988 年 6 月，弗莱彻法律与外交学院的暑期来到了。

“弗莱彻学院我的一位导师说，他的一个朋友想在中国出版一本电子杂志，想找一个有新闻背景又懂电子的人。他问我是否懂电子，我说我原来当过高级电工，他说那就去试试吧。”

“我去了以后，对方竟然要求我当天上班。这个公司就是美国有名的老牌出版公司卡纳斯出版集团旗下新创刊的《电子导报》中文版，我任助理编辑。因为我跟国内比较熟悉，很快就把那个杂志弄起来了。”

在《电子导报》中文版，熊晓鸽除了做编辑，实际上做得最多的是客户沟通，“向老外介绍中国，这个角色从那时候就开始了”。经过培训后，他在面向客户的早餐会上，向老外讲述他知道的有关中国的一切，包括中国的电子产业、中国电子市场的需求，回答客户关于广告的各种问题。

从 6 月到 9 月，熊晓鸽干得很出色，受到了顶头上司艾伦和公司总裁的高度认可。

9 月，暑假结束了，熊晓鸽向老板提出学校开学要回去时，他没想到总裁却向熊晓鸽表达了强烈挽留予以重任的意思：公司准备给你正式职位，并且会请律师帮你办绿卡。

如此好的机会和绿卡诱惑，让熊晓鸽感觉好极了！他答应了卡纳斯公司的要求。

熊晓鸽继续留任，在《电子导报》中文版做记者和编辑，后来升职到主任编辑。

1989 年，许多外商不太看好中国，纷纷从中国撤资，《电子导报》中文版的广告量锐减，经营难以为继，卡纳斯决定停掉这份杂志。“《电子导报》中文版出版了 5 期，第 6 期没有出，版样至今还在我家里。”

虽然当时《电子导报》中文版撤出中国不办了，但是当时杂志规模已经很大，客户也积累了很多，一下放弃了不免可惜。后来，卡纳斯在香港买了一个刊号，成立了亚洲分公司，《电子导报》以英文版继续出版，提拔熊晓鸽作副主编。“这家杂志社，编辑部 20 人，另有 20 多人做销售，共约 50 人，一年的销售额已经超过了 2000 万美元。做杂志这么赚钱，很让我吃惊。”在工作中，熊晓鸽学会了不少卡纳斯的经营策略，这些收获的确是在中国学不到的。

熊晓鸽了解到，卡纳斯有一个“需求式的刊物”的办刊理论，意思是办刊者要注意发现特定读者的特殊需求，并把这些需求仔细分类。刊物需根据这些分类需求去采集信息，并刊登出来以供这些有特殊需求的人参考。实践证明，卡纳斯这套理论行之有效。

在《电子导报》英文版，熊晓鸽创办和主管《亚太商业》栏目。他撰写了一批华人企业家在硅谷成功创业的文章，包括著名的王安公司，探讨了这些华人企业在行业、管理方面的话题，栏目内容从起初的两页增加到四页，后来增加到八页。

“王安公司是当时华人企业中最成功的公司，王安个人财富曾位列福布斯全美富豪榜第七位。我当年去采访王安时，他已经身患癌症了，但是仍然热情地用他的自由式电脑为我签名题词。”

“我所在的杂志是英文主流刊物，这些企业家愿意和我谈。”这些英文报导文章在美国主流媒体中刊发，为介绍宣传华人企业作出了贡献，因而熊晓鸽于 1991 年秋获得了美华协会颁发的“最佳新闻报道奖”。

“美华协会，是美国主流社团中最老牌的华人社团组织之一，他们每年会针对新闻界在提升华人在美国的地位方面的文章进行评奖。我因为在主流杂志上撰写了大量的华人创业的文章而获得一等奖，奖金是 750 美元，那年的年会在休斯敦召开，后来任美国劳工部的著名华人领袖赵小兰也曾到会发言。”

《电子导报》英文版是一本管理类的杂志，主要针对电子行业、IT 行业的高级管理人员。在采访企业家的过程中，因为要把握行业的发展，所以熊晓鸽会经常采访 VC。“就在那个时期，我结识了硅谷一些很大的创业投资机构，逐渐了解了这个英文简称叫‘VC（Venture Capitalist：创业投资）的行业’。”熊晓鸽第一次感觉到“VC 原来这么厉害！”

“后来，我还编辑了一份美国前 100 名的 VC 名录。后来还有一些 VC 打电话抱怨说，他的排名应该靠前什么的。”

1991 年 4 月，卡纳斯决定派熊晓鸽去香港亚洲公司做副总裁，负责香港和台湾市场开拓。熊晓鸽向老板卡纳斯提交了一份报告，建议重返自1989年退出的中国内地市场。以他的判断，电子及信息类的刊物即将在中国进入高成长时代，现在正是进入中国市场的大好时机，而香港和台湾市场很小，吸引力实在不大。

熊晓鸽期待着卡纳斯的回复。

和老麦的缘分

有一天晚上，熊晓鸽在办公室写稿，有些郁闷，就给周全打电话：“你过来帮我看看，文章实在写不下去了。”

周全1990年博士毕业后，在波士顿一家科研所工作，他的家离熊晓鸽办公室很近。熊晓鸽还有周全家的钥匙，经常跑到他们家蹭饭。有时候，周全的女儿下课回家，打开冰箱发现她爱吃的东西没了，就跟妈妈说：“一定是熊晓鸽来过了。”

不一会儿，周全就出现在熊晓鸽的办公室。

周全拿过文章来看，然后说：“也看不出什么毛病，只是缺少才气，我觉得你去年有几篇文章写得挺好，现在想想还记得住，可刚看完这篇，我真没什么印象。”

熊晓鸽伸了个懒腰：“周全，这活没劲了，我一边写一边数字数，每两周要8个版面。一天到晚，像吃中药似的。”

周全：“你觉得没劲了，就换个工作吧。”

熊晓鸽：“绿卡没有拿到，怎么换工作？”熊晓鸽把自己将被派往香港，但心里很不情愿的想法，跟自己的好友倾诉了一番。

周全：“也是。再坚持看看吧。”

转眼到了6月，熊晓鸽拿到绿卡了。同事们都祝贺他说：“Hugo，你可以travel了。”卡纳斯公司并没有改变派熊晓鸽去香港的意图。

熊晓鸽还是郁闷，去找周全。

周全说：“我记得你上次跟我说起过麦戈文。”

麦戈文？老麦！好友的提醒，让熊晓鸽眼前一亮。

周全说:“你给他写封信,跟他谈谈。”

此前,熊晓鸽曾经与 IDG 董事长麦戈文有过三次接触。

第一次接触老麦,是在 1988 年中秋之前,熊晓鸽还在弗莱彻学院读书,时任中国信托集团公司董事长的荣毅仁先生应邀来弗莱彻演讲。当时熊晓鸽所在的《电子导报》杂志赞助了这次活动的晚宴,并请来了很多广告客户,包括老麦。

在宴会上,老麦想跟荣毅仁谈谈《计算机世界》,就找来“活动的组织者”熊晓鸽做翻译,二人如是相识。老麦对这个小伙子感觉不错,他不仅翻译很到位,而且还很懂电子。同样,老麦对中国市场的热情也给熊晓鸽留下了深刻印象。

第二次接触老麦,大约是在 1990 年初。当时卡纳斯集团和中国电子情报所合作出版《电子导报》中文版,每一期付给中方费用4000 美元,出了两期试刊后,效果还不错,“中方跟我们商量继续合作。于是,中方派出副所长和主管编辑到波士顿来访问卡纳斯,续签一年合同。”

“第一天谈完了后,中方代表提出拜见卡纳斯公司的总裁,结果,双方见面只有 15 分钟,总裁连坐都没有让,只是说些客气话:‘感谢你们来!’当把 8000 美元支票送给中方时,总裁还开玩笑说:‘不要弄丢了!’就把中方代表打发走了。

“随后中方代表向我们提出,能否帮他们联系、安排拜访一下 IDG 的麦戈文先生,因为他们也和 IDG 合作出版《计算机世界》。

“第二天上午我的老板艾伦开车,带着我们一行四人去见老麦,到了以后,当时是《计算机世界》总裁来迎接我们说,老麦从另一个地方赶过来。10 分钟后,老麦带了一个翻译过来了。没说两句,那个翻译就翻不下去了,老麦有点尴尬,就跟我的老板艾伦商量,能不能让我帮着翻译一下。艾伦开玩笑说:‘那我就把 Hugo 借给你吧。’他不方便陪在那儿,转身对我说,‘什么时候结束,到时我再来接你们吧。’说完他就走了,把我留下来做翻译。

“我就在那儿陪他们待了一天,总裁和老麦也陪了一整天,也没谈什么生意,就海阔天空地聊。中午吃过饭后,下午接着到《计算机世界》参观,直到下午 4 点艾伦开车来接，把他们送到酒店。事后，艾伦对我说，真没面子，本来人家是来拜访我们，结果，我们的大老板，坐也没让坐，茶也没让喝，就把人家打发走了，结果从上午 10 点到下午 4 点，在老麦那儿待了一天。

“我对老麦很有好感，他的人格很让人尊敬和佩服。中国客人对老麦的访问，本来也是临时安排的，也没什么很重要的公事要谈。老麦对待远道而来不期造访的中国客人却一路陪着，很是尊敬。后来 IDG 总裁对我说，老麦把那天的事情全推了。在这个过程中，很明显得是，两个合作伙伴对中国市场的重视程度太不一样了！老麦对中国市场的重视程度之高可见一斑！

“我不知道老麦那么热爱中国，很懂得中国的人之常情，‘有朋自远方来，不亦乐乎！’老麦一定知道孔子的这句老话。”

这件事让熊晓鸽更加了解 IDG，了解老麦。

第三次接触，是 1989 年 8 月，熊晓鸽所在的《电子导报》中文版已经退出了中国市场，而老麦投资的《计算机世界》仍然没有撤。熊晓鸽电话采访他时，聊起了对中国市场的看法。熊晓鸽觉得与老麦很谈得来。

回中国，初露锋芒

再说 1991 年 7 月，卡纳斯派熊晓鸽去香港的日程已经定下来了。

熊晓鸽立即动手给老麦写了一封短信：“想谈谈中国的事。”

三天后，麦戈文给熊晓鸽回电话说，见面谈谈。本来说要谈 1 小时，结果谈了 3 小时。

麦戈文问熊晓鸽：“如果给你 100 万美元，你将在亚洲如何投资？”

熊晓鸽回答说：“第一，我要去中国；第二，我会去印度；第三，我会投印度尼西亚或越南。”熊晓鸽的理由是，信息技术是为人提供服务的。这些地方人口众多，尤其是中国，电子信息产业既属劳动密集型又属技术密集型，信息技术即将普及，需要获取技术信息的人为数众多，因此，做信息服务产品将会有很大的市场。

二人聊得很投机，老麦比较满意。最后，老麦拿出一本台湾出版的《微电脑世界》给他，让他写一份杂志的业务分析报告。

熊晓鸽回到家里写这个分析报告。熊晓鸽的房东是波士顿有名的大律师，他看到熊晓鸽满满当当写了四页，大律师说："我觉得你写得非常好，但他这样的大老板肯定没时间看，你要把它改短点。"后来熊晓鸽改成两页后，寄给老麦了。

几天后，熊晓鸽给老麦打电话，告诉老麦说他再过三天，也就是本周日，他就要去香港了。老麦回电说："我正在纽约，后天早上，我在丽晶酒店请你吃早饭。"

周六，熊晓鸽正在酒店门口里侧向外张望，等老麦来。忽然听到身后一个熟悉的声音："Good Morning！"熊晓鸽回头一看，乐了，正是老麦。

"我怎么没有看到你进来？"

"我就住在这个酒店里。"

两人在饭桌前坐下，边吃边聊。

老麦："上次我们谈得很好啊，你的报告写得非常好。"

熊晓鸽："明天我就要到香港了。你看怎么办？"

老麦当时就给熊晓鸽一个聘用承诺，"我会很快寄给你。"

熊晓鸽："好！我到香港安排一下，先回中国。我5年没有回国了，然后再回来辞职。"

1991年8月，熊晓鸽到香港报到，开始上班。"其实我根本没有什么心思，只干了两周，把所有的事情处理妥当，效率非常高！同时给房东打电话，请他帮我查看老麦寄来的邮件，收到后马上通知我。"

没过两天，房东给熊晓鸽打电话说："收到信了。"

熊晓鸽说："你就打开吧。"

房东在电话里读给熊晓鸽听，这正是老麦寄给他的聘用合同。

熊晓鸽对房东说："你就传真到我住的酒店里吧。"

"从1986年出国到现在，5年了，第一次回国。"熊晓鸽手拿两个巨大的箱子，装的都是给亲朋好友的礼物，等候在深圳罗湖口岸排队过关。排队等了4个小时，他感觉像是等了40个小时，归心似箭啊！心里又着急又兴奋:既拿到绿卡了,又拿到一个很好的工作,还真有点儿那种衣锦还乡的感觉。

深圳的昔日大学同学将熊晓鸽安顿在深圳莱因达招待所。

放下行李,熊晓鸽就找到招待所的打字机和传真机,赶紧给老麦回复传真。

后来,熊晓鸽跟老麦开玩笑说,深圳也是我的幸运之地啊！因为在美国要讲究职业道德,你不能用公司的传真机给另一个公司发求职传真什么的。

在深圳等候回湖南老家的几天里,熊晓鸽参加了好几次大学同学的聚会。熊晓鸽看到,这些老同学们几乎人人热血沸腾,个个激情四射,谈论的都是“商机”、“房地产”、“股票”、“办公司”之类的词。其中有一位对熊晓鸽说:“你不该去美国,错过国内发展的巨大机会了。”

熊晓鸽给老同学们讲述了他 1989 年在硅谷的见闻。

“1989 年,我第一次去硅谷,印象特别深刻。当时我用的英文名字就是‘Xiong Xiaoge’,他们一看就知道是大陆来的,觉得特别亲切,很多人拉着我要求去采访他们。一天从早到晚,把我请到他们自己家里去,好吃好住,为他们写文章。

“每天中午去饭馆,围坐在一起的几乎全是热情高涨的华人创业者,他们很神秘的互相说着:我见到某某 VC 了！一脸的崇拜相。这时,有一个创业者忽然说:‘看,那里有一位 VC。’说着迅速起身,跑到停在外面的自家车里,翻出商业计划书,朝着 VC 追了过去……”

熊晓鸽感到深圳此情此景与硅谷何其相似！这更加增强了他回内地发展的信心。

在湖南老家探亲后,熊晓鸽顺便到了北京,见到了《计算机世界》的社长许金寿,闲聊起《国际电子报》。熊晓鸽了解到:当时美国有家公司和《国际电子报》签订了合资协议,政府也同意了,但是美方因为突然的风险事故决定中止协议了。许金寿问熊晓鸽能否解决,熊晓鸽答应下来想想办法。

1991 年 9 月,熊晓鸽一回到美国,便立即向艾伦提出辞职。艾伦感到很突然,面露难色地说:“你一走,你这一摊就没有人管了,你能不能先替我做段时间,等找到接替的人以后,再交接。”

熊晓鸽立即向老麦作了说明,老麦表示理解:“你可以晚些时间过来,一定要把工作交接好,免得让老东家怪你。”

因为卡纳斯跟 IDG 是竞争对手,艾伦对熊晓鸽说:“按照美国的规矩,你必须在 2 小时内离开卡纳斯办公室。”熊晓鸽赶紧把东西收拾了,放在汽车里。一会儿,艾伦从卡纳斯老板那儿汇报回来说:“这样你只能在家里继续工作了。你做完活儿后,我去你家楼下取。”

11 月 6 日,熊晓鸽按期到 IDG 报到。他没有忘记《国际电子报》的合资一事,马上给许金寿打电话说,“我到 IDG 工作了,就让 IDG 来和《国际电子报》合资吧,正好就可以合并到《计算机世界》里来。”许金寿一听:“这主意不错。”

1991 年,熊晓鸽得到 IDG 董事长麦戈文的赏识,正式加入 IDG,在他的努力下,《计算机世界》已经由一份报纸发展成报刊的出版集团

11 月 15 日,熊晓鸽参加了 IDG 亚太区会议。“我把《国际电子报》合资一事报告了老麦,老麦同意这个方案。”

12 月,熊晓鸽再次回到北京,这一次他是以 IDG 董事长业务开发助理的身份,来谈关于《国际电子报》合资事宜的。“当时我们和电子情报研究所的合作伙伴《计算机世界》的中方领导人都很熟悉,有过合作,所以能够拣到这个项目,也顺理成章。”最让熊晓鸽开心的是,这个熟人之间的合作,出奇的顺利。

“我们见面后,谈了半小时就成了,连老麦都没有想到。”熊晓鸽用传真把合同文本发给 IDG 美国总部,请求授权。在熊晓鸽看来,这时在中国投资,不可能做到美国那样的专业化,合同订立前后要有律师和会计师跟进。在中国，基本上是靠朋友间的了解和信任。

“第二天，老麦就把授权书传过来。第三天，我让会计师去查账。第四天，就在我住的酒店房间里签字了。”后来在熊晓鸽的建议下，《国际电子报》被并到《计算机世界》，后来改刊成为《网络世界》，成为业内领先杂志，获得了比较高的投资收益。

处理完了《国际电子报》之后，熊晓鸽还肩负老麦托付的另一项使命。

“太平洋比特（Pacific - BIT）”，一个很奇怪的公司的名字。“太平洋”，来自于老麦和他太太成立的私人投资公司——太平洋技术创业公司，此间公司成立于 1989 年，是一家创业投资公司。比特（BIT），是北京理工学院（Beijing Institute of Technology）的英文缩写。1989 年 10 月，老麦决定投资北京理工大学的一个校办工厂，主营业务是大型台式健身器材生产。老麦想：“他们是做坦克的，那么做的健身器材质量一定是非常好的。”于是太平洋技术创业基金向“BIT”投资了 50 万美元，成立了“太平洋比特（Pacific - BIT）”。

老麦告诉熊晓鸽，太平洋基金成立后，先是在日本投资，后来日本投资基金由英国某基金收购了。太平洋基金在中国投资了比特公司，没有赚到钱。比特公司原来的负责人是一位李姓台湾人，最近离职了。老麦嘱熊晓鸽，这次去北京，顺便过去看看 Pacific - BIT。

就在北京友谊宾馆附近，熊晓鸽发现了“Pacific-BIT”的公司牌子。熊晓鸽察看了一下它的产品生产、销售情况。

熊晓鸽发现公司在技术方面没问题，问题在于市场不对路，所以产品卖不掉。“得在国外找买主”，熊晓鸽回到美国后，参加了一场体育器材展销会，找了一个名字也叫“太平洋”的公司，跟对方合作说：“你出设计，我在中国加工，出口给你。”他们同意了。那一年，该公司一下子订了 600 套，Pacific - BIT 咸鱼大翻身，当年赢利 200 万人民币。

熊晓鸽刚进 IDG，便接连做了两个漂亮的案子，这很出乎老麦的意料，“当时我并不知道老麦也做投资，老麦也不知道我对 VC 有所了解。”

当初，熊晓鸽跳槽进入 IDG 公司的时候，他看上的是 IDG 庞大的媒体出版产业，最终主要的工作却和创业投资拉上了关系，这一点他自己也有些意外。

将熊晓鸽这个“门外汉”带入创业投资领域的人，是IDG董事长麦戈文。老麦对熊晓鸽做成的这两个案子感到意外高兴，他觉得应该走创业投资这个路子。

“当时大家一致认为在中国做VC为时太早，我觉得可以小规模地做，毕竟中国会一天天更好，现在没有退出机制，但以后一定会有，人还是要赌明天会更好，而且中国还是朝着市场化方向走。”熊晓鸽想起了在深圳时看到的创业激情。

建团队，筚路蓝缕

要不要先期进入中国内地投资？老麦决定先对亚洲市场跑一圈看看。

老麦带着熊晓鸽到亚洲跑了一圈，“一路上我们都在谈该怎样做，我也提了一些想法，老麦说，当时负责亚洲的实际上两个人，一个是驻香港的总经理，他负责新加坡、马来西亚，还有一个是美国人住在台湾，他是总负责亚洲的，所以麦先生就说，你们三个人，每人写一个方案，看怎么做？（1993年）1月5日我们公司董事会来讨论，因为当时布置这个任务的时候已经是1992年12月份中旬了，剩下只有两个星期的时间了。”

熊晓鸽为此准备了很多材料。没过几天就是圣诞节了，熊晓鸽没有休息。他印象最深的是元旦的那天晚上，“我就在办公室里写报告，这是新年的第一个晚上，我从楼上往下看，整个街上全是人。我想我这么努力，一定能写好。”

熊晓鸽写完以后，已经是1993年1月2日了。因为新年放假，直到1月3日，他把报告放在老麦桌子上。“1月4日我就到纽约玩去了，直到1月6日回来碰到老麦。”

老麦说：“祝贺你，你的方案很好！我们就照你这个办了。”熊晓鸽高兴地打电话告诉了朋友们。“完了一想，虽然我的报告采用了，我想看看人家的。我说麦先生你把他们俩的报告给我看看，老麦一听乐了，说他俩都没交，说是太忙，大概是度假去了。”

熊晓鸽最终获得了IDG亚太区主任之职，从事包括媒体出版、市场调研和风险投资等方面工作。两年后，熊晓鸽被麦戈文提升为IDG亚太区总裁。

1992年底，经过详细地考察市场，老麦决定大规模地投资中国市场。

“1993年1月，元旦之后，我们就在上海签了意向书，IDG与上海科委合资成立上海太平洋技术基金，中外方各出1000万美元，中方董事长是刘振元，他当时是上海副市长，签字时是跟华裕达签的，我是总经理。

“那一年，我和老麦夫妇一起在香港过的元旦。到了6月份，工商注册下来了，这是IDG第一个中国基金。”

这个合资模式一起来，IDG如法炮制，这一年分别与北京科委、广州科委签协议，一下子成立了三家基金管理公司。

公司成立了，团队建设成为重点。

“一开始，我帮着老麦在美国、香港、内地到处面试，找人，但就是找不到合适的人选，懂创业投资的不了解中国，了解中国的基本不懂创业投资，更不用说VC界的标准‘10年投资经验’的人了。”

当时，麦戈文请来一家英国老牌创业投资的高级人员来中国考察，从深圳入境，到北京、上海转了一圈，找不到管理团队。他们选人的标准是：必须有10年以上管理基金的经验，读过类似于哈佛、斯坦福这样名校的MBA，年龄在35岁~45岁之间。

1993年，国外已经有很多的创业投资基金到国内来考察。他们当时的判断是：“中国的创业投资，早了10年。”

熊晓鸽对他们说：“我们可以从低成本低姿态做起。”

对方说：“对不起，也许10年以后可以，但现在投资人不可能把钱给你们。Hugo，你要多些白头发就好了。”

熊晓鸽说：“那我赶紧染发去。”

四顾找“有经验的人”而不得，熊晓鸽感觉此路不通，他仍然向老麦建议“我们自己小成本慢慢玩”。

熊晓鸽自己也有点儿心虚，他想到的第一个合作伙伴就是自己多年的好友周全。“周全，理工科出身，比我懂技术，我们俩是互补型的，各有侧重。最重要的是我们关系最好，有很多年的沟通基础，经历相似，互相认同,合得来。寻找合伙人和寻找投资项目有相通之处,没有共鸣是没法合作的。”

熊晓鸽还在卡纳斯当记者时,“周全在研究所里搞科研,我作记者老在外面跑,经常把见到的一些 VC、著名企业家像王安啊,跟他吹,他挺感兴趣。时间长了,周全自己也找些创业投资的书来看,对行业有了一些了解。”

在熊晓鸽的劝说下,周全开始向研究所请假,跟着熊晓鸽往国内跑,找人,看项目。周全当时还在研究所上班,因此只能是周全给对方打电话,对方不能给周全打。

有一次,一位客户往他所里打电话,周全一接到电话就慌忙说:“NO!你留个电话,我给你打回吧。”他就赶紧跑到另外一个办公室给对方回电话。

周全请假跟着熊晓鸽跑了几趟中国,开始对创业投资动了心。

“周全之所以乐意和我一起做投资,首要原因决不是因为我们关系好,而是他对这个事情的认可。他是理科博士,智商高、聪明、肯学习,而且具有不为常人所有的激情。”

上海太平洋技术投资公司成立后,有一次熊晓鸽和周全在上海找项目,听人说起一个地产项目,是万通集团上海公司的。他们原本对地产项目没有兴趣,可据说这个公司总经理的项目策划很有一套,还经常被人请去讲课。

熊晓鸽对周全说:“我有兴趣见见这个人。”

见面之后,这个小伙子还是一个劲地说他的地产项目。

熊晓鸽:“我们对你这个项目不感兴趣,我们对你这个人感兴趣。”

这个小伙子就是章苏阳。“他是学理工的,原先在上海贝尔、德国待过,上海人,脑子挺灵的。万通刚刚拉他过去做房地产,其实他也根本不懂房地产。”

熊晓鸽说:“你到我们这儿来做总经理吧。”

当年,熊晓鸽、周全跟北京科委在美国谈合资时,北京科委请了当时中国国务院研究中心的一个经济专家林栋梁做翻译,坐在熊晓鸽周全他们桌子对面，一来二去，就和熊晓鸽、周全成了朋友。最后，熊晓鸽和周全对他说：“你坐到我们这边来吧。”

于是林栋梁就担任了北京太平洋投资公司的负责人。

“广州太平洋投资公司总经理杨飞，是经朋友介绍认识的。杨飞当时是广东证券上市部主任，政府官员，学经济出身，后加盟 IDG。”

多年以后，熊晓鸽非常感慨地说：“从自己的角度看，我的成功，首先是找到了老麦作为老板。好的老板不仅会授权给你，而且你可以跟他学会很多；其次是找对了合作伙伴，十多年了，我们合伙人一直都在一起，一起亲历了市场的考验，每一个人也是从幼稚到成熟，大家共同成长，成为一个坚不可摧的团队，这在中国是很难得的、少见的。因此，我的成功，团队的成功，就是 IDG 的成功，就是老麦的成功。”

10 年后，熊晓鸽以自己的识人眼光和做事胆识推翻了当初一些看似是经验主义的说法，如“周全没读过 MBA，没有管过公司，与好朋友做生意，做不好”。

慢慢玩过门槛

中国创业投资前景如何？好！1993 年中的熊晓鸽和周全当然这样认为。

但是他们还是要小心翼翼地建造 IDG 在中国的“VC 创业大厦”，因为这座“大厦”的根基还是一片沙漠。

“VC（Venture Capitalist 的缩写）”、“风险投资”、“创业投资”，这些新名词对于 90 年代初的中国人来说非常陌生。熊晓鸽和他的伙伴周全像个布道者，见人就向人家传授 VC 是怎么一回事：用美元投资中国企业，只占少部分股权，不控股，作创业者的教练、朋友甚至保姆，帮助企业做大做强，一起赚钱……大部分人听着，看着这两个一脸诚恳的海归书生，倒不觉得他们像皮包公司的骗子，却觉得他们像是两个“白给你钱、无偿帮助你搞企业、甘当小股东”的傻子。

那时，创立不久的中国股市正流行一个新词：圈钱！这股恶风倒处刮，相当多的人也因此捉摸开了:能不能从"傻子 VC"那里圈点钱呢? 尽管熊晓鸽和周全小心翼翼,如履薄冰,钱是没被圈走,但创业投资做得也实在是并不顺利。

当初,熊晓鸽代表 IDG 首先在上海建立了基金。上海是中国的经济中心,又是活跃的股票投资市场,在上海设立风险投资基金似乎是顺理成章的事情。熊晓鸽对上海寄予了无限的希望,然而让他意外的是,在上海居然很难找到创业者。当时上海的年轻人大部分还是钟情政府机构和大的外资企业,能够找到的项目也不过是一些科研项目。在一个没人肯冒风险创业的城市做创业投资,其结果当然不容乐观。

有一次,他们在上海遇到了一位教授,这位教授研究成功了一项冷冻车专用技术,特点是冷冻时间长,蔬菜保鲜好,可用于冷冻车食品蔬菜保鲜运输,满足长时间运输的要求。上海是个蔬菜输入量很大的城市,长期以来冷冻保鲜蔬菜运输一直是优质蔬菜市场的瓶颈。

当问到:"那你这个项目怎么才能比较快地拓展市场啊?"

这位教授生气地说:"把车开快点儿、多拉点儿不就行了嘛!"

一个满脑子想挣钱的风险投资商和一位久居象牙塔的学者谈市场,其结果也就可想而知了。

一方面是中国市场环境的生涩和艰难,创业人才的极度缺乏,一方面是 IDG 的先锋、幼稚、摸索、学习,形成了中国创业投资的早期场景。

是主动,还是被动? 难以言明,中国创业投资的先锋角色天然地落在了 IDG 和熊晓鸽们身上;是先锋,还是先烈? 就在刹那间。同样,投资失败也不可避免地首先发生在了他们身上。

1994 年,IDG 投过一家生产计算机专用电池的上海公司,该公司技术不错,电池的使用时间比一般电池长,但是电脑公司就是没有购买意向,因为这类产品进入市场往往需要经过几年的时间检验才能得到认可,再加上公司内部管理问题重重,项目也没有赚到钱。

开拓者熊晓鸽及其伙伴们亲身实践了"没有失败的 VC 不是好 VC"的完整历程。

有人看准了项目,搞大手笔的精准投资,但是对于早期项目,此招不灵。早期项目，全是模糊投资，没有人保证看得准。早期投资重点看的是行业，而不是项目。

既然选择了行业，就意味着与行业共沉浮。

在非科班出身的熊晓鸽、周全们看来，投资这门有点儿科学也有点儿艺术的行当，就好比作文，“投资无定法”，有人喜欢从小处着手，有人喜欢从大处着眼，而“条条大路通罗马”，就是成功退出赚钱。

很显然，IDGVC 正是采取了类似于从大处着眼的战略，看准了一个以互联网为核心的 TMT 领域，对于冒出来的好项目，基本上一个也不放过。

中国互联网产业从 1995 年萌芽，IDGVC 便发现了诸如搜狐、易趣、搜房、腾讯等中国最早也“看起来挺美”的互联网企业，于是家家都投入，户户均粘股。

打个比方说，投资下去，入股的美元就好比是泥牛入海无消息。

这一等就是整整 7 年，到 2000 年，终于开始有项目退出获利了，先后有搜狐等 4 个项目陆续上市或被并购。

从这一点上说，熊晓鸽和他的合伙人都非常感激他们的老板 IDG 董事长麦戈文对他们的信任和耐心。其实环球同此凉热，在大洋彼岸的美国，IDG 的转折点也是发生在 1999 年前后，IDG 董事长老麦参与投资的网景公司在 NASDAQ 上市，大获成功。

“我们这批最初在中国从事投资的合伙人，很多都是半道出家，经验不足。IDG 董事长麦戈文先生给我们充分的信任，让我们在中国慢慢玩，我们也逐渐摸索出门道。整个团队精诚合作，并形成一套 IDGVC 自成一格的风险评估体系。”

慢慢玩的结果居然是：IDG 成立于 1993 年的第一只基金，年均内部收益率（IRR）是 36%。从 1999 年开始的第二只基金，IRR 超过 49%。截止到 2006 年底，IDG 在中国共计投资 2 亿多美元，而回报超过了 10 亿美元。

这样的数据是个什么概念？仅此一项成绩已可置身于世界一流 VC 之列！而实际上，IDGVC 在美国只不过是二流的小小 VC 而已，但是熊晓鸽们却凭此在家乡市场制造了奇迹！

与美国赫斯特集团《大都会》前任总编海伦(Helen Gurley Brown,右二),《时尚》传媒集团联合总裁吴泓(右一)、刘江(左一)在一起。1998年,在熊晓鸽的积极参与下,IDG与美国最大的消费类杂志出版公司赫斯特(HEARST)建立合资战略联盟,成功地将《大都会》(Cosmopolitan)的版权转让给中国的《时尚》杂志

"猴王"的秘籍

自2000年起,随着搜狐、携程、百度、金融界、如家等一个个中国概念公司在美国NASDAQ的精彩表演,它后面的投资机构IDG自然"一荣俱荣",获得了全球投资界的普遍认可和尊重,熊晓鸽也常常被国外同行邀请登台讲解"中国市场的秘密"。许多人好奇此前并无投资经验的他们何以能够登堂入室,一步跨进风险投资界的高门槛,熊晓鸽的回答竟然是一句中国的俗语:山中无老虎,猴子称大王!他不无幽默却又十分诚恳地说:"碰巧,我和周全就成了那个时候的猴王。"这"猴王秘籍"说来却只有两招——看人与起早。

2007年7月5日，既没有在中国新闻机构领取记者证也并没有在旗下数十本杂志具体任职的熊晓鸽对朋友说：“我现在的专业，第一，我还是记者，第二，我是投资人。”

为何熊晓鸽仍然青睐“记者”这个称号？熊晓鸽说：“投资一个项目，除了看市场环境和产品技术外，最重要的就是看人与管理团队。”创业投资，说白了就是投资人和创业人之间的判断和认可。

熊晓鸽说：“选择投资项目，与创业者交流，就像是记者采访，是听、说和看的过程。一个优秀的记者/投资人，与被采访人/创业者交流时，首先要问出精彩的问题，并学会倾听，还要根据被采访者/创业者的回答，及时做出分析和判断，并继续把话题引入深入和未知领域，顺便还要观察被采访人/创业者本人及周边，以获取更多的材料。这样，一个优秀的记者/投资人就可以收获很多，回头就可以写稿/签投资协议了。”

在熊晓鸽看来，正是“记者”的职业训练为他的投资生涯打下了慧眼识人的基本功。

早在熊晓鸽率先在上海、北京和广州成立三家太平洋技术创业投资公司的1993年，他就因此被当年的《纽约时报》称为“中国引入高科技产业风险基金第一人”。

中国有句俗话，无利不起早。这起早的意思，一是做得比人家早，笃信勤工、勤学、勤思考，一分耕耘一分收获；另一层意思，则是尽量寻找早期投资项目，降低投资成本与风险——这也是作为舶来品的早期VC的投资理念。

针对早期投资项目，IDGVC一开始就制定了严格的投资策略，小投入，广撒网，提早下手，“宁蚀一把米，也不让鸡(机)溜走”。

至于IDG为何能够占尽先机，投资早期项目，还是与IDG的主营业务——信息服务有关。

IDG是全球最大的信息服务企业，在82个国家出版300多种刊物。作为IDG亚太区总裁，熊晓鸽首先成功地将IDG的信息服务业务全面引入中国，创建了IDC中国市场研究公司、IDG世界会展公司，并合资合作出版了多种行业类刊物如《网络世界》、《微电脑世界》、《电子产品世界》、

《通讯世界》,以及消费类刊物《时尚》等30多种。

正所谓"信息乃投资之始",近水楼台先得月,在提供信息服务的过程中发现的众多早期项目,IDG和熊晓鸽当然不能放过了。

慈母与博爱的儿子

熊晓鸽是独生子。在晓鸽儿时,像那个时代优秀的革命干部一样,身居湘潭钢铁厂要职的英雄父亲,日夜扑在工作上,晓鸽很少有机会与父亲相处,与母亲相处时间最长,感情最深。"我母亲因为贫寒没有读过书,所以读书是她一辈子的心结。当我考上湖南大学时,母亲非常高兴。在一生没离开过湖南的母亲眼里,湖南大学就是天下最好的学校了。她对我说,她下辈子也要做湖南大学的学生。"

1981年,晓鸽毕业前夕,母亲不幸去世。

"这是我人生中最伤痛的事。母亲特别善良,乐于助人,她也要我做个好人。"

母亲"下辈子也要做湖南大学学生"的心愿一直埋在熊晓鸽心里,让他难以去怀。1993年是熊晓鸽母亲去世12周年,母亲信佛,佛教认为12年一轮回。在这一年,熊晓鸽专程从美国回湖南扫墓,并和母校湖南大学商谈设立总额为100万人民币(12万美元)的奖学金,以此回报母校教育之恩,实现母亲一辈子的心愿。好事多磨,奖学金终于在1995年正式设立。

后来,该基金又增加了面向教师的奖项,现在总额超过300万人民币,"十几年来,湖大先后有近400名师生获奖,获奖的学生绝大部分考上了研究生,出国深造,效果非常好!"

熊晓鸽的美梦不只是记者和投资人,成为歌唱家也曾是他的梦想之一。2006年9月4日,熊晓鸽个人捐资100万元的"演唱中国歌曲奖学金基金会"在湖南大学建立。他的想法是鼓励那些有音乐才华的未来歌唱家多唱中国自己的歌曲,"让中国歌曲走向世界"。熊晓鸽说,自己当年在社科院研究生院读书时,还代表新华社参加首届"中声杯"比赛,得过男生组的第一名。所以成立这样一个基金会，也是“圆从小的音乐梦”。

世界著名男高音多明戈是熊晓鸽的偶像

“我想做一些过去想做但没有钱、没有时间做的事情。”1997 年，继中国湖南大学奖学金后，熊晓鸽又在波士顿大学传播学院成立 50 周年之际，设立“熊晓鸽奖学金基金”，每年资助 4 位中国留学生。熊晓鸽说，他之所以能够出国留学完全靠的就是波士顿大学的奖学金，自己一分钱也没掏。现在该他掏钱回报了，这是理所当然的事，也是开心的事。

2004 年，熊晓鸽在波士顿大学设立“熊晓鸽新闻终身成就奖”和“熊晓鸽亚洲报道年度记者奖”，奖金分别高达 3.5 万美元和 1.5 万美元，远远超过普利策新闻奖的奖金额，这也是中国留学生在美国以个人名义设立的第一个专业大奖。

当第一届“熊晓鸽新闻终身成就奖”得主、美国广播公司（ABC）晚间新闻节目《夜线》（Nightline）主持人泰德·科贝尔到波士顿大学领奖时，对颁奖人熊晓鸽说：“当年尼克松访华我随团采访，30 年来，没想到中国发生这么大的变化，这个高额奖金居然是一个中国留学生捐赠的。”有趣的是，正是这份难以置信的惊叹与感慨驱使这位忙碌的百万富翁专程飞来接受另一个百万富翁颁奖。“今天我不是冲这个奖金来的，我主要想认识一下这个中国留学生。”后来，泰德将 2 万美元奖金留给波士顿大学，另外 1.5 万美元则捐给哥伦比亚大学，用以筹建夜线创办人纪念图书馆。

2005 年和 2006 年两届“熊晓鸽亚洲报道奖”分别颁给了报道中国农村的《华盛顿邮报》驻上海记者 Peter Goldman 和报道中国网络文化的《纽约时报》驻上海记者 David Barboza。

2005年,熊晓鸽当选为波士顿大学校董,参与学校管理。他是中国内地留学生中首位美国主流大学董事。熊晓鸽说,“华裔校董意味着中国的地位得到提升,作为一个中国人,我觉得很骄傲。”熊晓鸽很看重校董这个“最高的荣誉”,反而觉得IDG全球常务副总裁及亚洲区总裁的头衔并不重要。

熊晓鸽打算“做一些比赚钱更有意义的事情”。他现在手头上正在操作着几个计划:联络波士顿大学和湖南大学共同建立一个研究中心,增进两所大学的交流;发起建立以外资企业为主的“中国文化发展基金”,以支持中国高端文化产业的发展;力劝IDG老板麦戈文将他计划要捐赠的大脑研究院亚洲分院设在中国……

注:本文所有照片均由IDG版权所有,未经许可不得转载。